숨겨진 미국

미국인들도 모르는 미국 속 이야기

● 이 책은 방일영 문화재단의 지원을 받아 저술 · 출판 되었습니다.

숨겨진 미국

미국인들도 모르는 미국 속 이야기

글 · 사진 \ 이현주

초판 1쇄 인쇄 \ 2010년 5월 21일
초판 1쇄 발행 \ 2010년 5월 21일

펴낸 곳 gasse · 가쎄 [제 302-2005-00062호]

주소 \ 서울 용산구 한강로1가 용산파크자이 D 606
전화 \ 02.2071.6866
팩스 \ 02.2071.6877
인쇄 \ 정민문화사

ISBN \ 978-89-93489-07-1
값 \ 15,000 원

hidden USA
숨겨진 미국

미국인들도 모르는 미국 속 이야기

글 · 사진 이현주

gasse · 가쎄

요즘 한국에서 유행하는 말로
이 책은 '강추' 다—

몇 년 살았다고 미국을 알 수는 없다. 워싱턴 특파원들의 임기는 대부분 3년 남짓이다. 미국을 속속들이 알기에는 턱없이 부족한 시간이다. 그러나 그들은 미국을 다 아는 것처럼 보도하고 국민들에게 설명한다. 그런 점은 언제나 개인적 불만이었다. 저 분들이 얼마나 미국을 알까? 그게 내 의문이기도 했다.

필자인 이현주 특파원(현재는 KBS 국제뉴스의 책임자인 국제팀장)의 "숨겨진 미국"은 이 같은 내 생각을 바꾸게 하는 계기가 됐다. 저널리스트는 역시 저널리스트다. 3년이란 짧은 기간, 그들이 미국을 다 알아 내지는 못할 것이다. 그러나 남이 보지 못하는 미국의 새로운 면을 발견하는 능력에서 그들은 역시 프로다. 우리처럼 4~50년 씩 미국에서 산 사람들이 발견하지도,

발견하려고도 못하는 분야들을 핀셋으로 집어내듯 보는 능력에 경의를 표하고 싶은 마음이 들 정도다.

이 특파원의 책은 그런 면에서 우리에게 새로운 미국을 발견할 기회를 제공한다. 한국 사람들에게는 위험하고 꺼림칙하기만 한 총기 문제가 미국인들에게는 왜 그리 중요한 것인지, 세계 최강이라는 미국 군사력의 원천은 뭔지, 한미 두 나라에 있어 동맹의 위치는 뭔지 등등 평소 일반인으로서는 접하기 힘든 정보와 경험을 이 책은 아낌없이 제공하고 있다.

3선 하원의원 생활을 통해, 미 정계에 몸 담았던 나로서 권하고 싶은 부분은 미국의 정권 인수인계에 대한 그의 고찰 부분이다. 오바마 정권의 인수인계를 중심으로 각 부처의 실제적인 인수 과정을 생생하게 그려 내는가 하면, 부시와 클린턴은 물론 카터와 레이건까지 거슬러 올라가는 역대 미 정권인수의 모범, 실패 사례를 찬찬히 정리했다. 이를 저널리스트적 스펙트럼을 통해, 한국의 정권 인수인계와 비교 분석하고 대안까지 모색하고 있다.

나도 필자와 비슷한 시기에 책을 출판해, 글을 쓰는 고통이 뭔지 조금은 안다. 그러나 이 책은 글을 쓰는 고통이 있었을까 싶을 정도로 독자를 편안하게 해준다. 실제 취재 경험을 바탕으로 현장성 있게, 쉽게 풀어가는 그의 스토리라인을 따라가다 보면 어느새 마지막 장에 와 있는 손끝을 보게 될 것이다. 요즘 한국에서 유행하는 말로 이 책은 '강추'다.

김창준/ 前 미 하원의원

잘 알려지지 않은 미국의 현실을 정교하게 정리한 보고서-

미국은 워낙 크고 방대한 나라다. 따라서 어느 누구도 미국을 다 잘 안다고 할 수는 없을 것이다. 땅만 해도 중서부의 광활한 대평원과 애리조나, 네바다, 뉴멕시코 지역의 끝없는 사막지대, 바다와 같이 큰 북부 호수지대와 서북부의 높은 산악 지대 등 광활하고 다양하다. 이러한 지리적 다양성 못지않게 사람들의 생각 또한 지역마다 다르고 역시 다양하다. 때문에 미국을 한가지의 정형화된 틀 속에서만 이해할 수는 없을 것이다. 미국에서 생활해 본 사람이면 정도의 차이는 있지만 누구나 이러한 느낌을 갖게 된다.

미국은 19세기 프랑스의 유명한 정치사상가 알렉시스 토큐빌이 갈파한 것처럼, 정체되어 있는 사회가 아니다. 끊임없이 변화하는 나라다.

최근에는 공화 민주 양당 간의 대립이 의료 보험 개혁 문제를 둘러싸고

첨예하게 대립돼, 정치, 사회적으로 분열상이 극도에 달하기도 했다. 그러나 주목해야 할 것은 그 와중에도 폭력은 없었다는 것이다. 무엇보다 젊고 정치적 경험이 일천했던 오바마 흑인 상원의원을 대통령으로 선출한 나라임을 기억할 필요가 있다.

한미 관계에 있어서도 미국의 한국에 대한 인식은 끊임없이 진화되어 가고 있다. 더 이상 수직적인 상하관계가 아닌 수평적인 대등한 동맹관계로 발전해가고 있는 현실을 아무도 부인 할 수 없다. 따라서 어떠한 문제가 있더라도 잘 해결해 나갈 수 있을 것으로 확신한다.

필자인 이현주 KBS 국제팀장은 워싱턴 특파원 시절, 의례적인 사교행사나 모임에는 잘 모습을 드러내지 않아, 무엇인가에 깊이 몰두하고 있다는 느낌을 받았다. 그 비밀이 결국 이 한 권의 책으로 결실을 보게 된 것이라는 걸 이제 알게 됐다. 참 대단한 일이다.

이 책은 이 팀장이 특파원 시절 3년 여에 걸쳐 취재한 것 중 관심을 쏟았던 부분을 정리해 출판한 것이다. 물론, 미국 정부와 사회의 복잡한 현실 문제를 다루는 딱딱한 정책연구서가 아니다. 잘 알려지지 않은 미국의 현실과 기자로서의 체험, 그리고 기자 특유의 관찰력을 발휘해 정교하게 정리한 보고서다. 독자들이 미국을 이해하는 데 큰 도움이 될 수 있을 것으로 본다.

이태식/ 前 주미대사

'숨겨진 미국'과의
첫 만남-

자장면은 미국에서 먹어도 맛있다. 워싱턴 근처 코리아타운에는 꽤 잘 한다는 '한국식 중국집'들이 몇 개 있다. 이런 곳에 앉아 있으면 마치 한국 같다. TV 채널이 한국 프로그램만 나오는 케이블 방송에 거의 고정돼 있기 때문이다. 하루 종일 CNN, Fox 등 미국 방송을 안고 사는 특파원들로서는 잠시 귀국한 듯 착각이 들 정도다.

그날도 오랜만에 자장면을 한 그릇 하기로 했다. 미국의 모범적인 장애인 교육제도를 기획 취재하고 돌아오던 길이었다. 나흘 후면, 한국에서는 장애인의 날이었다. 버지니아까지 다녀오는 출장이어서 꽤 출출했기에 자장면 메뉴 선정에는 아무도 이견이 없었다. 늦은 점심, 손님도 별로 없는데 중국

집 TV 화면에서는 예외 없이 한국 연예 프로그램이 한창 재미있게 나오고 있었다.

그때 휴대 전화 벨이 울렸다. "지금 CNN 보고 있어요?" 집사람이었다. 지금 엄청난 총격 현장을 CNN이 중계하듯 보여 주고 있다는 것이었다. 주인 허락 받을 새도 없이 채널을 얼른 CNN으로 돌렸다. 버지니아 텍 총격 사건의 시작이었다.

조승희의 집은 알고 보니 우리 집과 가까운 곳이었다. 그러나 그 집을 알아내는 데는 꼬박 하루가 걸렸다. 또 부랴부랴 주소를 알고 찾아 갔을 때 조승희의 가족은 미 수사 당국에서 '안전한 모처(某處)'로 조용히 데려간 후였다. 뿐만 아니었다. 버지니아텍 참사의 피해자 가족과 부상자들도 언론과 철저히 격리됐다. 가족들과 부상자 스스로도 언론과 접촉을 피했다.

이후 수사는 차분하면서도 질서 있게 전개됐다. 언론 창구도 통일됐다. 매일 브리핑이 이뤄지면서도, 학교와 수사 당국 등 각 이해관계자들 간에 엇갈린 메시지가 없었다. 사건이 나면, 경찰보다 언론이 먼저 집을 찾고, 각 관련자들이 중구난방으로 나서서 더욱 의혹을 만들어 내는 우리와는 전혀 다른 양상이었다.

사건 발생 다음 날부터 한인 사회에는 괴소문이 돌기 시작했다. 코리아타운에 있는 유명 한인 제과점 유리창이 다 깨졌다느니, 어떤 한인 학생은 학교에 가서 백인 친구에게 위협을 받았다느니 주제도 다양했다. 그 때마다 현장에 취재를 나갔다. 미국 주요 언론의 취재진들도 와 있었다. 가보면, 사실이 아니었다. 그럼에도 한인 사회는 물론 한국에서는 깊은 우려의 목소리가 증폭되기 시작했다.

미국 언론들은 '한국인 이민자 조승희'를 부각시키지 않았다. 그들의 시선은 총기에 모아졌다. 총기소지 허용에 관한 규제의 문제점과 교내 안전대책 강화 등을 차분히 조명했다. 성숙한 미국의 모습이었다. 찬사를 보낼 만 했다.

그러나 버지니아텍 사건의 와중에서 유감스럽게도 또 다른 미국의 모습을 발견했다. 그건 우리가 잘 몰랐던 '숨겨진 미국'이었다. 총기 문제를 대대적으로 지적하고 나선 언론 보도에도 여론 조사 결과는 전혀 달랐다. 끔찍한 사건이긴 하지만, 총기 규제에는 반대한다는 것이다. 총이 문제가 아니라 총을 쓰는 사람이 문제라는 여론이 우세했다. 엄청난 사건에도 흔들리지 않고 성숙하게 처리하는 미국, 국제 평화와 인권을 존중하는 미국과는 어울리지 않는 미국의 숨겨진 얼굴이었다.

이후 데일리 뉴스 따라잡기에도 바쁜 특파원 생활 속에 나만의 작업 하나가 더 생겨났다. 우리가 전혀 몰랐던 '숨겨진 미국'을 찾아내고 그 원인과 뿌리를 나름 추적하는 작업이었다. 찾기 시작했더니 우리가 잘 안다고 생각했던 미국에게는 숨겨진 얼굴들이 참 많았다. 진정한 친구란, 이렇게 숨겨져 있던 상대의 모습을 제대로 발견해 알아가면서 이뤄지는 것 아닐까? 맹목적인 혈맹보다는, 서로를 잘 아는 '지맹'(知盟)이 필요한 시점, 이 한 권의 책과 함께, '숨겨진 미국' 찾기 여행에 동참하기를 감히 권해 본다.

'가쎄'(gasse)는 독일어로 '오솔길'이라는 뜻이란다. 내게 출판의 '길'을 내준 김남지 가쎄 대표와, 출판 과정의 '길'을 잘 이끌어 준 에디터에게 감사한다. 저술지원을 아끼지 않은 방일영 문화재단에도 고마운 마음을 전한다. 그리고 언제나 내게 힘이 되시는 하나님께 가장 큰 감사를 드린다.

2010년 봄을 바라보며, 이현주

1장. 무장(武裝)의 나라

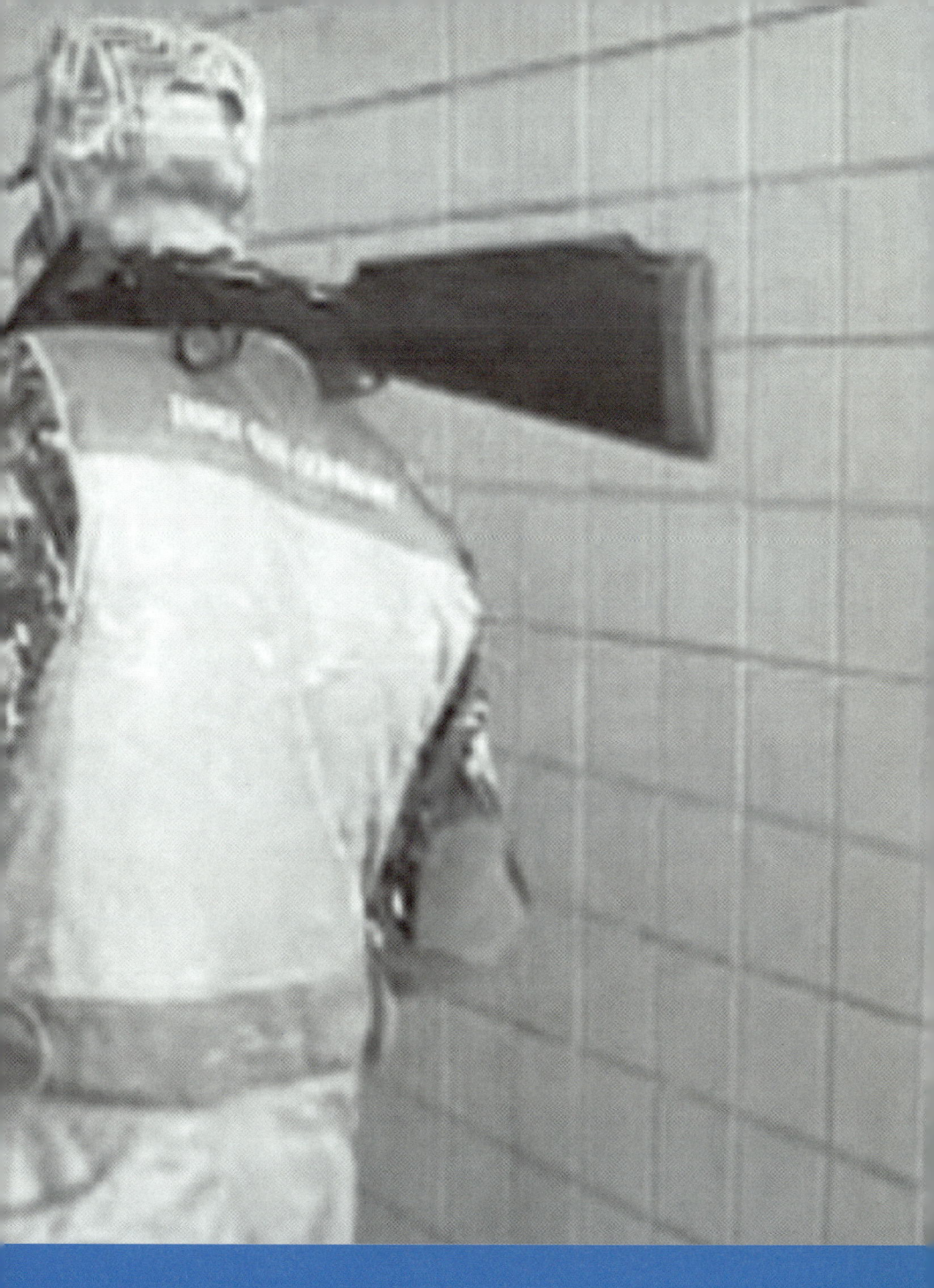

전통적으로 총기소유에 관대했던 공화당이니 그렇다 치자
그 반대선상에 서온 민주당, 그것도 변화를 외쳐온 후보로서
오바마(Barack Obama)는 어땠는가?

미국인들도 모르는
미국 속 이야기

땅바닥이 온통 붉다. 초록 색깔이라곤 찾을 수 없다. 워싱턴서 비행기로 5시간. '낭만적인 사보텐과 종려나무, 그 사이로 얼핏 출렁이는 오아시스' 같은 건 없었다. 사막이라기보다는 그저 영원히 끊어지지 않을 것 같은 붉은 광야, 또 광야다. 뉴멕시코 주는 그런 곳이었다.

"존 웨인 영화는 좀 보셨나요..." 정말 존 웨인 영화에서 봄직한 카우보이모자 아저씨가 나타났다. 라튼(Raton: '레이튼' 쯤 될 것 같은데 이곳 사람들은 꼭 '라튼'이라고 고집한다)이란 곳에 있는 사격장 휘팅턴 센터(Whittington Center)에서 였다.

서울 대공원 14개짜리 미국 사격장

33,000 에이커란다. 요즘은 우리나라에서도 평방미터를 쓰니까, 1억 3,400만㎡. 서울 대공원 14개가 들어가고 남는다. 일개 사격장이? 그러고 보니, 사격장 입구에서 부지런히 달린 지 10여 분이 지났다. 그런데 아직 아무 것도 나오는 게 없다. 달리면 길이 되는 끝없는 광야만 입을 떡하니 벌리고 서 있다. 특이한 건 달리는 곳곳 마주치는 사슴 떼들이다. 살풍경한 광야에, 그것도 살벌한 초대형 사격장에서 만나는 사슴 떼라니...

"사슴 사냥철이 끝났거든요..." 카우보이 아저씨의 말이다. 통성명을 하고 나니, 로비 로버츠(Robbi Roberts), 사격장의 사격 프로그램 국장이다. 로비의 말로는(이 사람은 '로버츠 씨' 보다는 '로비'를 더 편안해 하는 것 같다) 여기에는 사슴 사냥터까지 있다는 것이다. 그럼 그렇지. 서울 대공원

서울 대공원 14개 면적의 사격장엔 이처럼 사슴들이 노닌다. 사슴 사냥철은 11월.
그 밖의 시기는 사슴들에겐 평화의 나날이다.

14개 면적의 이유를 알만 했다. 11월 한 달만 허용되는 사냥철도 끝나, 사슴
들로서는 지금이 살판 난 때라는 것이다.

한 번에 200명이 들어서 쏠 수 있는 사대만 16개다. 성수기인 5월부터는
이 사대가 꽉 찬다고 로비가 연신 자랑한다. 로비는 일일이 통계를 따져보
더니, 바로 한 해 전 성수기(5월~9월)에만 18만 명이 왔단다. 그것도 가족
단위로. 실제로 이 사격장은 방문객들이 묵어갈 통나무 집 시설까지 갖추고
있다. 하루 밤 비수기 50달러, 전자 오븐과 가스레인지 등 취사 시설과 샤
워장 등 호텔 급이다. 입장료만 두 당 40달러에, 사대 이용료 15달러니까,
일박만 해도 4인 가족 당 우리 돈 27만 원 이상이 가볍게 나간다. 그런데도
콜로라도, 애리조나 주에서까지 찾아온다.

도대체 와서 뭐 하냐고 물어 봤다. 그저 총만 쏜단다. 우문현답이다. 그런데, 이해가 안 된다. 하루 종일 총만 쏘자고 산 넘고 물 건너 이곳에 온다? 그것도 자녀들까지 데리고? 자녀들은 뭘 배우라는 건가? 총질? 부모로서 잘 하는 일일까? 꼬리를 잇는 의문을 아는지 로비는 내게 무슨 총을 준비할까며 묻는다. 그제야 정신이 들었다. 나는 취재 중이었다.

2008년 3월 말, 버지니아텍(Virginia Tech) 총격 참사 1주년을 2주일 앞둔 시점이었다. 너무 참담했던 대형 사건을 돌아보며, 원인을 짚어 보자고 나선 기획 취재 길이었다. 한국인의 관점에서 보면 총격 사선의 원인은 간단하다. 총기다. 그런데 간단하지가 않았다. 총기에 대한 미국인들의 사고 때문이었다. 미워하는 것 같으면서도 미워하지 못하는 것 같았다. 오히려 켜켜이 쌓인 미운정이 더 깊은 듯했다. 이중적 사고. 버지니아텍 사건 홍역을 치른 관할 특파원으로서, 나는 그렇게 결론 내렸다.

이 같은 내 판단에는 근거가 있다. 버지니아텍 총격 사건이 난 불과 엿새 후, 2006년 4월 22일이었다. 미 ABC 방송이 여론 조사를 했다. 권총 판매를 규제해야 하지 않겠느냐는 질문에 찬성은 38%에 불과했다. 반면, 반대는 60%로 대다수였다. 다음은 총기 사고의 주요 원인이 뭐냐는 질문. 총기소지의 자유 때문이라는 응답은 18%에 불과했다. 가정교육 탓이라는 게 35%, 폭력적인 영화 등 대중문화 탓이라는 게 40%였다. 그러니까, 총이 문제가 아니라는 얘기다. 그렇다면 강력한 총기 규제법을 만들 경우, 사고율이 줄 것으로 보느냐는 질문에 절반이 'No'였다.

비단 이 여론 조사 뿐만이 아니다. 수시로 행해진 다수의 여론 조사에서 미국인들은 총기 규제에 대해서 호의적이지 않았다. 특히 총기 소유의 자유에 대해서는 절대적인 신념을 보였다. 2008년 2월 8~10일 사이 유에스에이 투데이 신문과 갤럽이 공동으로 한 여론 조사에서, 미국인 73%는 "총기 소유는 개인의 자유"라고 답했다. 그에 앞서 2007년 12월 6일~9일 사이에 한 CNN 방송의 여론 조사에서도 65%가 그렇게 답했다.

버지니아텍 사건 등 총격 사건이 날 때 마다, 미국에서는 총기 규제 목소리가 나온다. 그러나 그건 한 때 뿐이다. 시간이 지나면, 자연스레 총기 소지의 자유라는 본래의 자리로 돌아가고 만다. 이번 취재는 이 같은 여론 조사와 내 판단에 대한 일종의 현장 확인 과정이기도 했다.

총 12자루는 금방, 골프채나 총이나...

로비는 웨인(Wayne)이라는 직원과 함께 총 세 자루를 들고 나왔다. 하나는 권총, 하나는 서부식 소총, 또 다른 하나는 우리 눈에 익은 카빈 소총이었다. 일반인들이 흔히 들고 와서 쏘는 총이라는 것이다. 우선 권총이 눈에 번쩍 띈다. 버지니아텍 참사 때 조승희가 사용했던 글록(Glock)아닌가? 오스트리아제 신형 권총인데 우선 가볍다. 뭣보다 탄창에 최대 33발이나 넣을 수 있다. 기존의 권총이 따라올 수 없는 위력이다. 때문에 미 수사 기관 등이 이 총을 애용한다. 뿐 아니라, 일반인들에게도 이른바, 호신용 베스트셀러 권총이란다. 버지니아 참사 때 조승희가 이 총을 쓰지 않았다면 인명 피해가 더 줄었을 것이라는 분석이 나오는 것도 이 때문이다. 서부식 소총은 그 유명한 원체스터. 로비 말처럼, 존 웨인 영화에 단골로 등장하던 그 총이다. 주로 사냥과 수집용이다.

군용 카빈의 등장에 짐짓 놀라자, 로비와 웨인은 별 거 아니라는 표정이다. 2차 대전 때는 군용이었지만, 지금은 여느 민수용 소총보다 위력이 별 나을 게 없다는 것이다. 다만 추억삼아 사격을 즐기는 사람들이 종종 찾는다는 것이다. 그러니까 호신용으로는 권총, 사냥 또는 수집용으로는 고전형서부식 소총, 그리고, 화력이 필요하다고 보면 강력한 군용 총기까지. 일반 미국인들의 총기 선호도는 이렇게 정리되는 셈이다.

그렇다면, 미국 가정에는 총이 한두 자루 정도가 아니라는 계산이다. 웨인에게 물어 보니 'dozens'라는 말로 대신한다. 그러니까 12자루 이상이라는 말이다. 그러면서 눈을 찡긋하며 로비에게 물어보란다. 로비는 너무 많아 기억이 안 난다면서 120자루 정도는 될 것이란다. 웨인과 로비는 뭘 그리 놀라느냐는 표정이다. 로비의 경우는 전문가라는 특수성이 있어 좀 많은 편이지만, 보통 웨인 정도는 갖고 있다는 것이다. 앞서 말한대로, 총의 용도에 따라 하나씩 챙기다 보면, 12자루 정도는 금방이다. 사냥용이면 사냥용, 사격용이면 사격용, 수집용이면 수집용 하는 식이다. 그러다 보면 로비 같은 전문가가 아니라도 100자루 이상 집에 갖고 있는 사람도 종종 만나게 된다는 얘기다.

TV라는 매체의 특성상 화면은 필수다. 로비와 웨인이 돌아가며 시범을 보인다. 글록이라는 권총부터 군용 카빈까지. 역시 전문가들이다. 25미터 과녁 정도는 잘도 맞춰 넘긴다. 그러더니 불쑥, 나보고 쏴 보란다. 권총을 골랐다. 20여 년 전 군복무 시절 주로 다뤄 본 권총이 좀 더 낫겠지 싶어서였다. 또 글록이란 권총의 실제 성능도 궁금했다.

20여 년 전 한국군 장교들이 쓰던 리볼버 38구경이나 CAL-45보다(지금도 이 총을 쓰는지는 모르지만), 글록은 위력이 강하면서, 편했다. 하기야 이 사격장의 무기고에 가 보니, 위 두 가지 권총은 이미 고전 장르에 속해 있었다. 예를 들어 리볼버 38구경은 6연발이다. 6발을 쏘고 나서 재장전을 해야 한다는 얘기다. 1초 차이가 생사의 갈림길을 결정하는 상황에서 이는 긴 시간이다. 조승희가 만약 리볼버형 권총을 사용했다면 아무리 총알을 많이 갖고 있었어도 32명의 사람을 그렇게 죽일 수는 없었을 것이다.

버지니아텍 총기 난사 사건을 좀 더 분석해 보자. 당시 조승희는 약 200발의 총을 쏜 것으로 나타나고 있다. 물론 그때 사용한 총 가운데 하나가 글록 19 모델이다. 15개, 17개, 19개, 그리고 33개까지 총알을 장전할 수 있는 여러 탄창을 쓸 수 있다. 33연발 탄창을 사용한다면, 탄창 10개만으로도 330발을 쉬지 않고 쏠 수 있다. 또 다른 총은 발터 P22(Walther P22)였다. 이 총의 탄창은 10발 장전이 가능하다. 탄창 10개를 준비하면, 100발 연속 사격이 가능하다는 얘기다. 글록을 쏘면서 느낀 건, 과거 군복무 시절 "권총은 장교의 명예를 지키기 위한 자결용이야"라던 말이 무색하다는 느낌이었다. '자결용'이 아니라 명백한, 그리고, 너무도 강력한 '타살용'이었기 때문이었다. 사격 중인데 비어 있던 옆쪽 사대에서 또 총소리가 난다. 역시 콜로라도 주에서 건너 온 사격 애호가들이다. 한 사람은 특별히 수사관이다. 그래서인지 손엔 글록을 들고 있다. 자신은 수사관으로서 사용하는 공용 권총과 자연인으로서 사용하는 권총들이 따로 있단다. 물론 12자루 정도는 될 거라면서, 뭘 그리 심각하게 개수를 따져 본 적은 없다는 투다. 왜냐면, 사냥이면 사냥, 스포츠면 스포츠, 호신용이면 호신용, 다 필요가 다르기 때문에 사다보면 개수는 늘어나는 것 아니냐는 것이다. 총 12자루는 쉽게 넘게 된다는 웨인과 로비의 말을 알 듯도 했다. 새로운 총에 대한 미국인들의 관심은 마치 골프치는 사람이 새로운 골프채에 대해 갖는 관심이나 다를 바 없다는 것이다. 뒤에 다루겠지만, 실제로 이곳 사람들은 건 쇼(gun show) 같은 곳에서 자신이 갖고 있는 총을 골프백에 싣고 와 서로 바꾸거나, 거래하기도 한다.

총이 뭐길래...

3월이라는 비수기, 그것도 평일 오전인데, 대형 사대엔 사람들의 인적이 끊이지 않았다. 취재 하러 온 사람으로서는

조승희가 사용한 것과 동형의 글록(glock) 권총 (좌), 우측은 탄창들.

다행스런 일이다. 동시에 앞서 가졌던 의문들이 다시 꼬리를 문다. 그들을 총으로 끌고 오는 힘은 뭘까 하는 것이다. 총이 대체 뭐기에...

올해 69살인 빌 스튜어드(Bill Stuard) 씨와 65살인 로버트 젠킨스(Robert Jenkins) 씨는 '총 친구' 다. 콜로라도 주에서부터 이곳까지 달려 와 막 총을 쏘려는 참이다. 이 스케줄을 맞추기 위해 두 사람은 공을 많이 들였단다. 두 사람이 들고 온 총은 전형적인 사냥총인 샷건(shot gun). 스튜어드 씨는 2연발, 젠킨스 씨는 3연발 샷 건이다. 차이가 뭐냐고 물으니까, 취향 차이라고 잘라 말한다. 다만, 3연발의 경우, 곰 같은 맹수와 대결할 때, 한 번 더 기회가 있다는 게 유리한 점이다. 그러나 진정한 사냥꾼은 2발로 승부를 내야 하는 법 아니냐는 표정이다.

젠킨스 씨는 전형적인 '서부 사나이' 타입이다. 어떤 긴 질문에도 단답형이다. 그렇지만 분명하다. 반면, 스튜어드 씨는 좀 부드럽다. '총 친구' 이긴 해도 역시 4살이라는 연령의 차이(?)가 있는 건가 싶은 극히 한국적인 생각도 해 본다.

먼저 쉬운 질문부터 했다. 언제부터 총을 잡기 시작했냐고. '부드러운 남자' 스튜어드 씨의 얼굴이 환해진다. "9살 때부터죠, 그러니까 올해가 60년째입니다." '60년째' 라는 말끝에는 약간의 힘도 들어 있다. 누가 가르쳐 줬냐니까, 바로 위의 형이란다. 자기 세대의 전통적인 미국 가정들은 예전부터 그랬고, 지금도 그렇다는 것이다.

우리 미국인들에게 총은 살생 무기가 아니라, 생업과 생명을 위한 도구였다. 멀리 보자면 건국 이전, 가까이는 서부 개척 시대부터 그랬다. 우리 조상들은 총으로 사냥을 했고, 가족을 보호해야 했다. 총은 가족 단위에서 계승되고, 공유돼온 전통이다. 그래서 아버지는 아들에게, 총을 가르친다. 그럴 형편이 아니면 나처럼 형이 동생에게... 총은 이처럼 가족 단위에서 미국이라는 공동체 전체로 확대 공유돼 흘러나온 가치관이다. '부드러운 남자' 스튜어드 씨의 생각을 정리하자면 이렇게 요약할 수 있다.

'서부 사나이'의 답은 역시 간단했다. "All my life!" 그게 끝이다. 더 이상 보태고 자시고 할 게 뭐 있냐는 거다. 그리곤 흐뭇한 표정으로 종 진구 스튜어드 씨의 흐르는 콧물을 닦아 준다. 살벌한 늦겨울 사격장 분위기가 일순 따뜻하게 달아오른다.

"총이 대체 뭐기에..." 핵심 질문을 꺼냈다. '서부 사나이'도 '부드러운 남자'도 자못 심각해진다. "만약 누군가가 내게서 총을 앗아 간다면, 내 삶의 의미도 줄어들 겁니다." 부드러운 남자답지 않은 스튜어드 씨의 대답이다. 단호하다 못해 다소 떨리는 어조에는 눈물 기운까지 느껴진다.

"나이를 먹으면서 내가 할 수 있는 일은 점점 줄어들고 있죠. 보시다시피..." 그리고 보니, 서 있는 스튜어드 씨의 자세가 좀 불편해 보인다. 어조가 떨리는 것과도 무관하지 않은 것 같은 느낌이다. "그렇지만, 이건(총을 보면서) 내가 지금도 여전히 잘 할 수 있는 몇 남지 않은 일 가운데 하나랍니다." 서부 사나이 젠킨스 씨도 거든다. 예의 'All my life'論 이다. "총은 권리입니다, 우리 조상들이 희생으로 얻은 자유이구요."

너무 거창하다 싶은 서부 사나이의 말을 뒤로 하고, 두 '총 친구'는 사대로 향했다. 클레이 사격. 서부 사나이는 물론, 몸이 다소 불편한 듯한 스튜어드 씨의 실력이 모두 예사롭지 않다. '9살 때부터'와 'All my life!'의 외침이 부끄럽지 않을 정도다. 그러나 '총은 권리'라는 말과 '조상의 희생으로 얻은 자유'라는 서부 사나이의 말은 너무 억지스럽다는 생각을 지울 수 없었다. 그런데 로비의 생각도 같았다. 총은 권리고 조상의 희생으로 얻은 자유라는 것이다. 독립전쟁 때를 생각해 보자. 당시 미국에는 상비군이 없었다. 그럼 누가 영국과 싸워 독립, 아니, 자유를 쟁취했지? 민병대(militia)였다. 그러니까, 시골의 장삼이사(張三李四)들이다. 그들이 갖고 나온 게 뭐였던가? 집에서 쓰던 사냥총, 호신용 총이었다. 미국 독립은 바로 개인이 소지

서부영화의 고전 윈체스터 소총을 들고 멋지게 시범을 보이는 웨인.

했던 무기들이 해낸 것이다. 어디 독립전쟁 뿐이던가? 남북전쟁도 마찬가지... 로비는 서부 사나이가 미처 챙기지 못한 역사적 '팩트'를 제대로 된 논리 구조로 세워, 펼쳐 나갔다.

총, 총, 총... 세계 최대의
건 쇼(Gun Show)

1995년 4월, 6백여 명의 사상자를 낸 오클라호마 시티(Oklahoma City) 폭탄 테러. 뉴멕시코 주 바로 옆의 오클라호마 주에 대한 일반인들의 정보는 여기까지인지도 모른다. 더욱이 털사(Tulsa)라는 도시는 더욱 생소할 것이다. 이곳은 오클라호마 주의 2번째 대처(大處)다. 미 북동부 유전지대를 끼고 있는 대표적 유전 공업 도시이기 때문이다. 그래봤자, 인구는 40만 남짓, 미국의 중소 도시 급이다. 그래서 평소 쾌적하고 조용하다.

그러나 4월 초와 11월 초, 두 시기에는 분위기가 좀 달라진다. 털사 중심부의 호텔은 붐빈다. 전국 각지에서, 해외에서도 사람들이 몰려들기 때문이다. 미국 최대 규모의 건 쇼(gun show)를 보려는 사람들이다. 52년 전통의 이 건 쇼를 주최하는 조 워너메이커(Joe Wanenmacher) 씨는 세계 최대라는 수식어를 반드시 붙인다. 실제로 이틀간 열리는 이 건 쇼를 보는 관람객 수는 3만 명이 넘는다. 관람객들을 제외하더라도, 미 전역의 총포상들과 총기제작업체 관계자들이 다 집합한다고 보면 된다.

건 쇼란, 직역하면 총기 박람회 정도가 되겠지만, 실제로는 종합 총기 공개 시장이라고 보는 게 더 타당하다. 각종 총기와 총기 부품, 총기 장식품, 탄약은 물론이고, 총기관련 각종 서적에다 전투식량, 군수품까지 없는 게 없다.

또 잡은 사냥물을 보존하고 요리하는 데 필요한 각종 장비에다, 실제 포(脯)로 말린 고기, 깡통, 칼과 부싯돌, 야전 손전등 등도 있다. 오토쇼(Auto Show) 같은 일반 박람회와 다를 바 없이, 신제품 발표도 한다. 총포상들과 총기 제작업체들은 신형 총기와 관련 제품의 첫 선을 뵌다. 총기와 관련된 모든 것들을 관람할 뿐 아니라, 상담하고 사고팔며, 앞으로의 흐름까지 감을 잡는 시장이다.

건 쇼의 주체는 총포상이나 제작업체들만이 아니다. 일반 관람객들도 주체다. 이곳에서는 일반인들도 자신들의 총을 합법적으로 팔 수 있다. 때문에 건 쇼장은 총기 애호가들의 동호회장 같은 역할도 한다. 자연 발생적으로 또는 조직적으로 서로 만나 총에 대해 정보를 나누고, 필요한 것들을 상통

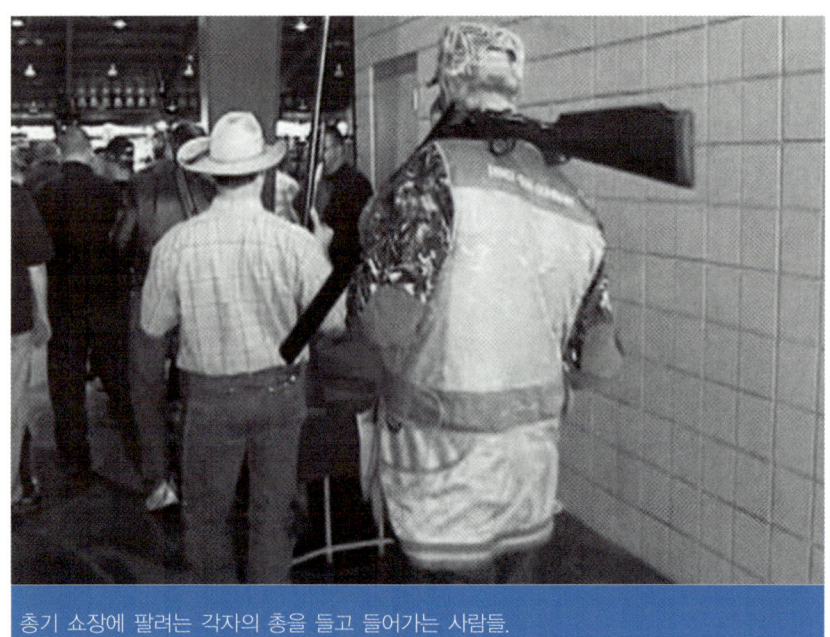

총기 쇼장에 팔러는 각자의 총을 들고 들어가는 사람들.

한다. 총기 애호가들은 이곳에서 자신의 소장 골동품 총기를 전시하거나 팔기도 한다. 때로는 전쟁 전리품을 내다 파는 사람들도 있다. 건 쇼에 나오는 총기관련 물건들이 다양한 데는 다 이유가 있는 셈이다.

한 해 미 전역에서 열리는 건 쇼는 5천개가 넘는다. 물론 규모는 천양지차 각양각색이다. 주로 공공시설을 빌려서 하는데, 호텔이나 쇼핑몰, 무기 창고나 무역 전시장, 공설운동장 등으로 주로 주말 이틀간 열린다. 소규모 건 쇼는 판매대가 50개 남짓, 관람객수는 2,500명 정도다. 판매대가 2,000개가 넘어서고 관람객들도 2만 명을 넘는 것이면 초대형이라고 할 수 있다. 이런 기준에서 보면 3만 명을 훌쩍 넘는 털사 건 쇼는 세계 최대라는 수식어를 붙일 만도 하다.

골프 백, 건 백... 그리고, 잠실 운동장 6배

털사 엑스포 센터는 털사의 대표적인 대형 전시관이다. 토요일 오전 9시대인데도, 만대 정도는 너끈하다는 초대형 주차장이 이미 소화불량이다. 주차 천국 미국에서는 거의 발휘할 기회가 없던 이중 주차 기술로 겨우 차를 세웠다. 무거운 방송 취재장비를 함께 밀며 가는데, 주변에도 나처럼 다들 뭔가를 밀고 간다. 자세히 보니 바퀴달린 골프백들이다. 그런데, 골프채 대신, 소총 자루들로 빼곡히 채워져 있었다. 한 마디로, '건 백'(gun bag)들이었다. 휘둥그레진 내 눈을 쳐다보며, 건 백 주인들은 "Hi"하며 잇몸을 보인다. 스킨헤드족도 문신족도 아닌 그저 평범한 미국 아저씨, 아주머니들이었다. 건 쇼에서 팔아 볼 요량으로 집에 갖고 있던 싫증난 총들을(?) 좀 내오는 참이다.

유전공업 도시답게 엑스포 센터 입구에는 유전지대에서 일하는 초대형 근로자상이 위풍당당 서 있다. 높이 40미터 가까운 이 상(像) 아래에는 임시 정류장이 생겼다. 미니 셔틀 버스들이 2-3분 간격으로 사람들을 토해놓고 간다. 총을 메고 버스에서 내린 사람들, 건 백을 미는 사람들은 사이좋게 건물로 들어간다. 이들 머리 위로는 "세계 최대 건 쇼"(World's Largest Gun Show)라는 차일이 호쾌하게도 걸려 있다.

건 쇼장 입구에는 안전 요원들과 검색대, 건백들과 소총 자루, 사람들로 혼잡을 이루고 있었다. 사람들은 먼저 매표구에서 표를 사고, 검색대를 통과해야 한다. 안전 요원들은 총에 혹 장전이 돼 있는지 체크하고, 노란 색의 플라스틱 끈으로 총 방아쇠를 묶는다. 불의의 안전사고를 막기 위함이다. 안전 검사를 마친 총 주인들은 총구 끝에 또는 모자에, 아니면, 등과 가슴에 각종 선전 문구를 붙인다. 느긋하게 총 구경도 하면서, 자기 총의 새 임자도 찾아보겠다는 계산이다.

이들을 따라 안에 들어서는 순간, 가슴이 철렁 내려앉는다. 총을 가득 담은 매대의 줄 끝이 보이지 않기 때문이다. 좌로 봐도 총, 우로 봐도 총. 허공까지도 총기 선반들로 가득 채워진 느낌이다. 알고 봤더니, 총기 쇼장의 넓이는 잠실 실내체육관 6개를 합친 것 보다 좀 더 넓었다. 전국에서 1,700여 총기상들이 모였다. 그리고 매대만 4천 개를 넘었다. 첫 날 벌써 2만 명이 몰렸다. 워너메이커 씨의 말처럼 세계 최대 건 쇼라 할 만 한 슈퍼 총기쇼였다.

M16 소총? 야간 투시경까지?

눈에 먼저 띄는 건, 역시 눈에 익은 총들이었다. 서부극 단골인 "옛날 식" 권총과 소총들이다. 뉴멕시코 사격장의 로비가 가지고 나왔던 윈체스터 21 소총 등은 단연 인기였다. 이른바,

갖고 있는 소총의 각종 정보를 써서 등에 붙이고, 판매에 나선 사람들. 총기 쇼장에서 흔히 보는 광경이다.

골동품 소총 마니아들과, 전통 사냥 취미 애호가들 사이에 그만큼 인기가 많다는 것이다. 이미 단종 된지 오래기 때문에 더더욱 가치가 커졌다는 총기상의 설명이다. 가격이 얼마냐고 물었다. 총기상은, 아까부터 열심히 총을 어루만지며 아쉬운 듯 보고 있는, 70대 초반 노신사의 눈치를 힐끗 본다. 8천 달러. 자신을 전통 사냥 애호가로 소개한 스티븐 칼럼(Steven Column)이라는 이 노신사에게는 가격이 부담되는 듯했다. 칼럼 씨는 이제 고전이 된 이 총이 결코 호락호락한 가격에 나올 총은 아니라고 인정했다. 그러면서도 3-4천 달러에 구할 수 있었으면 좋겠다며 연신 아쉬움을 쏟아냈다.

총기 쇼장 안으로 걸어 들어가면서, 가슴은 또 한 차례 두방망이질을 치는 것 같았다. 시쳇말로, "어, 이거 장난 아닌데..."였다. 서부극 단골의 "옛날식"총들만 해도, 두려움 보다는 다소의 친밀감을 줬다. 그런데 이제 차원이 달라지는 것이었다. 미국 할리우드 액션과 홍콩 느와르 장르에 단골로 등장하는 살벌한 첨단 총기들이 속속 등장하는 것이다. 권총의 경우, 같은 모델에도 9~40㎜까지 갖가지 변화가 주어지는가 하면, 여성 등 사용자의 신체 특성에 맞도록 세밀하게 디자인이 돼 있을 정도였다. 이 같은 최신형 권총들의 가격도 600달러 정도 내외.

권총 매대를 막 지나는데, 정말 눈에 익은 총이 보였다. 군복무 시절 "제 2의 생명"으로 지급 받았던 M16 소총이 아닌가? 아무리 총기 천국이라지만 이건 아니다 싶었다. 군용 총기까지 민수용(?) 시장에 나와서는 안 되는 것이었다. 만져 보고, 위 아래로 훑어보고, 아무리 확인해도 바로 그 '추억의

야간 투시경등 각종 첨단 보조 장비까지 장착한 '풀옵션' AR 소총.

소총' M16 이었다.

"네, 우리 미군들이 쓰는 것과 똑같은 총입니다. 총에 붙일 수 있는 각종 부가 장치도 똑 같고요." 미심쩍어 물어 본 젊은 총기상의 대답마저도 그랬다. 그런데 뒤에 한 마디를 붙였다. "다만 반자동이라는 점만 빼면요."

그건 AR 소총이었다. 그러니까 '추억의 그 M16 소총'은 아니었다. 그런데 왜 똑같이 생겼을까? M16의 모체기 때문이다. 차이는 딱 하나. 총기상 설명대로 반자동이라는 점이다. 한마디로 반자동 M16 소총인 셈이다. 그런데 이 차이는 크다. 미국법상, 자동인 M16은 'No'지만, 반자동인 AR 소총은 'OK'기 때문이다. 민간인들이 살 수 있다는 얘기다.

그런데 이 AR 소총 옆에는 별난 장비가 펼쳐져 있었다. 바로 야간 투시경이었다. 이걸 끼면 깜깜한 밤에 약 1㎞ 앞까지 훤하게 볼 수 있다는 것이다. 우리나라로 치면 간첩 침투가 잦은 동해안 초소 같은 전선의 필수 장비다. 왜 필요하냐니까, 야간 사냥 때 도움이 된단다. 가격은 기능에 따라 단 돈 2백 달러에서 6천 달러까지 다양하다는 설명이다. 이쯤 되면, 총기의 차원이 달라진다. 그런데, 나를 제외한 어느 누구도 그렇게 생각하는 사람은 없어 보였다.

"헌법이 보장 한다는데..."

다소 놀라운 건, 가족단위 관람객들이 대부분이라는 것이다. 한 50대 초반의 관람객은 두 아들을 찾다가, 방송 장비가 보여 뭔가 싶어 와 봤다며, 아는 척 인사를 건넨다. 아들이 몇 살이냐고 물었더니, 둘 다 10대란다. 함께 왔는데, 서로 총에 열중하다 보니, 길을 엇갈려 버렸다는 것이다.

10대면 아직 미성년자 아니냐고 했더니, 잠시 의아해 하는 표정. 이윽고 내 질문의 의도를 파악한 듯, 싱긋 웃으며 "총은 우리 문화"라고 어깨를 으쓱한다. 자연스레 어렸을 적부터 받아들여진 것이고, 그만큼 어렸을 적부터 바로 가르쳐야 하는 것 아니냐는 것이다. 따라서 이런 곳에 데리고 와서, 제대로 현장 학습을 시켜줘야 한다는 논조다. 마치 우리네 아버지들이 미성년 자녀에게 술을 주며, 주도(酒道)를 가르치는 논리와 닮은꼴처럼 들렸다.

그러고 보니 10대로 보이는 아들과 나란히 총을 보며, 어떤 걸 살지 함께 고민(?)하는 부자(父子)들의 모습은 곳곳에 있었다. 40대 후반의 한 부부는 그동안 오래 된 소총의 총열이 시원찮아 맘이 영 불편했는데, 마침 이곳에서 딱 맞는 총열을 구했다면서 오길 참 잘했다고 연신 싱글벙글 이었다. 마치 공구 도매 시장에서 가정용 공구 세트를 고르는 분위기다. 2-3가지 이상의 총기를 세트로 사서 기분 좋게 돌아가는 가족들도 흔했다. 뉴멕시코 사격장에서 했던 질문이 거푸 나올 수밖에 없는 상황이었다. "미국인들에게 총이 도대체 뭐냐?"고, 또, "도대체 집에 총이 몇 자루나 있냐?"고.

"그게 뭐 그리 중요하슈? 난 총이 별로 없는 편이예요. 한 12자루 좀 넘죠. 근데 말이죠, 12자루 금방입니다. 난 사냥도 좋아하고, 사격 대회도 즐겨 나가는 편인데 말이에요. 사냥하던 총으로 사격대회 나갈 수 있어요? 그래서 한두 개 따로 구입하죠. 또 사냥총도 맘에 드는 게 나오면 한두 개 더 구입하죠. 이러다 보면 한정이 없답니다. 그래서 오늘도 난 그저 구경만 하겠다고 아예 다짐하고 지금 아이 쇼핑 중이랍니다" 멀트 슈웹(Mert Shwab)이라는 40대 초반의 한 남자가 피식 웃으며 내게 던진 말이다. 사격장의 로브와 웨인이 하던 말과 아주 짜고 한 듯 아귀가 맞는다.

그런데, 총의 의미를 묻는 말에, 입가의 표정이 사뭇 진지해진다. "헌법이 보장하는 권리 아닙니까? 더 이상 무슨 말이 필요해요?" 다소 발그레진 얼굴 표정으로 한마디 더 한다. "총기 소유의 자유도 중요한 우리의 자유권입니다. 그것도 우리 조상들의 희생으로 얻은 자유란 말입니다. 나는 선거의 자유만큼이나 우리가 지켜내야 할 중요한 권리라고 봅니다."

언론·종교와, 총기 소유는 동급 자유

미국의 뿌리는 자유다. 특히, 미국이 생겨나게 된 근본 동기가 된 종교의 자유는 절대적이다. 또 '민주국가 미국'의 초석인 언론과 표현의 자유 또한 절대적이다. 그래서 미국의 헌법은, 가장 먼저 종교와 표현의 자유를 명시했다. 이른바, 수정 헌법 1조다. 그렇다면, 수정 헌법의 2조쯤 된다면, 이 못지 않은 절대적 자유를 규정하는 것이어야 한다. 그런데 그게 바로 총기 소유의 자유다.

미국인에게 총기의 자유는 종교·표현(언론)의 자유와 함께 빼앗길 수 없는 기본권이라는 것이다. "선거권만큼이나 지켜내야 할 중요한 권리"라는 앞서 멀트 슈웹 씨의 말이 억지 주장이 아니라는 얘기다.

자 그렇다면, 구체적으로 어떻게 정의하고 있는가? "규율 있는 민병대는, 자유로운 주(州)의 안보에 필요하므로, 사람들이 무기를 소유하고 휴대할 권리는 침해될 수 없다."(A well regulated militia being necessary to the security of a free State, the right of the people to keep and bear arms shall not be infringed) 여기에서 후반부 "사람들이 무기를 소유하고 휴대할 권리는 침해될 수 없다"는 부분이 바로 총기 소유 자유의 근거가 돼 왔다. 그런데 도대체 어떻게 해서 이처럼 국민에게 총을 보장하는 나라가 생겨났을까?

이 수정 헌법 제정의 역사적 배경을 알아야 가능하다. 미국이 독립한 지 11년 째 되던 해, 필라델피아에서 헌법 제정 회의(the Philadelphia Convention)가 열렸다. 당시 연합 규약(Articles of Confederation)만이 있었고 헌법은 없었던 터였다. 그러다 보니 미국은 느슨한 식민지 연합 형태(Confederation)에 머물러 있을 수밖에 없었다. 연방 정부의 권한은 약하디 약해, 권위를 지킬 군사력마저 없었다. 따라서 헌법 논의 과정에서 나온 것이 상비군에 대한 것이었다. 강한 미국을 주장하던 연방주의자(Federalist)는 상비군을 주창했다.

그런데 여기에 반발이 일어났다. 중앙집권적 연방 정부보다는 각 주와 개인의 자율을 주장하는 반 연방 주의자들(Anti Federalists)이었다. 이들은 상비군체제를 채택하면, 중앙 정부가 국민의 자유를 유린하는 도구로 사용할 수 있다는 생각을 했다. 이들의 생각은 영국 식민 시대를 거친 동시대 많은 이들의 정서와 일치했다. 때문에 이들은 국민 개인으로 이뤄진 전통적인 민병제(militia)를 선호했다. 따라서 민병이라는 존재가 헌법에 어떤 형태로든 보장되기를 원했다.

이후 이들의 요구는 권리장전(Bill of Rights)이라는 형태로 수용되고, 수정 헌법(Amendment to the US Constitution)의 형태로 헌법에 들어가게 됐다. 그게 바로 수정 헌법 2조인 것이다. 버지니아텍 사건 이후 수정 헌법 2조의 해석을 두고 적잖은 논란이 시작됐다. 역사적 배경을 무시하고, 상황이 바뀐 현재까지 그대로 적용한다는 게 옳은 일인가 하는 얘기다. 특히, 민병이라는 존재가 없어진 지금, 민병을 근거로 생긴 조항이 지금까지도 개인의 총기 소유 자유로 이어질 근거가 있느냐 하는 문제다.

무장(武裝)의 나라 미국

누구나 알다시피 미국 개척 초기, 원주민들과의 적대적인 관계 때문에 개인의 총기 소유는 필요악이었다. 게다가 정착이 어느 정도 진행되면서 자연스레, 스스로 무기를 갖고 공동체를 지키는 집단 방어가 필수적이었는데 이게 민병(militia)의 시작이다. 물론 공동체마다 무기 창고가 있어 훈련이나 실제 상황이 종료되면 반납을 받았다. 그러나 주요 공동체에서 떨어진 곳에서는 개인 방어를 위해 적어도 남자 한 명당 총기 하나, 종종 여성들까지 총기 사용법을 배우는 상황이 됐다.

한마디로 미국은 시작부터 무장(武裝)의 나라였다. 민병이라는 이름으로 개인이 무장하는 특이한 나라였던 것이다. 현재 총기 소유는 바로 이 '무장의 나라' 전통에 깊이 뿌리 박혀 있는 것이다. 이 '무장의 나라'라는 프리즘으로 미국의 총기 문화를 보면, 서울 대공원 14개짜리의 엄청난 사격장도, 3만 명이 몰리는 총기 쇼도 제대로 보이기 시작한다. 12자루의 총 정도는 예사고, 마치 공구 세트 사듯 부자 간에 사이좋게 총기 쇼핑을 하는 모습이 어색해 뵈지 않을 것이다.

'무장의 나라'로서 미국의 전통은 독립전쟁이 시작이다. 민병들이 독립전쟁의 주축을 형성했기 때문이다. 정확히는 반 정규군인 식민지군(Colonial Army)과 함께 했지만, 주축은 어느 모로 보나 민병이었다. 민병의 참여 대상은 18세에서 45세 사이의 남성. 독립전쟁 당시 참전 민병의 수는 40만 명으로 추산된다.

1792년 5월 수정된 민병대법을 보면, 민병에 등록된 시민들은 "성능 좋은 소총(Musket 소총: 총신이 긴 당시 구형 보병 소총)이나 화승총 1개, 총검과 벨트 하나, 부싯돌 여분 2개, 배낭 1개, 24개의 탄약통을 담을 박스 달린 탄약통 주머니 1개"를 스스로 준비해야 했다. 또 각 탄약통에는 적절한 양의 화약과 총탄을 스스로 채워둬야 했다. 이들 민병은 마침 조지 워싱턴 휘하에 참여함으로써 더욱 존재가 부각됐다. 독립전쟁에 명분과 동력을 부여하는 중요한 역할을 해냈다. 이런 정치적 의미를 의식해, 워싱턴은 민병의 존재를 찬양하기도 했다.

그러나 엄밀히 따지면, 민병의 전투력이 그리 대단하지는 않았던 것 같다. 훈련이 제대로 돼 있지 않았고, 규율 또한 거의 없었던 것으로 알려지기도 했다. 조지 워싱턴조차 공식 석상이 아닌 서신에서는, "민병에 의존하는 일은 마치 부러진 막대기 위에서 쉬고 있는 것과 같다."고 비판했다. 미 의회에 보낸 이 서신은 민병에 대한 혹평 일색이다. "그들은 편안한 가정에서 생활하던 남자들을 그냥 끌고 온 데 불과하다. 그들은 요란한 무기 소리에도 익숙하지 않고 군사 기술도 모르며, 자신감도 결여돼 있고...무기를 훨씬 잘 다루는 군대를 만났을 때 소심해져 그림자만 봐도 도망칠 준비를 한다." 이 서신의 결론은 치명적이다. "민병대가 유용한지 유해한지 선언해야 한다면, 나는 후자를 택할 것이다."

이 때문인지, 민병은 1812년 미영 전쟁을 끝으로 사실상 존재 이유가 없어지게 된다. 국가의 입장에서 보면 민병은 유사시가 아니면 통제할 수 없었다. 그런데 민병 숫자는 오히려 연방 정부의 정규군 수를 압도하고 있었다. 정규군 장교들을 중심으로 1890년대부터 "민병대 해체, 주방위군 형태로의 전환" 주장이 나오기 시작했다. 기관총과 대포 등 신무기의 출현은 이를 더욱 가속화 했다. 민병대 차원에서 값비싼 신무기를 무장하기란 불가능한 일이었기 때문이다.

결국 시어도어 루스벨트(Theodore Roosevelt) 대통령은 민병제 개혁을 요구했고, 1903년 민병법(Militia Act) 통과와 1908년 민병법 개정으로 전통적 민병은 사실상 사라졌다. 대신 중앙 정부로부터 무기를 지급받으며 개인적 무기 소지를 하지 않는, 현재의 주 방위군(National Guard: Organized Militia) 개념이 도입됐다. 이들은 연방 정부의 예비군으로서 역할을 하다 유사시 국가의 통제 하에 전쟁에 투입되는 준 정규군 병력으로 자리매김하게 됐다.

이처럼 민병에 뿌리를 둔 '무장의 나라' 전통은 민병이 사라진 뒤에도 현재까지 미국 사회의 문화와 철학, 생활양식을 지배하고 있다. 세계 최고의 민주국가, 평화 지향 국가라는 외면적 모습 이면에는, 총이라는 또 다른 존재가 자리 잡고 있는 것이다. 버지니아텍 사건처럼 총에 상하면서도 총을 내려놓지 못하는 이유도 여기에 있다. '무장의 나라'. 감춰진 또 다른 미국의 얼굴이다.

70년 만에 나선 연방 대법원

민병이 없어졌으니 수정 헌법 2조 내용은 문자적으로 보면 달라졌다. 특히, "민병대는 필요한 것이니, 민병대를 위한 개인의 총기 소유를 침해하지 말라."는 의미로 직역하면 그렇다. 상당수 학자들도, "이제 수정 헌법 2조는 현대 미국인의 생활에 본질적으로 관련이 없게 됐다."고 말하고 있다.

그러나 총기 소유 자유론자들은, "수정 헌법의 정신은 개인이 방어용으로 총기를 소유할 자유를 규정하고 있는 것"이라고 반박하고 있다. 이들은 수정 헌법 2조의 앞부분, "규율 있는 민병대는, 자유로운 주(州)의 안보에 필요하므로..."는 민병대와 관련된 것이라 볼 수 있다고 동의한다. 그러나 뒷부분이 중요하다는 것이다. 즉, "사람들이 무기를 소유하고 휴대할 권리는 침해될 수 없다."는 대목이다. 이는 그 자체가 독립적으로 개인의 무기 소유권을 명확히 한 것이라고 주장한다.

이 같은 논란의 정리는, 역시 연방 대법원 몫이다. 그런데 놀랍게도 연방 대법원은 그동안 이 부분에 대해서는 이상하리만치 명확한 판단을 내린 적이 없다. 따라서 이 조항에 대한 권위 있는 사법적 해석 자체가 존재하지 않아왔다. 이 문제가 대법원에 상정된 것조차 몇 차례 되지 않았다. 그 판결 내용도 지금의 논란과는 직접적 관련이 적었던 것이다.

그런데 2008년 3월 18일 연방 대법원이 70년 만에 이 문제에 정면 대응하고 나섰다. 수도 워싱턴에 사는 한 정부 청사 경비원이 제기한 소송이 발단이었다. 딕 헬러(Dick Heller)라는 이 경호원은 "내 직장인 정부청사의 안전을 위해서는 권총을 보유하는 내가, 정작 나와 내 가족을 보호해야 할 집에서는 권총을 갖지 못하는 것은 부당하다."며 한 해 전인 2007년 워싱턴 시 정부를 상대로 위헌심판 청구소송을 냈다. 연방 항소법원은 헬러의 손을 들어줬다. 그러자 이번에는 워싱턴 시 정부 측이 대법원에 상고한 것이다.

워싱턴 시는 이전 32년 간 치안 문제를 들어 권총의 개인 소유를 엄격히 규제해 왔다. 시카고, 뉴욕 등도 개인의 총기 소유를 규제해 온 대표적인 곳이지만, 워싱턴 시는 미국에서 가장 강력한 총기 규제지로 손꼽혀왔다.

70년만의 판결, 총의 승리

"자신을 보호하기 위한 시민의 총기 소유는 침해할 수 없는 개개인의 고유 권한" 2008년 6월 26일 미 연방 대법원의 판결이다. 찬성 5 대 반대 4. 간발의 차였다. 다수 의견을 대표한 안토닌

스칼리아(Antonin Scalia)대법관은 "연방 헌법은 개인이 신변보호를 위해 사용하는 총기를 절대적으로 금지하는 것을 허용하지 않는다"고 지적했다. 이로써 워싱턴 시가 32년 간 지속해온 개인의 총기 소지 금지 법안은 위헌으로 판결이 내려졌다. 더욱 중요한 건, 이는 개인 총기 소유에 대한 최초의 수정 헌법 해석이라는 점이다. 그리고 그 결론이 "개인의 신변보호를 위한 총기 소유는 헌법적 보호를 받아야 한다."로 내려졌다는 사실이다. 민병대와는 아무 관계도 없는 일반 시민이 자기방위를 위해 총을 소유할 수 있는 권리를 사상 최초로 판시한 것이다. 과거 판례들을 한 번에 뒤집은 것이다. 미국에는 약 2억 5,000만 정의 총기들이 보급돼 있다. 한 사람당 한 자루 꼴이다. 버지니아텍 참극은 물론, 다음 해, 북 일리노이 대학(NIU: Northern Illinois University)에서 여섯 명이 총기에 목숨을 잃었다. 대법원 판결이 내려질 무렵에도 켄터키 주 어느 플라스틱 공장의 직원 하나가 자기 상사와 동료 넷을 죽이고는 자살을 감행했다. 이와 같은 사실과 통계에도 눈 하나 깜짝하지 않고 대법원의 다섯 판사들은 이같이 판결했다.

물론 미 연방 대법원은 이 같은 판결을 내놓으면서도 단서를 하나 달았다. "오늘의 결정이 범죄자들이나 정신적으로 문제가 있는 이들의 총기 소지를 허용하거나 학교나 정부건물 등에서의 총기 소지 금지에 의문을 제기하는 것으로 비쳐서는 안 된다."는 것이다. 헌법 정신과 별도로 정부가 총기 소유에 대한 규제권한은 갖고 있다는 점을 명시한 것이다. 그러나 반대 의견을 낸 판사들은 미국 전역의 총기 단속법이 이번 결정으로 위태로워졌다고 한탄했다.

실제로 워싱턴 시는 크게 당황했다. 급히 대응책 마련에 들어갔다. 형식을 다소 바꿔서라도 실질적 규제는 유지해야 한다는 절박감 때문이었다.

애드리언 휀티(Adrian Fenty) 워싱턴 시장과 시 경찰 국장, 시 검찰 총장 대행은 즉각 기자회견을 갖고 워싱턴 시의 새 총기법 개정안을 소개했다. 우선 보다 더 엄격한 총기 등록 절차를 거치게 했다. 또 반드시 집안에만 보관해야 하며, 또 정당방위만을 위해 사용하도록 더욱 강화한다는 방침이다. 모든 총기는 장전을 해서도 안 되고 노리쇠 뭉치가 조립돼 있어도 안 된다. 다만, 총기 소유자가 자신의 집에서 "명백한 사유로 인해 극심한 위협을 느낄 경우"엔 예외로 했다. 총기 소유자는 총기 소지 허가서를 작성해 자신의 사진과 함께 시 당국에 제출해야 한다. 주거지 확인서는 물론 시력이 양호하다는 증명서도 함께 접수시켜야 한다.

이 모든 조건이 완벽하게 갖춰진 다음엔 워싱턴 시 경찰국으로부터 허가증을 발급받는다. 허가증을 들고, 인증된 총기 판매상에 가서 총기를 구입할 수 있다. 외부에서 들여오는 모든 총기는 반드시 워싱턴 시내 총기 판매상을 거쳐 구입해야만 한다. 구입 후에는 경찰국의 탄도학 시험을 합격한 뒤 총기 검색을 무사히 통과해야만 집으로 가져갈 수 있다.

그럼에도 이날의 판결은 미 역사에 남을 이정표로 받아들여졌다. 미국 언론들의 보도는 과히 '집중보도'라 할만 했다. 마침 이날은 북한이 원자로 냉각탑 폭파를 하던 날이었다. 그런데, 북한은 결과적으로 택일을 잘못한 셈이 됐다. 모든 언론의 톱은 연방 대법원 기사였기 때문이다. 양적인 면에서도 연방 대법원의 판결 기사가 뉴스량의 대부분을 차지했다. 신문의 경우, 대법원 판사 9명의 사진과 이름을 1면에 넣기까지 했다.

총기 소유, 그 배경

모든 법적 판결은 시대와 상황을 반영

하는 것이다. 그렇다면 연방 대법원의 판결 또한 그렇다는 얘기다. 한마디로 총기와 관련해서는 미국이란 나라의 시대와 상황에 뭔가 그럴만한 배경이 있다는 얘기가 된다.

버지니아텍 사건 등, 갖가지 총기 사고가 났을 때를 상기해보자. 미 정계의 반응은 대단하다할 정도로 냉정을 유지(?)했다. 버지니아텍 사건 직후 부시 당시 대통령은 방송 인터뷰에서 총기규제 강화 방안을 질문 받자, "토론이 더 필요한 사안이다. 지금은 상처를 치유하는 데 전력을 기울여야 할 때"라며 피해갔다.

의회를 보자. 정작 총기 규제 법안을 처리할 권한을 갖고 있지만 역시 조용하다. 버지니아텍 총격 사건이 난 2006년엔 마침 중간 선거가 있었다. 선거 결과, 미 의회는 전통적으로 총기 규제에 무게를 둬 온 민주당이 주도하게 됐다. 그런데도 마찬가지였다. 알고 보니, 총기 소지 지지 여론이 높은 남부 지역 등에서, 상당수 의원들이 추가 총기 규제에 반대하겠다는 공약을 내놓았다는 것이다. 민주당은 과거 남부 지역에서 낭패를 당한 경험이 있다. 13명이 숨졌던 1999년 콜럼바인 고교 총격 사건 이후, 총기 규제 움직임을 보였던 게 화근이었다. 그 다음 해 선거에서, 민주당은 남부 지역을 중심으로 크게 고전한 것이다.

따지고 보면 이 같은 경향은 최근의 일만이 아니다. 총기 규제에 대한 법제화가 본격적으로 논의된 1960년대, 마틴 루터 킹 목사와 케네디 대통령 저격으로 계기가 마련됐지만, 그저 논의에 그쳤다.

총기 규제가 다시 활기를 띈 건 1981년이다. 레이건 대통령 암살 미수 사건이 일어난 것이다. 공보 비서 브래디(James Brady)가 유탄에 맞아 반신불수가 됐다. 이 브래디가 나섰다. 법을 제안했고 통과까지 시켰다.

1993년 브래디 법안이다. 우선 권총을 구입할 경우 5일 간의 대기 시간을 갖도록 했다. 경찰 수배자가 아닌지, 불법 체류자는 아닌지, 정신 이상자는 아닌지 배경 조사도 요구했다. 이를 위해 컴퓨터에 입력된 범죄기록을 업그레이드 하도록 자금 지원까지 명시했다. 그러나 불과 4년 후 이 법은 위헌 판정을 받았다.

1999년 콜럼바인 고등학교 총격 사건 이후에는 상원이 나서서 총기 구입 절차를 엄격히 하는 입법에 들어갔지만 역시 결과적으로는 무산되고 말았다. 다음 해인 2000년 대선에서 앨고어 민주당 대통령 후보가 패배했다. 바로 민주당의 총기 규제 움직임 때문이었다는 분석이 나왔다. 낙태, 환경 문제와 함께 총기는 대선의 3대 현안으로 꼽히고 있다. 때문에 역대 후보들은 총기 문제에 관한 한, 찬성이 아니라면, 그야말로 적당히 하고 넘어가는 분위기다. 그래서였는지 2004년 대선 때, 민주당 후보였던 존 케리(John Kerry)의원은 적극적으로 나섰다. 아예 셔츠와 사냥용 장화를 신고 언론에 등장했다. 바쁜 와중에도 사냥 여행을 떠날 정도로 총기와 친숙하다는 연출이었다.

총기에 대한 이같은 자세는 2008년 대선 후보들도 마찬가지였다. 공화당 대선 후보인 존 매케인(John McCain)은 일찌감치 버지니아텍 사건과 총기 규제 간에 선을 긋고 나섰다. 이 사건이 총기 규제 논리를 강화하는 계기가 돼서는 안 된다는 것이다. 총기 규제는 자기방어를 보장한 헌법정신에 모순이라며 총기를 엄호하는 주장을 폈다.

전통적으로 총기 소유에 관대했던 공화당이니 그렇다 치자. 그 반대선상에 서온 민주당, 그것도 변화를 외쳐온 후보로서 오바마(Barack Obama)는 어땠는가? 경선이 한창이던 2008년 2월 북 일리노이 대학 교정에서, 학생

5명이 살해되고 용의자는 자살하는 총격 사건이 났다. 앞서 말한 북 일리노이대 총격사건이었다. 그래도 오바마는 총기 소유에 대해 애매한 태도를 보였다. "나는 개인은 총기를 가지고 다닐 권리가 있다고 생각한다. 그러나 상식적인 규제를 받아야 한다."는 것이다. 끈질긴 경선 경쟁을 벌였던 힐러리 클린턴은 한술 더 떴다. 아버지가 사냥을 권했으며, 고향 아칸소 주에서 오리 사냥을 한 적이 있다고 언론에 흘렸다.

이유는 간단하다. 미국은 본질적으로 무장(武裝)의 나라이기 때문이다. 사격장에서 만난 로비와 웨인, 그리고 엄청난 총기 쇼장을 덮은 사람들... 이들 무장 전통을 이어받은 이들의 입김이 강하게 작용하고 있기 때문이다. 서부개척시대와 민병대 제도가 폐지된 지 100년이 지난 지금도 "나와 가족의 생명을 지키는 것은 경찰이 아니라 나 자신"이란 자위 사상을 신봉하는 다수 미국민들이 존재하고 있다. 그리고 이 같은 세력들이 결집되면, 강력한 총기 권력이 되는 것이다.

총기 권력

베트남전 기념관과 링컨 기념관 등이 몰려 있는 내셔널 몰(National Mall). 다양한 가판대가 널려 있다. 주로 기념품을 많이 파는 이들 가판대에 자주 보는 티셔츠가 있다. 총기와 해골 문양이 선명한 어두운 색 T셔츠들이다. 이 티셔츠 위에는 '원샷 원킬'(One Shot One Kill)이라는 글씨가 선명하다. '백발백중' 쯤 풀이되는 이 글씨는 저격수를 다룬 베스트셀러의 소설 제목이다.

총과 저격수 얘기는 워싱턴 시내 대형 서점에서도 계속된다. '저격수의 역사'에서부터 '저격수 되기', '저격수 훈련 교범' 등 90여 종이 넘는 방대한

책들이 기다리고 있다. 인터넷에선 '도시 내의 저격술', '산업사회 속 반군들의 작전 매뉴얼', '미국 비정규 전투훈련 교범' 등 차원이 다른 책들이 버티고 있다.

이유가 있었다. 1990년대 초를 고비로 호신용 미국의 권총 시장이 포화 상태에 이르렀다. 돌파구는 소총 시장이었다. 우연인지 몰라도 그때부터 저격수를 주제로 하는 소설과 영화, 비디오가 범람하기 시작했다는 것이다.

미국의 총기 관련 산업은 규모가 참 크다. 연 20억 달러 규모다. 업체 수는 200여 개. 최상위 8대 대형 업체들만 연 5만 정 이상 총기를 생산해낸다. 한해 전체 총기 업체들이 쏟아내는 총은 3백만 정 정도다. 권총이 94만 정, 소총이 130만 정, 사냥용 소총인 샷건(Shot Gun)이 70만 정이다. 정부 기관 전용인 6만 정의 기관총을 빼도, 한 해 294만 정의 총들이 시장에 쏟아져 나온다는 얘기다. 여기에다가 총탄, 그리고 인터넷으로 주로 판매되는 위장복, 군화, 조준경, 야간 투시경 등 군 장비 등이 있다.

권총 분야가 완전히 풀죽은 것도 아니다. 이른바, 베스트셀러들이 계속 나오고 있다. 조승희가 범행에 쓴 오스트리아제 글록 19(Glock 19) 같은 것이 대표적이다. 9mm 구경 탄환을 쓰는 자동 권총이다. 강화 플라스틱으로 돼 있어 무게는 6백 그램 남짓, 가볍다. 철로 된 부속이 많지 않아 공항 검색대에서 발견하기 가장 힘든 권총 중의 하나로 알려지고 있다. 일반 권총은 3백에서 5백 달러지만, 이건 9백 달러다.

이 밖에 수십 년 전부터 꾸준하게 많이 팔리는 베레타(Beretta)와, 시그 사우어(Sig Sauer), 발터 P22 모델(조승희가 하나 더 갖고 있던 날렵하고 작은 권총) 등도 많이 보급돼 있는 기종들이다.

미국의 총기 보유 가정에 있는 총은 다양하다. 2백여 년 전 독립전쟁 때

쓰던 화승총에서부터 서부 개척 시대 카우보이들의 윈체스터 소총을 갖고 있는 집도 있다. 윈체스터 소총과 같은 구식 총기는 탄환을 장전할 때 총의 중간 부분을 꺾었다가 총알을 넣어야 한다. 때문에 대부분 다른 총기를 함께 갖고 있는 것이 보통이다.

이들 미국인들이 소유하고 있는 총기들을 모두 합치게 되면 총 2억 3천만 정 정도가 되는 것으로 파악되고 있다. 두 집 중 한 집 이상은 2자루 이상의 총기를 갖고 있는 셈이다. 이른바, '총기 권력'이 생겨날 수밖에 없는 미국적 환경이다.

미국 총기의 대변자, NRA

1871년 11월 뉴욕에서 단체 하나가 결성됐다. 발기인은 북군 예비역 대령인 윌리엄 처치(William Church)와 장군 출신인 조지 윈게이트(George Wingate). "군대 내 사격 솜씨가 너무 형편없어진 데 실망해서" 만들었단다. 그래서 "과학적 근거에 따라 소총 사격술을 촉진하고 진흥시키는 것"이 단체의 주요 목표라고 표방했다. NRA(National Rifle Association)다. 직역하면, '전국 총기협회' 정도? 물론, 지금도 이 단체가 내세우는 간판 업무는 "회원들에게 총기 사용법 등을 가르치는 것"이다. 총기 관련 각종 정보를 제공하고 안전사고 예방법도 가르친다.

그러나 NRA의 강령을 다시 보면, 보이지 않던 핵심이 보인다. "미국 수정 헌법 2조의 수호와 미국민의 자위권을 보호하는 것을 목표로 한다."는 강령이다. 총기협회를 강력하게 유지하는 강령이자, 회원들의 신념이다. 수정 헌법 2조를 지키는 것, 곧 총을 지키는 것이 목표인 것이다. 총기 소유

보호를 위해 총력을 기울이고, 그럴 능력도 있다는 것이다. 미 의회 의원들과 참모진들은 그래서 NRA를 가장 강력한 압력단체로 꼽는다.

NRA의 무기는 이른바, '풀뿌리' 표다. 미국에서는 선거 때만 되면 TV 등을 통해 흔히 볼 수 있는 장면이 있다. 유력 후보들이 나서서 자랑스레 총을 치켜들며 환하게 웃는 모습이다. 마치 우리 후보들이 민생 정치 현장에 나선다며 경쟁적으로 시장통으로 나서는 것만큼이나 상투적인 장면이다. 앞서 언급 했듯이 지난 대선에서는 민주당 후보 존 케리가 그랬고, 이번 2008년 대선에서는 공화당 후보 예비 경선에 나선 줄리아니(Rudy Giuliani)도 그랬다. 민주당 예비 경선에 나선 존 에드워즈(John Edwards) 후보도 '사냥 가는 날'을 연출했다. 그들이 그런 모습을 연출하는 것은 여기에 '표'가 있기 때문이다.

NRA가 센 건, 미국민들의 일상과 깊숙이 맞닿아 있는 활동으로, 대중을 움직이고 있다는 것이다. "과학적 근거에 따라 사격술을 촉진하기 위해..." 1871년에 창립된 때부터 그랬다. 1906년 NRA는 청소년들을 위한 훈련 프로그램을 만들었다. 참여자 수는 백만 명이 넘을 정도로 성장하기 시작한다. 보이스카우트나 4-H 활동처럼 미국민들의 풀뿌리 조직도 NRA의 활동 영역이다. 기부는 물론이고 사격장 장비 무상 지원, 사격 교관 제공 등 다양한 방법으로 이들과 끈끈한 인연을 맺어 왔다. 바로 이들 광범위한 휴먼 네트워킹이 '표'로 연결되는 것이다.

예를 들어 청소년 사냥 모험 훈련(Youth Hunter Education Challenge)이라는 프로그램은 43개 주에서 실시되고 있다. 각종 프로그램에 연결된 훈련 요원들이 수만 명에 이르고 각종 훈련 코스를 이수하는 사람들이 해마다 수십만 명에 이른다. 이들이 NRA가 펼치는 정치적 유권자 운동의 파워가 되는 셈이다. 이른바 '풀뿌리 운동'인 셈이다. 회원들이 자발적으로 정치인들에게 압력을 가한다.

현재 NRA는 회원 수만 400만 명을 너끈히 넘는다. 회원과 그 가족, 또 새로이 청소년 단계에서부터 자연스레 준회원으로 자라가고 있는 후보군들까지 계산하면 놀라운 표밭이다. NRA는 이 엄청난 표를 실탄으로 장전해, 정치권을 겨냥하고 있는 '초대형 거포'다. 미국 정치인들이 선거철만 되면 너도 나도 총을 메고, 들고 나올 수밖에 없는 이유다.

대통령도 낙점? 선거 '살생부' 까지?

미국의 대표적인 경제 잡지인 포천(Fortune)은 미국에서 가장 영향력 있는 로비 그룹 리스트인 이른바, '권력 25'(Power 25)중에서도 NRA를 최상의 위치에 놓았다. 이처럼 NRA가 정치적 파워를 가진 압력단체로 급부상한 건 1980년 대선부터였다.

이때, NRA는 과감하게 차기 대통령을 낙점(?)했다. NRA 역사상 처음 있는 지지 표명(endorsement)이었다. 현직인 카터 대통령과 무명의 영화배우 레이건이 맞붙은 선거전에서 NRA는 '현직'을 버리고 '무명'을 택했다. 이유는 간단했다. 카터 당시 대통령이 총기 소유에 대해 우호적이지 않다는 판단 때문이다.

카터 당시 대통령은 대표적인 총기 소유 반대론자를 연방 법관으로 지명했다. 또 알래스카의 일부 지역에 대해 보호 구역을 설정해, 개발을 금지하는 '알래스카 토지 법안'(Alaska Lands Bill)을 지지했다. 이 법은 남한 면적의 두 배 가까운 알래스카 내 사격장을 닫게 만드는 것이었다.

반면, 레이건은 캘리포니아 권총, 소총 협회(the California Rifle and

Pistol Association)로부터, '우수 공공 봉사자 상'(Outstanding Public Service Award)을 받은 총기 지지자였다. 선거 결과는 NRA의 낙점을 받은 무명 레이건의 승리였다.

레이건 낙점으로 NRA는 '대박'을 터뜨린 셈이 됐다. 레이건은 역대 어느 미국 대통령보다 NRA에 전폭적 지지를 보냈다. 1983년 5월, 레이건은 애리조나 주도 피닉스에서 열린 NRA 연례 회의에 몸소 참석했다. 미국 대통령으로서는 처음 있는 일이었다. 4,000석에 이르는 행사장은 만석이었고, 미처 들어오지 못한 1,000명은 특별히 마련된 폐쇄회로 TV로 그의 연설을 시청했다.

레이건은 무려 37분 간이나 연설을 했다. "나는 언제나 여러분들과 특별한 유대감을 느껴왔습니다."라고 말문을 연 그는 링컨의 말을 인용했다. "중요한 원칙은 확고하며 또 그래야 한다는 겁니다." 이어, "헌법은 국민들이 무기를 소지하고 가질 권리는 침해 받아서는 안 된다고 말하고 있습니다...(중략)...우리는, 가족들을 공포와 피해로부터 보호하기 원하는 미국민들의 무기를 결코 빼앗지 않을 겁니다."라고 결론 맺었다.

레이건의 이 연설은 NRA의 강령을 인정하는 큰 선물이었다. 1980년 대선 3년 전인 1977년, NRA의 회원 수는 100만 명 이상이었다. 레이건 당선 3년 후인 이날 연설 시점에는 무려 260만 명으로 늘어났고, 그로부터 3년 후, 레이건 집권 후반기인 1986년에는 3백만 명의 회원 수를 자랑하게 됐다.

피닉스 연설 사흘 후, 레이건은 당시 NRA 133년 역사상 19명에만 주어졌던 '명예 평생회원' 자격을 받았다. 레이건에 이어, 역시 공화당인 '아버지' 부시가 대통령에 당선되면서, 'NRA의 시대'에는 문제가 없었다.

그러나 1992년 대통령 선거에서 민주당의 클린턴이 승리했다. NRA는 다시 역량을 집중한다. 2년 후인 1994년 의회 선거를 겨냥한 것이다. 중간 선거인 1994년 선거는 여러모로 의미가 있었다. 총기 소지에 '삐딱선'을 타는 민주당 정부에 대한 중간 평가의 성격이 강했다. 공화당은 그동안 계속 소수당으로 위축돼 소리 한 번 못 내오던 터였다.

NRA는 우선 총기 지지 후보들을 드러내 놓고 지지했다. 그리고 조직을 동원해 적극적인 지원에 들어갔다. 지지를 받지 않은 사람들은 공공연하게 낙선이 예고되는 듯한 살벌한 분위기가 형성될 정도였다. 실제로 '살생부(hit list)'로 불리는 명단이 입에 오르내리기까지 했다. 그 가운데는 당시 현직 하원 의장 톰 폴리(Tom Foley)의 이름도 들렸다. 그러나 당시로부터 이전 134년 간의 미국 의정사에서 재선 못한 하원 의장은 없었다. 40년이나 하원 의원을 지내온 민주당 거물 잭 브룩스(Jack Brooks) 의원도 낙선이 우려됐다. "설마, 그럴까?" 싶었지만 결과는 그대로였다. 30년 경력의 톰 폴리 하원 의장은 불명예스런 새 기록을 남기고, 정계를 물러났다. 당내 최고 중진 브룩스 의원도 최고령 낙선 의원이라는 기록만 남긴 채, 다시는 정계로 돌아오지 못했다. 반면 NRA가 지원한 후보 276명 중 211명이 당선되었다. 공화당은 40년 만에 처음으로 미 상하 양원에서 모두 주도권을 잡았다.

클린턴 전 대통령은 자신의 회고록 '나의 인생 (My Life)'에서 참담한 심정을 토로하고 있다. "NRA로서는 엄청난 밤이었다. 의회 내 유력 중진들인 폴리 의장과 브룩스 의원을 모두 낙선시켰다. 두 사람은 이런 일이 일어날 수 있다고 내게 미리 경고를 하긴 했다. 폴리 의장의 경우, 1세기 이상의 지난 세월 동안 낙선한 첫 하원 의장이 됐다....(중략)...NRA는 추호도 용서가 없다...이 총기 로비단체는 그들이 작성한 살생부(hit list) 대상 24명

가운데 19명을 낙선시켰다고 주장하고 있다……."

지난 2000년 대선에서도 총기에 비우호적인 민주당 고어(Al Gore)는 떨어졌다. 총기에 우호적인 공화당 부시는 당선됐다. 선거가 한창이던 때 고어의 선거 대변인이 고어의 표밭인 테네시 주 상공을 비행하고 있었다. 그런데 두 탑승객의 도란거리는 대화가 귀에 들렸다. "앨 고어의 문제는 우리에게서 총기를 빼앗아갈 것이란 점이야."라고 한 사람이 말했다. "난 그때 우리가 곤경에 처한 것을 알아챘습니다." 그 대변인의 고백이었다.

2000년 미 대선에서 총기 소유자는 투표자의 거의 절반이었다. 총기 소유 가정의 표는 부시가 싹쓸이 했다. 부시 61%, 고어 36%였다. 총기를 갖고 있지 않은 가정의 투표자는 고어에게 58%를, 부시에게 39%를 줬지만 역부족이었다.

후보 '등급' 매기기서부터
'전화부대' 까지

상황이 이렇게 되자, 이 같은 'NRA 파워'의 원천을 캐내려는 논문들까지 나왔다. 그 가운데, 지난 2005년 4월 미국 미드웨스트 정치학회(The Midwest Political Science Association) 연례 회의에 제출된 한 논문은, 매우 정교하다. "하원 선거에 있어 NRA의 역할: 지지표명, 회원, 그리고 투표율"(The Role of the NRA in House Elections: Endorsement, Members, and Turnout)이다. 루이지애나 주립대의 크리스토퍼 케니(Christopher Kenny) 정치학과 교수 등 4명이 함께 쓴 논문이다.

이 논문은 우선 NRA의 힘을, 1990년대에 벌써 350만 명에 이르렀던 회원 수에서 찾았다. 전국 각 선거구에 NRA를 대변하는 유권자 수가 평균 천 명이라는 계산이다. 그런데 이 논문은 NRA 회원 외에, '보이지 않는 NRA 지지 세력'에 주목했다. 첫 번째 그룹은 '회원은 아니지만 스스로 회원이라고 생각하는 사람'인데 1,400만 명으로 추산했다. 다음은 'NRA와 뜻을 같이 하는 사람'들로 2,800만 명까지 봤다.

이렇게 되면 범 NRA 지지 세력은 모두 4,500만 명이 넘는다는 계산이다. 사실이라면, 미국민의 6분의 1에 가까운 숫자다. 게다가 이들의 가족과 친척들까지 계산한다면 엄청난 파워 집단이다. 게다가 NRA 회원들의 투표 참여율은 매우 높다. 총기 소지 지지자인 '아들' 조지 부시가 당선된 2000년 대선에서 이들의 투표율은 95%였다고 이 논문은 밝혔다. 한 마디로 충성도까지 높은 막대한 인적 자원이 NRA 파워의 제 1원천인 셈이다.

다음은 NRA의 자금력이다. 이 논문은, 이미 지난 2000년 NRA는 맘대로 쓸 수 있는 1억 6,800만 달러 이상의 예산을 갖고 있었다고 봤다. NRA의 예산에 대해서는 여러 가지 추산들이 많다. 그 가운데는 1986년 NRA의 예산은 6,600만 달러 정도였고, 1994년에는 1억 5,000만 달러로 2.5배 가까이 급증했다는 것도 있다. 따라서 이 논문의 계산도 이 같은 추산과 흐름상 크게 튀지 않는 셈이다. 또 이후 2004년에는 NRA의 수입이 2억 달러를 넘어섰고, 자산 총액은 2억 2,000만 달러 이상이라는 추산도 있다.

NRA는 이 두 가지 막강한 무기를 이용해 철저하게 선거전에 임한다. NRA의 대표적인 선거 전략은 각 후보자들에 대해 등급을 매기는 일(Rating)이다. 또 그에 근거해 지지 후보를 낙점(Endorsement)하는 것이다. 물론 낙점된 후보는 NRA로부터 절대적인 지원을 얻게 된다.

NRA가 막강한 위력을 드러냈던 1994년 중간 선거는 물론, 이후 1996년과 1998년 중간 선거에서도 그랬다. 또 이 같은 등급 매김과 지지 후보 낙점

전략은 연방 상원 후보서부터 주 하원 후보까지 예외 없이 이뤄져 왔다고 이 논문은 설명한다. 이 전략을 처음 택한 게 1994년 하원 의원 선거였으니, NRA는 초반부터 대승을 거둔 셈이다.

그렇다면, 각 후보들에 대한 등급은 어떤 기준으로 매길까? NRA가 수집한 두 가지 정보를 근거로 한단다. 우선 후보자가 현역 의원인 경우, 개인의 총기 소지 권리 관련 입법 현안에 있어 과거 어떻게 표결했는지가 최고 관심사다. 이를 알기 위해 후보자에게 질문서를 보내거나, 필요할 경우, NRA측 연락관이 직접 면담하기까지 한다는 것이다. 이 결과를 바탕으로 매겨지는 등급은 A~F까지다. A는 '총기 소지 찬성파 현역 의원', F는 '극도로 규제적인 총기 입법에 우호적이거나, 또는 반 총기 소지 노력 주도자'를 의미한다고.

이런 질문에 응하지 않는 경우는 어떻게 분류될까? 또 관련 입법 활동 기록이 없는 경우도 있을 것이다. 성향이 애매해서 의문표를 붙여야 할 인물들도 있을 것이다. 이 경우 모두 답은 같다. "총기 소지자와 (사냥을 즐기는) 스포츠맨의 권리에 대해 무관심하거나 적대적임"이라는 등급이다. 이 같은 등급 분류가 끝나면, 최종적으로 낙점 인사가 가려지고, 낙점자들의 이름은 대문짝만하게 공고된다는 것이다.

이 단계가 끝나면, NRA가 회원 동원('mobilize members')에 들어간다고 이 논문은 설명한다. 본격적인 전투가 시작되는 셈이다. 회원 각자의 분야와 형편에 맞춰 동원이 이뤄지는데, 간단하게는 얼른 가서 투표자 등록을 하라는 것에서부터, 이른바, '전화부대'(telephone banks), 또는 '자원(自願) 선거 조정역'(Election Volunteer Coordination)이라는 보다 적극적인 선거 지원역까지 다양하다.

여기서 '자원 선거 조정역'(EVC)은 NRA의 선거 지원에 있어 '핵심 일꾼'들이다. 평회원들이 맡는 이 자리는 1994년 의회 선거 때부터 만들어졌다. 이른바, '풀뿌리 운동'을 지향하는 NRA의 화살촉과 같은 존재들이라고 표현될 정도다. EVC는 NRA의 이른바 풀뿌리 사업단(Grassroots Division)이 모집해 훈련한다. '풀뿌리 선거 세미나'라는 이름으로 NRA 본부, 주요 지역구, 주요 주 등에서 번갈아가며 이뤄진다. 이 같은 세미나는 실전 위주로 이뤄지며 NRA의 로비, 선거 전담 부서 관계자들이 진행한다.

EVC의 역할은 크게 두 가지다. 총기 소지 찬성파 후보들의 선거 운동 본부와 해당 선거구의 NRA 회원 간의 다리 역이 그 하나다. 또 NRA 본부와 계속 접촉하면서 맡은 지역의 상황을 조정 통제하는 연락관 역이 또 하나다. 이들은 지역구 내 회원들에게 앞서 말한 '전화부대' 역을 한다든지, 선거지역을 돌며 유권자들과 접촉하도록 한다든지 하는 업무들을 분담한다. 이 밖에, 지지하는 후보의 차량 스티커나, 소형 광고판을 나눠 준다든지, 선거 독려, 신문이나 잡지 기고 등 조직적인 선거 지원 운동을 한다.

의원이 우리 자유를 겨냥하면, 우린 그들의 자리를 겨냥할 것

이 같은 선거 활동이나 로비는 NRA 내에서도 특별한 한 전담 기구가 맡고 있다. 1975년에 생긴 ILA(Institute for Legislative Action)다. '입법 행동 기구'쯤으로 번역되는 이 기구는 오늘날 NRA 로비와 선거 활동, 정치 참여의 총구이자 실체다. 따라서 로비 활동을 위한 '실탄' 모금도 한다. ILA는 모금자의 수가 수십만 명에 이른다고 밝히고 있다. 또, 한 해 활동을 위해 필요한 예산은 수천만 달러라고 밝히고 있다.

ILA는 로비와 로비 자금 모금, 그리고 선거 참여 같은 정치활동 전략을 마련하는 사령탑이다. 단, 선거 후보 직접 지원용, '군자금' 모금은 할 수 없다. 연방 선거법은 물론 상당수 주의 선거법들이, 별도 모금을 규정하고 있기 때문이다. 그래서 별도로 만든 게 'NRA 정치 승리 기금'(NRA-PVF: NRA Political Victory Fund)이다.

ILA와 NRA-PVF는 동전의 양면과 같다. ILA는 그 관계를 이렇게 요약하고 있다. "PVF의 군자금 창고는 ILA의 고위 전략가들에 의해 배정된다. 각 선거의 주기에 맞춰, 전 지역구에 강력한 메시지를 전달하기 위해서다."

앞서 상세히 설명했지만, ILA는 선거 전략을 이렇게 표현하고 있다. "일단 정치적 지지 목표가 정해지면, 엄청난 물량의 광고전과 직접 우편물 발송, 전화 걸기 등이 동원된다. NRA의 메시지는 언론 매체를 뒤덮을 것이며, 지지율을 움직이게 된다. 그러면 의원들은 이기거나 지거나 양단 간에 결정될 것이다." ILA의 이 같은 활동은, 대선은 물론 연방 의회 선거, 주 지사 선거와 거의 만여 석에 이르는 주 의회 선거들까지 아우르고 있다.

"정책을 바꾸는 가장 빠른 방법은 정치인을 바꾸는 것이다. 의원이 우리의 자유를 겨냥하면, 우리는 그들의 자리를 겨냥할 것이다."(The quickest way to change policy is to change politicians. When lawmakers target our freedoms, we target their careers.) 이들의 존재 이유를 가장 압축해 설명하고 있는 그들 스스로의 구호다.

그렇다면 구체적으로 이들의 '군자금' 규모는 얼마나 될까? NRA는 2005년 자신의 웹사이트에서 ILA의 연간 예산이 2천만 달러라고 밝혔다. 여기에 대해서는 다른 여러 추산들도 있다. 지난 2000년 영국 BBC 방송은 1995년의 경우, NRA의 로비 자금은 3천만 달러 내외로 추산된다고 보도

했다. 특히, 1998년 의회 선거에서, 선거에 직접 지원한 헌금은 4백만 달러였다고 보도했다.

그러나, 지지 후보에 대한 지원은 돈 뿐이 아니다. NRA가 제시한 지난 2004년 선거 때의 자료를 보자. 지지 후보를 알리는 유인물이 650만 장이나 지원됐다. NRA 회원들이 자원 참여한 이른바, '전화부대'들의 지지 전화는 240만 통이나 됐다. 자동차 범퍼에 붙이는 선거용 스티커는 160만 개였고, TV, 라디오, 신문 등 매체를 통한 선거 광고는 5만 회에 이르렀다. 대형 옥외 광고판이 510개나 동원됐다.

이 같은 압도적 지원을 앞세워, NRA는 1994년 선거 이후에도 승승장구했다. BBC 보도를 다시 보자. 1996년 미 의회 선거에서 NRA는 313개 지역구 선거운동에 참여해, 232명의 총기 지지 의원 당선을 목표로 했다. 1998년 중간 선거에서는 310개 지역구에서 247명의 선호 후보들을 당선시켰다. 또 함께 진행된 각 주 하원 의원 선거에서는, 2,750명 이상의 후보들을 낙점(endorsement)해 83%의 당선률을 올렸고, 주지사는 NRA가 후원한 28명중 22명이 당선됐다는 것이다.

NRA는 지난 2004년과 2008년 선거를 예로 들었다. 2004년 연방 의회 선거에서, 265명의 후보자를 지지했고, 254명이 당선했다는 것이다. 당선률 94%다. 또 주 의회 선거에서도 지지 후보의 당선률은 86%에 이르렀다고 밝혔다.

2008년의 경우, 지지한 271명의 연방 의회 의원 후보자 가운데, 230명이 당선됐다. 85%다. 또 주 의회 선거에서 지지 후보의 당선률은 84%였다.

클린턴 당선에 일격을 당한 NRA는 2000년 대선 때부터 전열을 재정비했다. 일찌감치 '아들' 부시를 낙점해 적극 지원에 나섰다. 2004년 대선에도 부시의 재선을 위해 일찌감치 지지를 선언했다. 2004년 지지 발표를 하면서 NRA는, "지난 2000년 대선에서 NRA 회원들은 선거에 참여해 미국의 총기 소지자들에 대한 전쟁을 계속 하려는 앨 고어의 계획을 멈추게 했다. 그러나 이제 과거 클린턴·고어 정부 때보다 더 큰 위협에 우리는 직면하게 됐다. 존 케리와 존 에드워즈는(당시 부시, 체니의 상대 후보 진영는) 우리나라 역사상 가장 강력한 반 총기 주의 대선 후보 진영이다."라고 말했다.

이와 비슷한 문구는 2008년 대선에서도 나타났다. NRA는 2008년 6월, 민주당 후보가 유력해진 오바마를 겨냥해, "실제 의사 표결 결과와 정치적 제휴관계, 그리고 오랜 정치적 입장 등에 근거한 모든 기록을 두고 볼 때, 버락 오바마는 수정 헌법 2조에서 보장한 (총기 소유의)권리를 심각하게 위협하는 인물이다. 그의 선거 수사(修辭)를 귀담아 듣지 마라. 대신 그의 정치 경력을 통해, 말하고 행한 것에 주목하라."고 경고했다.

남성 생식기 보호법안?

이민 1세대이자, 한국동포로는 첫 미 연방 하원 의원을 지낸(3선) 김창준 전 의원도 NRA의 위력에 대해서는 공감한다. "총기 소유권 문제는 정치인인 내게도 난제였죠. 워낙 민감한 사회 현안이어서 어느 한 편을 지지하면 그 순간부터 다른 입장에 있는 수많은 사람들로부터 강력한 반대에 직면하게 되는 거거든요. 문제는 어중간한 태도가 용납되지 않는다는 데 있습니다."

김창준 전 의원은 공화당 출신이다. 따라서 총기에 관한 한, 공화당 당론에 지금도 상당 부분 동의한다. 부엌에 있는 식칼이 범죄에 쓰일 수 있다 해서 부엌의 식칼을 모두 규제해야 하느냐는 논리다. 총이 나쁜 게 아니라 그것을 잘못 사용하는 사람이 나쁘다. 따라서 총을 규제할 게 아니라 그 총을 오용하는 나쁜 사람을 철저히 응징하고 벌해서 그런 일을 못하게 해야 한다는 것이다.

김 전 의원도 처음에는 총기 규제법인 브래디 법(Brady Act)의 취지에 공감했다고 한다. 그러나 헌법에 보장된 권리를 법으로 규제할 수는 없다는 사실에 주목했다. 따라서 총기를 규제하려면 헌법 개정을 하자는 쪽으로 입장을 정했다. 특히, 브래디 법의 주요 내용 가운데, "총기 구입 때 5일 간을 기다려야 한다."는 대목은 공화당 의원들이 가장 회의적으로 생각하는 부분이었다. 김 전 의원은, 현역 시절 동료 공화당 의원 사이에 이 규정을 두고 적잖은 패러디들이 난무했다며 그 하나를 소개했다.

공교롭게도 브래디 법이 통과되는 해인 1993년 6월이었다. 버지니아 주 매너서스(Manassas)라는 지역에서 끔찍한 상해 범죄가 하나 일어났다. 백인 남편의 바람기와 학대에 질린 에콰도르 출신 아내가 남편의 성기를 식칼로 절단한 것이다. 사건 신고를 받고 출동한 경찰이 훼손된 성기를 어렵게 찾아 병원에 이송했다. 9시간의 대수술 끝에 다행히 접합 수술은 잘 마쳤다. 그러나 부인은 기소됐다. 많은 이들이 "1년 징역은 기본"이라고 믿었다. 그런데 판결은 무죄였다.

이 사건은 많은 사회적 파문을 일으켰다. 미국의 의원님들 사이에서도 이 판결은 단연 화제였다. 김 전 의원 등 공화당 의원들은 이 같은 끔찍한 범죄가 일어나지 않게 하려면 어떻게 입법을 해야 하나를 두고 서로 농담을 주고 받았다. 그 가운데 하나가 이른바, '남성 생식기 보호법' 같은 것이라도 만들자는 농담이었다. 내용은, "식칼을 구입할 때는 닷새를 기다려야 한다."는 것이었다. "총기 구입 때는 닷새를 기다려야 한다."는 브래디 법을 비꼰 패러디였다. 총기 자체를 문제시 해 규제한다면, 식칼도 규제해야 하는 것이고, 범죄에 쓰일 수 있는 모든 물건을 다 규제해야 하는 것 아니냐는 얘기다.

그러나·김 전 의원은 미국식 총기 문화 자체에는 동질감을 느끼지 못하는 편이다. 현역시절 한 백인 부잣집 만찬에 초대 받았단다. 식사 전 칵테일 한 잔을 하는 시간에 주인은 자랑스레 진열장을 열었다. 그 속엔 여러 종류, 수십 개의 총기가 멋스럽게 배열돼 있었다. 하나하나 내보이며 총기의 역사와 그 배경을 열심히 설명하는 주인. 곤혹스러웠던 건 총기류에 대해 김 전 의원의 의견을 물을 때였다고 한다. 총기 경험이라면 군 복무 때 만져본 M1과 칼빈 총이 전부였던 것이다.

산 넘어 산이라고 했던가? 이 주인은 김 전 의원을 바로 옆방으로 안내했다. 사슴, 노루, 미국 들소... 온갖 동물의 머리들이 온 벽을 장식하고 있었다. 주인이 사냥으로 획득한 자랑스러운 전리품들이었다. 모두가 살아 노려보는 것 같은 짐승 머리들. 주인은 남미, 아프리카 등의 지명을 거론하며, 사냥의 추억을 늘어놓았다. 그리곤 예외 없이 또 다시 김 전 의원의 의견을 물어 본다. 곤혹스러움으로 가득했던 이 방문을 김 전 의원은 잊지 못한다. 미국민을 대표하는 의원이면서도 미국의 문화를 공유하지 못한다면 그 또한 정치적 약점이 될 수 있는 일이었다.

김 전 의원에겐 곤혹스런 방문 기억이 하나 더 있다. 앞의 경우와는 정반대였다. 이 집도 초대를 받아 갔는데, 이 집 주인의 아버지는 한국전쟁에서 전사한 미 육군 대령이었다. 집 주인은 평소 자신의 아버지에 대해 큰 자부심을 갖고 있었다. 집에 들어갔더니 역시 그 아버지의 사진이 중앙에 걸려 있었다. 그런데 그 옆에 분위기가 전혀 다른 사진이 한 장 더 걸려 있는 것

김창준 前 미 하원의원.

아닌가? 한 젊은이의 사진이다. 알고 보니 갱들의 권총에 횡사한 이 집 아들이었다. 집 안에는 가족 말고도 시민단체 회원들이 있었다. 당시 심각했던 청소년 갱들에 강력한 대처를 요구하는 단체였다.

이들은 먼저 김 전 의원에게 질문했다. 한국에서도 미국처럼 쉽게 총을 구입할 수 있느냐고. 한국에선 총 휴대가 불법이고 총을 사고파는 그 자체도 불법이라고 답했다. 그러자 어떻게든 미국 사회도 총 없는 한국 사회 같이 만들어 달라는 절실한 호소가 쏟아졌다. 앞서 나온 브래디의 총 휴대 금지법이 의회에서 쟁점으로 떠오를 때였다. 이날 모임 참석자들은 김 전 의원의 확실한 대답을 압박하듯 침묵했다.

김 전 의원의 회고는 솔직하다. 당시 어찌 대답해야 좋을지 무척 괴로웠다는 것이다. 총으로 생명을 잃은 주인 아들의 사진, 눈물을 담고 있는 그 부모들과 친지들. 아무리 공화당 의원이지만 총기 휴대를 찬성한다고 잘라 말할 수는 없었다. 그렇다고 이들의 말에 조금이라도 동의하면, 바로 언론에 기사 거리가 될 수밖에 없었다.

김 전 의원은 돌아가서 심각히 연구해 보겠다는 극히 사무적인 답변을 했다. 주인을 비롯해 함께 있던 사람들은 적이 실망하는 눈치였다. 진땀 난 저녁 초대 자리를 겨우 끝내고 집밖에 나오니 플래카드들이 골목 밖을 메우다시피 했다. 총기 반대 시위자들이었다. 김 전의원은 그들에게 미소와 함께 손을 흔들었다. 하지만 투표 날에는 결국 총기 휴대에 찬성표를 던질 수밖에 없었다는 것이다.

'총기의 모세', 찰튼 헤스턴

예수 그리스도 탄생 얼마 후, 로마 지배 하에 있던 이스라엘에 새 총독이 부임해온다. 그 선발 부대로 주둔군 사령관도 도착하는데, 예루살렘 제 1의 부호와 어렸을 때부터 친구다. 그러나 예루살렘 제 1의 이 부호는 신임 총독이 부임하는 날 총독 암살 혐의로 억울하게 기소 당한다. 기소자는 어릴 때 친구인 주둔군 사령관이다. 노예로 전락해 노예선에 배치된 부호. 천신만고 끝에 노예선 사령관의 목숨을 구해 주고 자유를 얻어 귀향한다.

복수의 칼을 갈던 이 부호는, 원수인 주둔군 사령관과 전차 경주를 벌여 그를 죽이고 가문의 원한을 갚는다. 이후 이 부자는 어머니와 누이를 만나지만, 그들은 천형(天刑)인 문둥병에 걸려 있었다. 찾아 나선 건 병 고치는 기적을 행한다는 예수. 그런데 그 예수는 십자가를 지고 처형장으로 끌려가고 있는 것이 아닌가?

허탈해진 이 부호는 예수에게 물을 떠준다. 그 순간, 이 부자의 맘에 치유가 일어났다. 들끓던 증오심이 깨끗이 사라진 것이다. 어머니와 누이도 신앙의 힘으로 치유된다. 웅장한 대전차 경주 장면이 압권이던 이 영화. 아카데미상 11개 부문을 석권한 '벤허'(Benhur)다. 벤허는 주인공 '부호'의 이름이었다.

영웅 벤허는 찰튼 헤스턴(Charlton Heston)이 맡았다. 서부극에 존 웨인 (John Wayne)이 있다면, 미국의 또 다른 전통 영화 장르인 서사극에는 찰튼 헤스턴이 있었다. 1959년에 만들어진 영화 '벤허'는 찰튼 헤스턴을 일약 '영웅 벤허'로 만들었다.

찰튼 헤스턴을 서사극의 슈퍼스타로 만든 출세작은 하나 더 있었다. 벤허보다 3년 전, 1956년에 제작된 '십계'였다. '십계'는 당시 '바람과 함께 사라지다' 다음 가는 흥행수익을 기록했다. 홍해를 가르는 위대한 성경 속 영웅 모세가 그의 역할이었다.

그는 서사극 영웅의 조건인 강한 육체미, '불굴의 의지' 상(像)과 근엄한 아버지 이미지 등을 고루 갖췄다. 때문에 존 웨인이 그랬듯, 미국적 가부장제와 보수 이데올로기의 영웅적 아이콘으로 미국인들의 맘속에 자리 잡았다.

벤허와 십계로부터 40여 년이 지난 2000년. 미국 대선은 뜨거워지고 있었다. 그 고비에서, NRA가 정기 총회를 열었다. 공화당 후보인, '아들' 조지 부시와, 총기 반대를 분명히 한 민주당 앨 고어의 대결이 분명해졌을 때였다. 연단에 NRA 회장이 나섰다. 그는 갑자기 소총을 머리 위로 번쩍 들더니 소리 쳤다. "고어정부가 들어서면 수정 헌법 2조의 권리(총)를 빼앗아 가려 할 것입니다. 그러나 이를 빼앗으려거든 차갑게 식은 내 시신의 손에서

(from my cold, dead hands!) 거둬가야 할 겁니다." 그래서일까? 선거 결과 민주당의 고어는 패배했다.

섬뜩한 열변을 토한 이 NRA 회장은 바로 찰튼 헤스턴이었다. 십계 대신 총을 움켜진 모세랄까? '하나님의 종 모세', '인간적인 영웅 벤허'로 투영돼 왔던 그의 이미지와 잠시 혼란이 일 수 있는 대목이다. 그러나 다시 생각해 보면, 미국 전통적 가치관의 아이콘이었던 그가 미국의 전통인 총기 소유를 대변하는 건 어쩌면 당연한 것일 수도 있다.

NRA의 역대 회장들 중엔 초중량급 거물들이 즐비하다. 초대 회장만 해도 남북전쟁의 장군 출신으로 상원의원과 주지사를 역임한 거물, 번 사이드 (Ambrose Burnside)였다. 여담이지만, 귀밑 구레나룻을 뜻하는 영어단어 사이드번(sideburn)은 이 사람의 이름에서 유래했다. 그의 귀밑 구레 나룻은 워낙 개성적이어서, 당시 유행의 화두가 됐기 때문이다. 미국 제 18대 대통령 그랜트(Ulysses Grant)도 NRA 회장을 맡았다. 그는 남북전쟁을 승리로 이끈 북군 총사령관이기도 했다. 그 후임에는 역시 남북전쟁의 영웅 세리단(Philip Sheridan) 장군이 맡았다.

그러나, 벤허와 십계의 영웅 찰튼 헤스턴 만큼 NRA의 이익을 강력히 대변한 회장도 드물다. 헤스턴이 회장으로 있던 1998년부터 2003년까지 NRA 회원 수는 4백만 명 이상으로 늘었다. 2000년 대선에서 결정적인 역할은 그를 가장 돋보이게 한 부분 중 하나다. 그는 먼저 2000년 대선의 이슈를 분명히 했다. 총기 억압 세력 대 총기 자유 세력의 대결 구도로 각을 세운 것이다. 이 구도를 바탕으로 총기 소유자들의 힘을 결집시켰다.

'차갑게 식은 내 시신의 손에서 총을 빼앗아가라!' ("I'll give you my gun when you take it from my cold, dead hands!")는 구호는 자동차 스티커로

만들어졌다. NRA 회원들의 자동차 꼬리마다, 이 구호는 아우성쳤다. 헤스턴 자신도 연설 말미에는 꼭 이 구호를 외치곤 했다. 부시 대통령의 동생으로 당시 플로리다 주지사였던 젭 부시(John Ellis 'Jeb' Bush)는 "그의 능동적인 간여가 없었더라면 우리 형이 미국 대통령이 되지 못했을 것이라고 확실히 얘기할 수 있다."라며 그의 공을 극찬했다.

이렇게 왕성한 활동을 하던 찰튼 헤스턴도 2003년 사임한다. 지병인 알츠하이머와 여러 병세로 더 이상 회장 직을 수행할 수 없게 된 때문이다. 플로리다 주 올랜도에서 열린 NRA 연차총회. 사임 인사를 하던 헤스턴은 총을 머리 위로 불쑥 다시 들어 올렸다. 작별 기념으로 받은 희귀종 윈체스터 소총이었다. 자유와 수정 헌법 2조를 강조하며 또 다시 '전쟁'이라는 단어를 강조했다. 총기 소유를 건 '문화적 전쟁'에서 뒷걸음질 치지 말라는 것이었다. 이 때문에 찰튼 헤스턴은 종종 '총기의 모세'로 비유되곤 한다.

"총기의 모세"였든, "십계의 영웅"이었든, 2008년 4월 헤스턴은 조용히 숨을 거뒀다. 분명한 건 스크린 속 '영웅' 헤스턴도, "우리를 스스로 방어해야 한다."고 믿는 다수의 평범한 미국인들, 즉, '무장의 나라' 사람들 중 한 사람이었다는 것이다.

2장. 사막에 감춰진
비행 군단, 비행기 무덤

한국에서 온 취재팀이라니까, 특별히 보여 줄 게 있다며
비행기 무덤에 있는 비행기들의 기체에서 분리한 부품 무더기 속에서
하나를 꺼내 든다. "이거 우리가 한국군에 수출하는 부품입니다"

미국인들도 모르는
미국 속 이야기

서부 영화에는 꼭 역마차(驛馬車)가 나온다. 그 역마차가 지나는 길은 꼭 황야다. 그 풍광은 한 점의 사진처럼 매우 정형화 돼 있다. 황야. 말 그대로 황량한 들판이다. 황량하기 그지없지만 사막은 아닌 듯한 곳. 길옆에는 제법 둥글둥글한 바위들과 꽤 다양한 선인장들이 서 있다. 그렇다고 사막이 아니라 하기에는 너무나 끝없는 황량한 땅이다.

이게 미국식 사막이다. 이른바, 한대성(寒帶性) 사막이란다. 우리 머릿속에 각인돼 있는 전형적인 사막과는 좀 다르다. 끝없는 모래와 모래 바람, 한 줌 생물도 존재하지 않는 곳. 신기루와 어쩌다 만나는 오아시스, 낙타…… 이런 그림들은 미국의 사막이 아니라 중동의 사막이다. 그래서 중동의 사막을 열대성(熱帶性) 사막이라 한다.

그래서 미국 서부 사막에 서서 보면 정겨운 우리 옛 가요가 절로 흥얼거려진다. "아리조나, 아리조나 카우보이...(중략)...역마차는 달려간다." 실제로 미국 서부 사막은 애리조나주를 비롯해, 네바다, 캘리포니아, 유타주까지 넓게 펼쳐져 있다. 그 가운데 대표적인 사막이 모하비(Mojave)다. 캘리포니아주 남동부를 중심으로 위의 언급한 4개 주에 걸쳐 있는 고지대 사막이다. 미국 인디언 족의 이름을 딴 이 사막은 남한 면적의 절반이 넘는다. 이쯤에서 놀라기엔 아직 이르다. 모하비보다 더 큰 사막이 있기 때문이다. 모하비의 남동쪽 끝에서 만나는 소노라(Sonora)사막이다. 모하비의 5배니까, 남한의 두 배 반이 넘는다. 미국과 멕시코에 떡하니 걸쳐져 있는 초거대 사막이다. 미국 쪽에는 애리조나 주가 대부분이다. "아리조나 카우보이" 가사의 주 무대는 이 소노라 사막이 적격인 셈이다.

소노라 사막도 전형적인 미국식 사막이다. 끝없는 모래 바다가 아니라, 서와로(saguaro)라고 불리는 선인장群이 가끔 숲을 이룰 정도로 서 있는 곳이다. 각종 곤충과 박쥐, 이구아나와 여우 등 동물들이 얼굴을 불쑥 불쑥 내밀기도 한다. 물론 그래 봤자 사막은 사막이다. 그런데 이 황량한 사막에 대단히 특별한 것이 숨어 있다.

LA에서 비행기를 타고 3시간 쯤 날아가면 소노라 사막이 나타난다. 하늘에서 보면, 미국식 사막이건 중동식 사막이건 지루하기는 마찬가지다. 끝없는 황량함. 잠이나 청할까 비행기 창의 차양을 내리려는 순간, 풍광이 갑자기 바뀌었다. 놀라운 광경이었다. 군단(軍團). 사막 위에는 끝이 보이지 않는 비행기 군단이 돌연 모습을 드러내고 있었다. 마치 진시황의 병마용(兵馬俑) 군단처럼 금방이라도 땅을 박차고 달려 나갈듯한 모습. 비행기 군단은 그렇게 사막을 가득 덮고 있었다.

'비행기 무덤', 우리 공군력 6배

AMARG(Aerospace Maintenance And Regeneration Group). "에이먹!" 기지 공보관인 테레사의 '원단' 발음이다. 번역하면 미 공군 우주항공 정비 재생기지. 사막에 숨어 있는 거대 비행기 군단의 정확한 명찰이다. 애리조나 데이비스 몬산(Davis Monthan) 공군기지가 그 소속이다. 그렇지만 이 명찰과 소속은 별로 잘 애용되지 않는다. 그저 '본 야드'(Bone Yard), 즉 '비행기 무덤'으로 불린다.

비행기 무덤. 그러니까 이 비행기 군단은 살아있는 비행기가 아니다. 모든 임무를 마치고 조용히 잠들어 있는 비행기라고 할 수 있다. 그런데 영면(永眠)하고 있는 비행기들이 아니다. 언제든 눈을 뜨고 부활할 준비가 돼 있는 비행기들이다. 진시황의 병마용 군단들과 다른 게 바로 이 점이다. 실제로는 무덤이 아니라 거대한 비행기 저장고다. 좀 더 들여다보면, 세계 최강 미 공군이 남몰래 차고 있는 '딴 주머니' 다.

우선 비행기 무덤을 뒤덮고 있는 비행기 군단의 넓이는 11㎢다. 여의도 1.5 배 넓이를 비행기들이 빼곡히 덮고 있는 것이다. 댓수로 따져보면 평균 약 4천 5백여 대. 숫자로는 우리 공군력의 6배 가까이가 열병식 하듯 한곳에 서 있는 셈이다. 종류도 다양하다 못해, 마치 비행기 박물관에 들어온 듯 착각이 들 정도다. 2차 대전 때 위용을 떨치던 B-29에서부터, 우리의 주력기인 F-16 등 거의 모든 종류의 비행기들이 위용을 드러내고 있다. 계속 들어오고, 나가기도 하기 때문에 수시로 통계가 바뀌지만, 대략 70여 종 이상이란다. 유사시 언제든 동원될 수 있는 자원이라는 점에 생각이 미치면 '비행기 무덤' 의 의미는 전혀 달라지는 것이다.

비행기 무덤의 탄생은 2차대전 종전까지 거슬러 올라간다. 당시 미국은 군사력 재집계에 들어갔다. 당연히 육, 해, 공군 모두 엄청나게 인원, 장비가 늘어나 있었다. 그러나 공군이 가장 문제였다. 비행기 댓수가 유지 능력 이상으로 폭증한 상태였기 때문이다. 실제로 2차대전 기간 중 미군이 투입한 항공기 댓수는 놀랍게도 28만 3천 대나 됐다. 1940년에서 1945년 종전까지 5년 간 미 항공 산업이 미군과 연합군에 납품한 항공기 댓수는 30만 대였다. 아무리 프로펠러기 위주의 전근대적 비행기였다지만, 숫자로만 따지면, 막강하다는 우리 현 공군력의 350배 이상이었던 셈이다.

토사구팽(兎死狗烹)이라 했던가? 주력 폭격기였던 B-29만 해도 그랬다. 미국은 전쟁 막바지인 1944년부터 무려 3,895대의 신형 B-29를 생산해 투입했다. 여기에 쏟아부은 돈만, 당시 돈으로 30억 달러였다. 그러나 전쟁이 끝나고 나니 덩치가 커 보유하는 데 부담만 주는 애물단지가 돼 버렸다. 노르망디 작전의 보이지 않는 수훈갑으로 꼽혔던 C-47 수송기도 예외가 아니었다. 연합군의 보급로를 확보해 승기를 제공했던 이 '전쟁 영웅급' 수송기에 대해서도 불경스런 타박이 시작됐다. 덩치가 크다는 것이었다. 이들 비행기들을 넣어둘 이글루(igloo: 비행기 개별 보호 시설)가 필요했지만 엄두가 나지 않았기 때문이다. 유지하자니 엄청난 예산이 들고, 버릴 수는 더더욱 없는 일이었다. 남는 힘은 미래를 위해 비축해 두겠다는 원칙이 서 있었기 때문이었다.

궁하면 통한다 했다. 당장 쓸 일이 없는 비행기들을 한군데 모아놓고 우선 보관만 하자는 결론이 내려졌다. 조건은 큰돈이 들지 않아야 한다는 것이었다. 그래서 돌아본 곳이 사막이었다. 애리조나 소노라 사막은 이 점에서 하나부터 열까지 조건이 들어맞는 곳이었다. 우선 이 사막은 미국식 사막이다. 그러니 중동식 사막처럼 모래 바람 같은 게 없다. 한마디로 모래나 먼지 걱정이 없는 것이다.

사막에도 비는 오게 마련이다. 특히 한번 오면 몰아서 오는 경향이 있다. 그런데 이곳은 거의 비가 없다. 비행기 수명에 치명적인 게 녹이다. 녹은 물기와 먼지가 원흉이다. 비가 안 오고 먼지가 없으니 녹 걱정은 하지 않아도 된다. 비행기를 그냥 노천에 놔둬도 문제가 없다는 얘기다. 당연히 이글루 같은 비싼 비행기 보호시설이 필요 없다. 그만큼 돈이 굳는 것이다.

또 다른 하나는 이곳의 토질이다. 다른 사막들과 달리 알칼리성 토양이다. 비행기의 부식을 막아주는 또 다른 천혜의 환경이다. 게다가 보너스가 하나 더 있다. 알칼리성 토양 성질상, 사막인데도 바닥이 아스팔트처럼 딱딱하다는 것이다. 좀 더 구체적으로는 칼리치(Caliche)라는 굳어진 알칼리성 탄산석회층이기 때문이다. 덕분에 도로와, 비행기를 세워두는 주기장(駐機場)이 자연산으로 확보된다. 막대한 비용을 고스란히 절약하게 된 것이다. 여기에, 다른 사막들과 달리 일교차가 상대적으로 적다. 금속 등으로 이뤄진 비행기의 기체 변형도 그만큼 적어진다. 비행기 무덤은 이처럼 미국의 이익과 천혜의 자연이 찰떡궁합으로 맞아 떨어져 생긴, 숨겨진 기지다.

동면중인 군단, 부활을 꿈꾸는 요람

투산(Tucson). '비행기 무덤' 덕을 톡톡히 보고 있는 사막 위 도시다. 이젠 애리조나에서 주도(州都) 피닉스(Phoenix) 다음으로 큰 도시로 성장했다. 때문에 공항도 국제공항이다. 오죽했으면 우리 국산 SUV 차량에 이 도시 이름을 붙였을까? 인구가 무려 100만이다. 미국의 공립대학 중에 아이비리그급이라는 애리조나 대학(University of Arizona)과 함께, '비행기 무덤'은 직간접적으로 이 도시의 발전과 크게 기여하고 있다.

투산 국제공항에서 내려 5분 남짓, 하늘에서 보던 엄청난 비행기 군단의

언제든 날아오를 듯한 F-16기들. 비행기 무덤에는 이처럼 여전히 막강한 첨단기들이 '미이라' 상태에서 동면 중이다.

실재가 나타나기 시작했다. 미 국방부와 공군, 그리고 해당 기지까지 취재 허가가 떨어지는 데 반 년이 넘게 걸렸다. 복잡한 보안 절차를 마치자, 기지 공보관 테레사가 여성치고는 큰 손으로 악수를 청한다. 고생했다는 것이다. 그렇지만, 한국은 물론 아시아 최초로 이곳을 취재하는 것이니 괜찮은 일 아니냐며 눈을 찡긋한다. 밴던휴벌(Vanden-Heuvel)이라는 네덜란드-독 일계 성(姓)에서 짐작은 했지만, 건장하고 시원시원하다. 그리고 여성적인 테레사(Terresa)보다는 그저 '테리'(Terry)로 불러달란다.

취재차량을 보안구역에 주차하고 기지에서 내온 미니 밴으로 갈아타자, 바로 비행기 무덤 입구다. 우리에게 친근한 F-16 수십 대가 눈앞에 나타나는가

했더니, 아무렇지도 않게 막강 B-1 전략 폭격기 무리가 옆을 지나간다. 영화 톱건(Top Gun)으로 눈에 익은 최강 함재기 F-14에 이어 우리가 한 때 도입하려 했던 첨단기 F-18 호넷(Hornet)이 얼굴을 내민다.

마하 3의 수퍼 초음속 정찰기 SR-71도 보인다. 이 정찰기는 북한 전역을 눈 깜짝할 새 정찰하고 돌아와 수십년 간 북한을 괴롭혔다. 블랙버드 (Black Bird)라는 이름처럼 우리 눈에 익숙한 까맣고 날렵한 동체로 인사한다. 조기 공중 경보기와 '탱크 잡는 귀신' 이라는 A-10 공격기들도 지천이다. 지금이라도 땅을 박차고 오를 것 같은 이들은 하나같이 첨단기들이다. 그냥 하늘에서 볼 때는 끝 간 데 없는 비행기 군단의 행렬로만 여겨지던 것이 막상 들어와 보니 그게 아니다.

테리는, "비행기가 주종이지만, 현재 우주선도 13기나 있다."고 했다. 1980년대 대륙간 탄도탄 감축을 위해 타이탄 II(Titan II)가 들어왔는데, 일부는 파괴되고 일부는 인공위성 운반용 우주발사체, 즉 우주선으로 개조됐다는 것이다. 그리고 보니 기지 곳곳에서 대륙간 탄도탄인지 우주선인지 구분이 힘든 비행물체들이 자주 나타났다. 1985년에는 크루저 미사일(Cruiser Missile: 순항미사일)들도 들어왔고, 1990년대 초반에는 당시 최첨단 전략 폭격기였던 B-52가 대량 들어왔다.

테리는 본격적인 촬영 전에 보여줄 곳이 있다면서 미니 밴 운전기사에게 방향을 잡아준다. 역시 엄청난 덩치의 비행기들이 어렴풋이 보이는 곳이었다. 점점 가까워지면서 보니, 그냥 '덩치' 들이 아니었다. 마치 시장 어물전 도마 위의 고등어 토막처럼, 동강난 거대 비행기의 동체들이었다.

숨겨진
미국

"B-52 전략 폭격기 잔해들입니다. 1990년대에 365대를 이렇게 해체했죠." 러시아와의 전략무기 감축 협정(START I)에 따라 이뤄진 조처였다.

B-52는 1955년부터 미국이 도입한 최초의 장거리 핵전략 폭격기였고, 당시까지도 최첨단이었다. 이곳 비행기 무덤으로 들어온 B-52들은 '길로틴' (guillotine: 프랑스 혁명 당시 악명 높았던 공포의 사형 기구, 거대한 칼날을 떨어 뜨려 목을 자르는 형틀)으로 불리는 7톤짜리 초대형 도끼날에 의해 여러 동강으로 해체됐다. 마하 0.9까지 날던 도합 57m 길이의 거대한 양 날개가 먼저 절단됐다. 이어 49m의 동체가 어물전 생선처럼 잘려나갔다. 이 동강난 것들은 사막위에 90일 동안 그대로 가지런히 놓여졌다. 옛 소련의 군사위성들이 검증할 수 있도록 한 것이다. '비행기 무덤'이란 이름에 자못 걸맞은 듯한 대목이다.

그러나 B-52가 아직도 운용된다는 사실을 감안하면 의미가 달라진다. 전략무기 감축협정에서 최신 기종이었던 B-52H는 제외됐다. 때문에 아직도 94대의 B-52H가 현역으로 활약 중이다. 특히, 지난 2002년 아프간전과 이라크전에서는 맹위를 떨쳤다. JDAM(Joint Direct Attack Munition: 통합 정밀 직격 병기)으로 불리는 정밀 유도장치를 장착한 이른바, 스마트 폭탄으로 아프간 탈레반 반군들을 떨게 했다. 최대 24km 밖, 13km 고공에서 오차 3m내외의 초정밀 폭격을 해댔기 때문이다. B-52는 기존의 핵무기에다 이같은 '스마트' 무기들을 대량 장착해 더욱 강해졌다.

바로 이들이 활약할 수 있는 건 바로 비행기 무덤 덕이다. 해체된 B-52에서 부품을 계속 공급받고 있기 때문이다. 앞서 동강난 동체들로부터 근 20년 간

전략무기 감축 협정에 따라 '길로틴'으로 해체된 B-52기. 동강난 지 20년이 지났지만 여전히 귀중한 부품 조달처로서 역할을 하고 있다.

필요한 부속들을 빼내 재활용 해왔다. 미 공군은 이를 바탕으로 B-52를 오는 2040년까지 운용할 수 있다고 보고 있다. 1950년대 초 이 비행기가 등장했으니, 무려 90년 동안 하늘을 누비는 장수(長壽) 폭격기가 되는 것이다. 여기에 97대의 B-52가 해체되지 않은 채, 비행기 무덤에서 동면 중이다. 유사시 언제든지 깨어나 부활할 태세를 갖추고 있는 것이다.

최근 25년 간 이 비행기 무덤에서 동면하다 부활한 비행기 비율은 21%다. 5대가 들어오면 1대 이상이 다시 깨어나, 하늘로 날아올랐다는 것이다. 요즘도 동면 중인 비행기 가운데 월 4~6대 정도가 부활하고 있단다. B-52보다 한 수 위인 세계 최강급 B-1 전략 폭격기와, F-18, 그리고, 과거 한 때 우리 공군도 검토했던 E-2 조기 공중 경보기 등도 부활을 꿈꾸며 쉬고 있는 대상들이다. '비행기 무덤'은 무덤이 아니라 부활을 꿈꾸는 요람인 셈이다.

비행기 미이라

영생불사와 부활을 꿈꿨던 이집트의 왕공(王公)들. 그 뜻을 이루기 위해 사후(死後) 미이라 보존처리는 필수였다. 시신을 깨끗이 씻는 건 기본. 썩지 않도록 내장을 모두 들어냈다. 이 가운데 장기(臟器)들은 심장만 남겨둔 채 별도의 항아리들에 각각 담아 보존했다. 부활할 경우 다시 결합하기 위한 것이다. 내장과 장기를 꺼내, 텅 비게 된 몸 안에는 나일강가에서 나는 자연산 방부 소금 나트론(Natron)을 채워 넣었다. 그리고 몸은 린넨 천을 붕대처럼 두르고 향수와 송진을 부어 밀봉한다.

비행기 무덤에서도 미이라를 만든다. 비행기 미이라다. 다시 부활해 날아오를 것으로 기대되는 왕공(王公)급 비행기들이다. 절차도 매우 흡사하다. 비행기들도 목욕부터 먼저 한다. '세척 선반'(Wash Rack)으로 불리는 세척장에서다. 특히 항공모함에 타고 있던 함재기들은 철저한 세척에 들어간다. 염분 제거와 녹 예방이 주안점이다.

미이라에서 내장을 모두 들어내듯, 비행기에 들어 있는 연료를 모두 뽑아낸다. 미이라에 방부 소금을 집어넣듯, 재봉틀 기름과 성분이 비슷한 '경량 1010 오일'이라는 기름을 주입한다. 비행기 엔진을 돌리면 이 기름이 기관을 돌면서 녹을 막는 내부 피막을 만든다. 이 기름을 다시 빼내고 구멍을

막으면 '비행기 미이라'의 방부처리까지 끝난다.

다음은 비행기의 '장기(臟器)' 꺼내기다. 장착된 모든 기총(機銃)과 무기를 다 철거시킨다. 이어 사출 좌석(射出座席: ejection seat, 비상 탈출용 조종석)과 관련 장치들까지 모두 들어낸다. 그리고 이들 비행기 장기들은 '부활의 날'을 대비해, 별도 보관한다.

비행기 미이라는 린넨 대신, 특수 개발된 블랙테이프(Black Tape), 그리고 송진 대신, 특수 코팅으로 마무리 작업을 한다. 몸체 밀봉(Body Sealing)이다. 블랙테이프는 얼핏 보면, 전기공들이 쓰는 테이프와 흡사하다. 그러나 여러 겹으로 돼 있는 특수 테이프다. 습기와 녹의 침투를 철저히 막는다. 블랙테이핑 작업은 밀봉 작업의 첫 단추다. 비행기 조종창(Canopy) 문틀 사이 같은 기체의 틈을 막는다. 먼지나 오염물질이 들어가지 않게 하는 기초 공사다. 또 엔진 공기 유입구와 유출구는 장벽지(障壁紙 :barrier paper)로 불리는 알루미늄 재질의 특수용지로 막는다. 조종창과 그 유리에는 자동차 왁스 같은 특수 밀봉 물질도 뿌린다.

비행기 무덤에서는 마침 P-3C 대 잠수함 초계기에 대한 밀봉 작업이 한창이었다. P-3C는 지난 95년 이후 우리나라 주력 해상 초계기로 사용하고 있는 기종이다. 최대 시속 761km로, 한반도 전 해역에 1시간 이내 도착이 가능하다. P-3C는 하푼(Harpoon) 공대함 미사일, 대잠어뢰, 기뢰 등으로 무장하고 대함(對艦) 그리고 대잠수함 작전을 수행한다. 하푼 미사일은 P-3C의 가장 강력한 대함 공격무기다. 단 1발만으로도 구축함 정도는 가볍게 격침 시킬 수 있다. 특히 저고도 비행은 P-3C의 전매특허다. 낮에는

6~70m, 밤에는 100m 내외의 낮은 고도에, 헬기 속도에 가까운 시속 380km정도의 저속으로 날아다닌다. 언제든 소요가 생길 수 있는 비행기다. 때문에 언제든 재투입 할 수 있도록 보존하겠다는 것이다.

기체 보존 작업팀 실무자인 조셉 와이즈(Joseph Wise) 씨는 스프레이렛(Spraylat)으로 불리는 장비를 들고 막 작업을 시작하려는 참이다. 블랙테이핑과 장벽지 작업 등 기초 공사가 이미 끝난 P-3C기였다. "코팅작업으로 이렇게 두 겹의 피막을 만듭니다. 흰색이 나중에 코팅한 거구요. 모래와물기 등으로부터 기체 내부까지 보호하죠." 스프레이렛 작업은 말 그대로스프레이 같은 기구로 특수 코팅제를 분사하는 작업이다. 분사하는 물질은 두 가지다. 조셉의 말처럼 처음에는 라텍스(latex)라는 검은 색 코팅제로 기초 밀봉을 한다. 이것이 마르면 그 위에 흰색의 특수 비닐 성분을 뿌린다. 밀봉 작업까지 모두 마친 비행기는 미이라가 그렇듯 하얀 누에고치 모양이 된다. 이 밀봉 작업으로 비행기는 햇빛과, 바람, 수분은 물론, 동물의 공격 으로부터도 보호받는다. 소노라 사막에는 많은 생물들이 살고 있기 때문에 이 점은 참 중요하다. 취재를 하고 있는 동안에도 많은 동물들이 비행기 군 단 사이를 자유로이 오갔다. 작은 몸집의 여우와 토끼 등……. 이밖에 새와 곤충, 너구리, 박쥐, 각종 파충류 등 사막이면서도 다양한 동물들이 서식하 는 곳이 바로 소노라 사막이다. 밀봉 작업의 가장 큰 효과는 뜨거운 사막에 서 있는 기체(機體)의 온도를 조절해 준다는 것이다. 섭씨 40℃까지 오르는 여름 한낮의 경우, 이같은 보호막이 없으면, 기체 내부는 버티지 못할 것이 다. 또 낮밤의 온도차가 급격한 사막에서 기체와 민감한 기관의 변형 또는 기능 변화는 불가피할 것이다.

외부 밀봉 피막인 흰색의 비닐 코팅제가 요술 방패가 돼 준다. 주변 온도에 맞춰 기체 온도 변화를 잡아주기 때문이다. 이렇게 한번 작업을 해 놓으면 5년은 거뜬하게 버틴단다. 더욱 기특한 건, 이들 밀봉 피막들이 나중에 비 행기를 부활시킬 때는 수술용 장갑을 벗듯 쉽게 벗겨진다는 것이다.

미이라의 부활

현재 재투입 대상으로 동면 중인 비행 기 미이라는 비행기 무덤 전체의 16%다. 실제로 2008년을 기준으로 볼 때, B-1 전략 폭격기 1대 등 한 달 평균 4대에서 6대 꼴로 재투입이 이뤄지고 있다는 설명이다. 이집트 왕공의 미이라는 부활하지 못했지만, 비행기 무덤의 '비행기 미이라'는 활발하게 부활하고 있는 것이다.

가장 드라마틱한 경우가 '탱크잡이' A-10 공격기다. A-10은 미 공군 최초의 공격기 기종 이었다. 저공에서 지상군을 지원하기 위해서 특별히 설계됐다. 월남전에서의 경험을 바탕으로 개발된 것인데, 전차들의 천적으로 불린다. 우선 조종실 주위와 주요 부분을 티타늄 강판으로 장갑화해 23mm 기관포 직격탄에도 끄떡없게 했다. A-10의 주 무기는 30mm 발칸포다. 그냥 발칸포가 아니라 탱크의 철판을 종잇장처럼 뚫고 폭발시켜 버리는 열화 우라늄탄을 쓴다. 미사일보다 무섭다는 이 발칸포를 1,250m 밖에서부터 분당 1,174발씩 쏜다고 가정해 보라. 여기에 열 추적 미사일까지 중무장한 A-10기는 저공에서 저속으로 비행하면서 전차와 장갑차 그리고 지상군을 빗질하듯 쓸어낸다. 때문에 1회 출격에 16대의 전차를 파괴할 능력을 갖고 있다는 평가다.

A-10은 월남전이 끝나면서, 냉전시대 동구권의 강력한 기갑부대 대항마 개념으로 개발됐다. 1976년 첫 배치 이후 주한 미군도 인수해 오산 기지에 배치됐다. 1984년까지 모두 707대가 배치됐다. 그러나 냉전체제 해체가 가시화 되던 80년대 중, 후반 들면서 미 공군은 저속이란 점과 작전 제한을 이유로 들어 사실상 A-10기의 퇴역을 시작했다. 여기에는 정통 전투기 조종사 출신 공군 지휘부의 편견이 크게 작용했다. 공군 지휘부는 애초부터 A-10기를 달가워하지 않았던 것이다. 탱크 파괴 같은 지상 지원 임무는 공군이 아니라 육군 항공대의 헬기나 하는 일이라는 생각이었다. 또 군이 공군이 해야

한다면, F-16이나 F-15같은 전투기로 하는 게 맞다는 것이었다.

1987년 결국 A-10기 일부를 '전선 통제 임무'로 전환해, OA-10으로 기능을 바꿨다. 앞에 'O'자가 하나 붙은 데서 보듯, 지상 감시(Observe)를 통해 전투기의 지상 공격 작전 등을 지원하는 임무를 하나 더 부여 받은 것이다. 심지어는 일부 기체를 미 육군 항공대에 인계할 계획을 세우기도 했다. 일부는 실제 퇴역을 시키기 시작했다. 1990년 일부 퇴역을 시작한 A-10기들은 당연히 비행기 무덤에 들어왔다. 예의 비행기 '미이라' 작업이 시작됐고, 동면에 들어가는 듯 했다. 그런데 바로 다음 해인 1991년 변수가 생겼다. 걸프전이 터진 것이다. 걸프전은 사막 전차전이 핵심이었고, A-10의 역할이 절실해졌다. 무덤에서 부활한 A-10기들은 곧바로 이라크 전장으로 날아갔다. 투입된 A-10기는 모두 144대나 됐다. 총 출격횟수 8,100회에 1,000여대의 이라크 전차들과 2,000여대의 군용차량 1,200문의 야포들을 사냥했다. A-10기는 3대 추락, OA-10 1대 손실이 피해의 전부였다. 서부 이라크 지역에서는 주간(晝間) 스커드 미사일 발사대 추적, 이라크 방공망 압박, 조기 경보 레이더 공격까지 담당했다. 그야말로 혁혁한 전과였다. 이후 코소보 사태와 아프간전에서도 눈부신 전과는 이어졌다. 이렇게 되자 미국 정부는 A-10기에 대한 기본 청사진을 전면 수정했다. 문제는 A-10기의 수명이 다했다는 점. 1977년 첫 취역 당시 예상 수명은 25년이었다. 걸프전에다 아프간전 등으로 당초 계획한 출격 횟수 한도까지 훨씬 넘어섰다. 특히 초기형 A-10기들은 후기형에 비해 비교적 날개 표면이 얇아 잔 손상이 심했다. 문제는 A-10 생산라인이 80년대 중반에 이미 없어졌다는 것이었다. 해법은 결국 수명 연장이었다. 비행기 무덤이 그 역할을 이어받았다.

"여기를 이렇게 보강했죠? 각종 흠집들이 있던 데입니다." 루디 베어랙 (Rudy Barelack) 수명 연장팀(SLEP: Service Life Extension Program) 팀장을 따라, 수명 연장 작업이 한창인 A-10기를 보니, 하나같이 날개를 들어내놨다. 들어낸 날개의 각종 흠집과 갈라진 부분 등 손상을 보강하는 게 수명 연장의 핵심이었다. 이 날개 보강이 처음부터 이렇게 쉽게 이뤄진 건 아니었다. 더 이상 생산되지 않는 부품 문제가 컸다. 결국 실무 기술자들이 머리를 맞대고 보강 기법을 창안해내기에 이르렀다. 그 결과 불가능해 뵈던 날개 보강은 물론, 날개 하나당 240만 달러의 수리비용을 절감했다. 미 공군은 이 팀에 1만 달러를 포상했을 정도다.

A-10 손보기는 이에 그치지 않는다. 고성능 조준장치를 새로 장착하고 신형 비행 컴퓨터 등 정밀 교전을 위한 업그레이드 작업까지 이뤄지고 있다. 동체와 조종석도 새 것으로 교체한다. 한마디로 비행기 전체를 리모델링하는 것이다. 이런 과정을 거쳐 A-10기는 수명이 20년이나 더 연장됐다. 오는 2028년까지 운용하기로 결정한 것이다. 최근 3년 동안 이런 식으로 부활한 A-10기는 30대가 넘는다. 앞으로는 연간 40대씩 223대를 재탄생 시킨다는 계획이다.

모셔가는 중고기, 세계 공군기 시장의 '甲'

비행기 무덤에 있는 비행기들의 기체 표면을 자세히 살펴보면, 작은 영문 이니셜들이 표시돼 있다. AA, AN, AH 등등. 알고 보니 비행기 낙인이다. 목장의 말 엉덩이에 낙인을 찍듯, 비행기 소유권을 표시한 것이다.

미 퇴역 헬기 내에서 희귀 부품 채취 작업이 한창이다.

AA는 공군(Air Force), AN은 해군(Navy)과 해병대, AH는 육군(Army), 그리고 AC는 해안 경비대(Coast Guard)의 자산(Asset)이라는 말이다. AX도 있는데, 스미소니언 박물관이나 산림청, 국무부 등 기타 미 정부기관 소유를 의미한다. 그러니까 비행기 무덤의 비행기들은 정작 '무덤'의 소유가 아닌 것이다. 이들의 처분권도 해당 군(軍)이나 정부 기관들에게 있다.이 가운데 가장 눈에 띄는 이니셜은 'AY'다. 알고 보니, "우방국에 판매하도록 할당된 비행기"라는 얘기다. 비행기 무덤의 또 다른 역할이다. 해외 군사 판매 프로그램에 따라 중고 비행기들을 외국에 파는 일이다. 미국에서는 퇴역했거나, 퇴역에 가까운 중고기지만, 자국의 형편에는 꼭 필요한 비행기여서 귀하게 모셔 가는 것이다. 이는 큰 권력이다. 제값 다 받아가며 큰 소리 치는 장사기 때문이다. 뭣보다 구매국에 미국이 영향력을 미칠 수 있다. 팔지 말지부터가 미국 맘이다. 실제로, 잘 체결됐던 중고 비행기 수출계약이 일방적으로 해약되는 경우가 종종 있다. 대표적인 경우가 공군 소유 F-16기다. 파키스탄에 팔기로 했지만, 전략무기 수출금지 규정에 저촉된다는 이유로 결국 없던 일이 됐다. 계약이 체결되던 지난 1989년 이전 까지만 해도, 파키스탄은 미국과 우방관계였지만 이후 긴장관계로 돌아섰기 때문이다. 요즘 인기 있는 기종은 우리 주력기이기도 한 F-16과 대형 수송기 허큘리스(Hercules) C-30 등이다.

기지 곳곳에서 동면 중인 이들 비행기 미이라들을 깨우고 손보는 일이 활발했다. 앞서 언급한 우리 주력 해상 초계기 P-3C 기종도 이곳 비행기 무덤에서 부활해 해외로 판매되고 있다. 비행기 무덤에는 140기 정도의 P-3C기가 보존돼 있는데, "최근 들어서만, 18대 정도가 해외 우방국 등에 판매됐다"는 게 기지 측 설명이다. 이 비행기는 미 해군을 비롯해 주요국들의 주력 초계기일 정도로 성능이 좋기 때문이다. 미국은 앞으로도 130대 선에서 계속 유지하겠다는 의지를 밝힐 정도다. 우리나라가 2006년 추가로 도입해 개조한 8대의 P-3기들도 이곳 '무덤' 출신이다. 40년이 넘은 것들이다. 제조사인 미 록히드 마틴(Lockheed Martin)사가 라인을 닫았기 때문이다. 90년대 우리나라로서는 처음 주문한 P-3C가 마지막 생산이었다. '무덤' 출신 8대의 중고 P-3기들은 한국 항공 우주 산업에서 한국형 P-3CK로 개량됐다. 노후한 기체의 주요 골격, 주익을 보강, 개조하고 장비와 소프트웨어 현대화를 마치는 데 3년을 잡았다. 이밖에 정밀 폭격의 대명사로 걸프전 등 각종 큰 전쟁에서 명성을 떨친 F-111전폭기도 '무덤'에서 수출된 기종이다. 67대가 출격한 걸프전에서 F-111기는 레이저 유도 폭탄으로 탱크 920대, 장거리 포 252문, 공군기 대피시설 245곳을 파괴했다. 특히 급조된 벙커 버스터(지하 벙커 파괴 폭탄)을 달고 출격해, 이라크군 수뇌부가 있던 벙커를 공격하는 등, 군 지하 벙커 113곳을 폭파시키는 맹위를 떨쳤다. 면도날 같은 폭격으로 위력을 떨치던 이 전폭기도 지난 1996년까지 비행기 무덤으로 들어왔지만, 상당수가 호주로 다시 팔려나갔다.

우리나라가 대여해 왔던 비행기들도 있다. T-38 탤런(Talon)이다. 앞에 T가 붙어 있으니 훈련기(Trainer)다. 이 비행기는 우리나라의 한 때 수력기였던 제공호 F-5F기와 쌍둥이다. 노드롭 사가 1950년대 경량 전투기 F-5A 프로젝트를 추진하면서, 훈련기 버전으로 내놓은 것이기 때문이다. 우방국들에게는 F-5A를 제공하면서, 미 공군의 훈련기로 사용해 왔다. 우리나라는 국산 고등 훈련기인 T-50이 본격 공급되기까지 공백을 메울 요량으로 1999년 이곳 '무덤'에서 30대를 가져왔다. 형식은 리스(Lease) 형식. 대여해 쓰다 2008년말 까지 돌려주는 조건이었다. 이 가운데 15대는 2008년 6월 예정보다 앞당겨 미국에 반납했다. 주목되는 건, 이처럼 비교적 신무기급 중고기들만 선호되는 건 아니라는 것이다. 터키의 경우, 비행기 무덤에서 오래 잠자던 F-4 팬텀 전폭기를 수년 간에 걸쳐 구매했다. 그것도 초기 모델에 가까운 월남전 때 생산된 구형이었다. 이렇게 구매해 간 중고 비행기들 때문에, 수입국들은 또 다시 비행기 무덤에 의존하게 된다. 이미 단종된 모델들이라 이곳 외엔 소모되는 부품을 구할 도리가 없기 때문이다. 비행기 무덤은 이처럼 세계의 공군기를 공급하는 거대한 목장 역할을 하고 있다. 동시에 미국이 각 나라 공군의 무기 체계까지 쥐락펴락하는 '갑(甲)'

의 입장에 서도록 힘을 실어주고 있다.

비행기는 죽어 '부품'을 남긴다

비행기 무덤을 달리다 보니, 늠름하게 서 있는 비행기 미이라 외에 또 다른 한 무리가 보인다. 굳이 이름 붙이자면, '장애 비행기'다. 장애의 정도도 다 다르다. 우선 경미한 장애부터 보자. 미 해군이 쓰다 퇴역시킨 헬기 한 대. 기지에서 내준 미니밴이 우리를 안내한다.

멀리서는 멀쩡하더니, 가까이 가니, 기체 곳곳이 마치 쥐가 파먹은 것 같다. 헬기 안으로 들어가니 그 손상도는 더욱 심하다. 진짜 쥐가 그랬나 싶은 생각마저 들던 차에, 마침 작업 중이던 엔지니어 한 사람이 우리를 반긴다. 윌리 토머스(Willy Thomas) 씨. 직함이 특이하다. 희귀 부품 조달팀장이다. 자기 직함과 똑같은 일을 하던 중이란다. 그러니까 이제는 단종된 희귀 부품들을 이 헬기에서 떼어내, 현역 비행기에 조달하는 작업이다. 헬기 기체를 뜯어낸 건 쥐가 아니라 사람이었던 것이다. 막 떼어내고 있던 헬기의 손바닥만 한 작은 부품 하나를 가리키면서 얼마나 되겠느냐고 묻는다.

알 도리가 없는 내게 15,000달러라고 스스로 답한다. 토머스 씨는 어깨를 으쓱하면서 한마디 더 걸친다. "문제는 15,000달러를 갖고도 구할 수가 없다는 것이죠." 특히, 지금 자기가 뜯어내고 있는 이 희귀 부품들은 이라크전에 참전 중인 헬기에 급히 공수돼야 하는 긴급품이라는 것이다. 이라크전이든 아프간전이든 이같은 희귀 부품의 신속한 조달 없이는 수행이 어렵다고

강조한다. 마치 전설의 고향 구미호가 무덤을 파는 듯하다면 너무 품격이 떨어지는 말일까? 느낌이 더도 덜도 아니고 딱 그랬다. 주변을 둘러보니, 크고 작은 비행기를 들락거리며, 부품을 떼어내는 작업이 한창이었다. 이렇게 매일 뜯겨 나가니, 외형이 '장애 비행기'로 변해 가지 않을 수 없다. 그래도 이 헬기는 양반이다.

어떤 비행기는 착륙 바퀴를 떼어내고, 나무로 된 보조 기둥으로 지탱해 놓았다. 첨단 함재기 F-18이나 첨단 전략 폭격기 B-1B 중에도 이런 쑥스런 모습으로 서 있는 축이 적지 않다. 심한 경우에는 주익이나 수직 안정판 등이 없는 것도 있다. 퇴역 후 상당수가 호주 주력기로 모셔져 간, '면도날 전폭기' F-111이 이 경우다. '비행기 무덤'이 호주에 간 비행기들을 위해 특별한 선물을 준비한 탓이다. 무덤에 보존 중인 F-111의 앞날개를 떼어내고, 청소를 한 다음 나무 상자에 포장까지 해, 호주로 수출한 것이다.

이런 험한 모습에도 불구하고, 이들 비행기는 그야말로 버릴 게 없다는 설명이다. 비행기의 뼈대만도 수백만 달러의 가치를 지니고 있고, 아직도 남아 있는 무수한 부품들의 가치는 더 말할 나위가 없다는 것이다, 게다가 이렇게 뜯어가고 그냥 흉가처럼 놔둬도 기체 자체가 창고 역할까지 해주니 더할 나위가 없다. 이런 이유 때문에 더 이상 하늘로 부활할 일이 없는 비행기들이 시간을 거슬러 남아 있는 경우도 있다.

대표적인 게 O-2A라는 구닥다리 프로펠러 정찰기 겸 전술 통제기다. 전술 통제기란 고속으로 기동하는 전투기가 지상목표 공격 등을 할 때, 사전에 해당 지역을 정찰해, 이동 차량과 소규모 병력 등 포착이 어려운 표적의 위치를 알려주는 비행기다. 월남전 때인 60년대 말 도입됐는데, 이 비행기는 역설적으로 월남전에서 대공 포화에 워낙 많은 피해를 입었다. 게다가 시속 3백km 정도로 그리 매력적인 비행기는 아니었다. 때문에 미 공군은 1980년대 일찌감치 O-2A의 퇴역에 들어갔다. 이 와중에 우리나라에도 지난 1974년 원조(援助)를 통해 14대가 들어왔다. 우리나라에서는, 1996년 강릉 무장공비 침투 때 2주 간 탐색 작전에 투입되는 등 묵묵히 임무를 수행해왔다. 특히 우리 공군 역사상 최장이라는 32년 2개월 무사고 비행 기록도 세웠다. 물론 우리나라에서도 2006년 퇴역을 했다. 그런데 이 못난이 비행기가 아직도 비행기 무덤에서는 건재하다. 보츠와나, 나미비아, 짐바브웨 등 일부 아프리카 나라들과 칠레에서 사용하고 있기 때문이다. 그나마 이 비행기가 군용으로 쓰이는 것도 아니다. 아프리카 나라들에서는 코끼리와 코뿔소 밀렵꾼 단속용으로 쓰일 뿐이다. 그럼에도 단종된 이 비행기의 부품 소요를 위해 이 기종을 유지하고 있는 것이다.

미 해군의 핵 탑재 함재공격기 A-3 스카이 워리어(Sky Warrior)는 또 다른 경우다. 미국은 일본과의 태평양전쟁을 수행하면서 항공모함을 과다하게 건조했다. 종전 후 항공모함을 정리하던 중 미 항모에서 소련 본토로 핵 공격이 가능한 함재기 개발을 하자는 안이 제기됐다. 그래서 탄생한 것이 바로 이 비행기다. 당시 핵무기는 길이 3미터, 무게 5톤 이상이라는 괴물이었고, 이 비행기도 함상 공격기로는 사상 최대급이었다. 그러나 이후 핵의 소형화와 항모 수 축소 작업이 재개되면서 이 비행기는 '찬밥'신세가 되고 말았다. 급기야 1950년대 이후로는 공중 급유기 등으로 고쳐져 사용되기에 이르렀다. 원래 용도대로 사용된 건 유일하게 1962년 쿠바 위기 때였다. 핵 공격 시위에 참가했던 일이다. 결국 1991년 완전 퇴역했다.

현역 때도 쓸 일이 없었던 만큼, 퇴역 후 부활 가능성은 200% 없어 보였다. 이 비행기를 운용하는 우방도 전혀 없었기 때문이다. 그럼에도 불구하고 이곳 무덤에서는 '귀한 몸'이다. 이 비행기가 갖고 있는 부품 때문이다. 기종이 전혀 다른 첨단 비행기의 부품으로 호환이 가능하기 때문이다. 실제로 최근 필수 부품이 없어 곤란을 겪던 첨단 스텔스 전폭기 F-117의 정비를 위해 이 비행기의 부품이 급히 공수됐고 결과는 성공적이었다.

호랑이가 죽어 가죽을 남긴다면, 비행기 무덤의 비행기는 죽어 부품을

남기고 있는 셈이다.

연 8천억 황금알 부품 寶庫,
세계 공군 쥐락 펴락

마치 텃밭에서 상추 따듯 떼어낸 비행
기 부품들은 검사와 수리, 포장 과정을 거친다. 부품 재생 포장 공장에서다.
마치 우리나라의 웬만한 대기업급 공장단지 규모다. 각종 부품들은 검사를
거쳐, 필요할 경우 수리 작업까지 마친다. 이후 거대한 컨베이어 벨트에 실
려 돌아간다. 부품의 종착지, 또는 나라별로 분류 작업이 이뤄진다. 특수 포
장함에 각각 넣어져 완벽하게 포장된다. 일반 민간 기업의 수출 포장 공장

에서와 다름없는 깔끔한 공정이다.

부품 포장팀의 매니저인 키스 레스토프(Keith Lestov) 씨는 한국에서 온 취재팀이라니까, 특별히 보여줄 게 있다며 컨베이어 벨트의 한쪽 끝으로 이끈다. 얼핏 봐서는 뭐가 뭔지 모를 부품 무더기 속에서 하나를 꺼내 든다. 얼핏 자동차의 주유구 보호판 같다. 다만 크기가 훨씬 크다. "이거 우리가 한국군에 수출하는 부품입니다" 현재 우리 해군이 운용중인 P-3C에 필요한 기체 보호판이었다.

2005년 기준으로, 이곳 '무덤'은 전 세계로 부터 19,194개의 부품을 5억 6,800만 달러에 주문을 받고, 선적했다. 2년 후에는 17,611개의 부품을 6억 7,420만 달러에 팔았다. 우리 돈으로 8천억 원 내외의 수익이다. 한마디로 황금알을 낳는 부품 보고다. 미 정부가 이 무덤의 시설 유지를 위해 1달러만 투입하면, 11달러를 얻어낸다는 계산이 나오는 것도 다 이 짭짤한 부품 장사 덕이다. 더욱 중요한 건 미 공군 뿐 아니라 세계 각국의 공군들이 이곳의 재생 중고 부품에 의존하고 있다는 것이다. 앞서 우리나라의 P-3C의 경우가 그랬던 것처럼, 호주가 가져간 F-111이나, 터키, 이집트 등이 운용중인 F-4 팬텀 등 단종된 지 오래된 비행기의 부품은 이곳 아니면 구할 수가 없다. 특히 각 나라들이 많이 쓰고 있으면 있을수록, 귀하신 몸이 된다. 부품 공급이 제대로 되지 않으면, '고철'에 불과한 게 비행기다. 결국 '무덤'은 세계 공군의 운용에까지 영향을 미칠 파워를 갖고 있는 셈이다. 이는 곧 미국의 보이지 않는 저력이 되는 것이다.

죽어서 돈까지 남기는
비행기 장례식

　　　　　　　　　　비행기 무덤은 무덤 고유의 역할도 한
다. 장례식이다. 오랫동안 아낌없이 주는 나무처럼 이곳 저곳에 자신의 몸
(부품)을 다 내주고 이젠 고철이 된 비행기들이다. 비행기 장례식은 한마디
로 해체 작업이다. 장례 바로 직전, 이 비행기에 대한 최종 점검에 들어간
다. 우선 기체의 금속에 전략적으로 민감하거나 희귀 물질이 포함됐는지 여
부를 체크한다. 또 기체에 있던 위험 물질이나 방사성 물질 등을 제거하고
닦아 낸다. 전통적인 해체 도구는 앞서 B-52의 해체에 사용된 7톤짜리 길
로틴이다. '사행 집행인'(The executioner) 이라고 불리는 길로틴은 기체
를 조각낸다. 7톤 정도 나가는 이 칼날을 18m 정도 크레인으로 들어 올린
다음, 바로 떨어뜨리면서 자른다. 이보다 더 강한 45톤짜리 가위 손이 나서
는 경우도 있다. 날개를 가위질 하듯, 싹둑 싹둑 잘라 버린다. 요즘엔 이 같
은 장례식을 무덤에서 직접 하는 경우가 별로 없다. 민간 업자에게 맡겨, 시
설이 있는 근처 기지에서 하는 경우가 많다.

2차대전 직후만 해도, 이런 비행기 장례식에는 아무런 경제적 개념이 개입
되지 않았다. 엄청난 잉여 군용기들을 그저 조각내고 싹둑 싹둑 자르기에만
바빴다. 이렇게 조각나고 잘라진 기체들은 즉석에서 제련장치에 던져 넣어
녹여버렸다. 그런데, 잉여 군용기 대수가 감당할 수 없을 만치 늘어나면서
군 당국도 생각이 달라졌다. 민간과 이 업무를 공조하는 게 낫다는 판단이
든 것이다. 우선 기체 용해 작업을 민간에 맡겼다. 요즘은 더 많이 달라졌
다. 기체 마지막 점검과 유해물질 제거 청소 작업이 끝나면, 기체는 '방위

물자 재활용·마케팅 본부'(DRMS: Defense Reutilization & Marketing Service)라는 곳에 인도 된다. 이 부서에서는 민간과 협력해 기체 해체와 잔해의 민간 경매 등에 들어간다. '무덤' 근처에 포진해, 기체의 고철만 전문적으로 처리하는 고철상들에게 파는 것이다. 도대체 이들 고철들은 어디에 쓰이는 걸까? 비슷한 해체와 재활용 과정을 거치는 일반 민간 항공기의 경우를 보면, 답은 금방 나온다. 점보기로 불리는 보잉 747 여객기의 무게는 147톤이다. 이 한 대를 해체하면 무려 127톤 정도의 재생 가능 자재가 나온단다. 그 중 약 70톤이 알루미늄이고 나머지는 철, 텅스텐, 티타늄 등이다. 불에 태우거나 버릴 게 하나도 없다는 얘기다. 뽑아낸 알루미늄은 청량음료의 깡통으로 활용된다. 비행기 무덤의 고철들도 유사한 쓰임새로 보면 된다. DRMS는 지난 2005년의 경우 이 같은 잉여, 중고 군수품을 공급업자들에게 되팔아 5,700만 달러의 수익을 올린 바 있다. 이런 걸 보면, 비행기 무덤의 비행기는 버릴 게 없는 돈 덩어리인 셈이다.

비행기 장례식도 급(級)이 있다. 비행기의 종류에 따라 해체하는 정도가 다르다는 얘기다. 어떤 경우는 군사적 거세(?) 정도에 그친다. 군사 장비나, 흔적 등만 없애는 간단한 작업이다. 비 전투항공기, 예를 들어, 훈련기라든지 수송기 같은 경우다. 기체를 별로 부러뜨리지 않거나, 손도 대지 않은 채 통째로 파는 수도 있다. 또 주문에 따라서는 날개 같은 특정 부위만 잘라 민간에 파는 수도 있다. 가끔 군용기 모양 카페나 식당을 차린 곳이나, 군용기 날개로 지붕을 인 현대식 건축물 등이 바로 이런 기회를 잘 이용한 경우다. 그러나 전투 병과의 비행기는 다르다. '길로틴'과 '가위 손'의 매운 맛을 철저하게 봐야 한다.

미인박명? 최강이어서 억울한
F-14기 장례식

새벽 어슴푸레 여명이 밝는다. 인도양 한가운데 항공모함이 떠 있고, 급작스런 기타 반주에 이어 "Danger Zone" 이라는 노래가 나온다. 1987년 12월에 국내 개봉된 '톱건'(Top Gun)이라는 영화의 시작 부분이다. 막 뜨기 시작하던 할리우드 미남 배우 톰 크루즈(Tom Cruise)는 이 영화 하나로 벌떡 일어선다. 그런데 그 못지 않게 출세한 게 또 하나 있다. 막 각광받기 시작하던 미 함재기 F-14기다. 줄거리를 빼고 화면만 보면, 이 영화는 한 편의 잘 만들어진 미 해군 홍보영화다. 특히 F-14기의 위용은 대단하게 묘사됐다. F-14기 두 대가 MIG-28기 한 편대(5대)를 물리치기까지 한다. 항공모함은 물론, 그에 탑재된 함재기라는 존재마저 생소하던 일반인들에게, 이 영화 한편은 F-14를 세계 최강 함재기로 인식하도록 확실한 인상을 남겼다.

사실 이 영화가 나오기 전부터 이 비행기는 최강이었다. 지난 1970년 처음 모습을 드러낸 이래, 퇴역하던 2006년 가을까지 36년 간 군림했다. 우선 이 비행기는 166km 밖에 있는 목표물 무려 24개를 동시에 추적한다. 그러다가 그 중 6개까지 동시에 공격할 수 있다. 사정거리 185km나 되는 '피닉스'라는 괴물 미사일 덕이다. 서울 상공에 떠 있으면서 대전 이남쯤 날아오는 적기를 동시에 6대까지 격추시킨다는 무시무시한 얘기다. 적기로서는 상대가 누구인지 파악도 못한 채, 미사일 한번 쏴 보지 못하고 당한다는 것이다. 피닉스 미사일이란 게, 사실은 기동력이 상대적으로 약한 구 소련제 폭격기를 목표로 제작된 거라는 지적도 있다. 그러나 피닉스 외에도, F-14기는

50km 내외의 사거리를 가진 AIM-7 미사일이 있다. 또 근접전에서는 적외선 추적 미사일이 있다. 중무장 전투기인 것이다.

뭣보다 기동성이 타의 추종을 불허한다. 날개를 접었다 폈다 할 수 있는 이른바 가변익기(可變翼機)이기 때문이다. 공중전에서 압도적일 수밖에 없다. '톰캣'(Tomcat: 수고양이라는 뜻도 있지만 여자 뒷 꽁무니를 쫓아다닌다는 뜻도 있음, 공중전에서는 비행기 뒤꽁무니를 먼저 조준하는 전투기가 승리하는데, F-14기의 뛰어난 공중전 능력을 빗댄 듯)이란 애칭이 그냥 얻어진 게 아니라는 얘기다. 이 같은 능력으로 최초의 실전이었던 1981년 리비아와의 시드라만 공중전에서 완벽한 승리를 거뒀다. 앞서 나온 톱건의 공중전 장면이 영감을 얻었을 법한 승리였다. 다른 건 이날 F-14기는 MIG-25 편대가 아니라, 두 대의 구 소련제 수호이-22 전투기와 조우했다는 것이다. 선제공격은 리비아기들이 했다. 공대공 미사일이었다. F-14기는 이를 회피한 다음, 두 발의 미사일로 적기 두 대를 동시에 격추했다. 조우 3분만이었다. 이후, 이라크, 보스니아, 아프간 전 등에서 활약을 펼치면서, F-14는 적기들이 공중전을 기피할 정도로 절대 강자의 위치를 지켜왔다. F-14기는 함재기라는 말 그대로, 항공모함을 공격하려는 공중의 적들을 막는 공중전용으로 개발됐다. 그러나 우수한 능력이 주목 받으면서 그 영역을 넓혀가기 시작했다. 정밀 유도 폭탄을 장착해 군함은 물론, 대지 공격 임무까지 맡게 된 것이다. 이 때문에 톰캣에서 '봄캣'(Bombcat: 폭탄을 장착한 톰캣)으로 별명도 바뀌었다. 걸프전과 코소보 분쟁, 아프간전, 이라크전의 단골손님이 된 이유이기도 하다.

미인박명(美人薄命)이라 했던가? 최고, 최강의 비행기도 마지막은 불운했다. 아직도 전성기를 달리고 있던 이 비행기에게 퇴역 명령이 내려졌다. 함재기들은 노후화가 빠르다. 움직이는 항공모함에서 이착륙하는 방식과 바다라는 환경 때문이다. 게다가 F-14기들이 참전한 전쟁만 따져 봐도 혹사당했다는 말이 어울릴 정도다. 계속 쓰려면 유지 보수를 해야 하는 데 비용이 너무 높다는 게 결정적 문제였다. 노후한 톰캣은 1시간 비행을 위해 40시간을 점검해야 했다. 이런 상황에서 F/A-18 호넷이라는 후속기 후보까지 생겼다. 게다가 이 F/A-18 호넷의 정비 시간은 F-14의 절반이었다. F-14가 조기 퇴역하면 1억 5,500만 달러가 절약된다는 추산이 나왔다.

이런 와중에 이지스 함까지 나왔다. 이 배의 출현은 F-14의 존재 의미를 더욱 떨어뜨렸다. 스스로 목표를 추적하고, 공중은 물론 바다 속의 공격으로부터도 스스로를 지키기 때문이다. 서울-대전 거리 만큼 먼 곳의 적을 추적하고 격추시키는 F-14의 방공 능력이 더 이상 장기가 아니게 된 것이다. 또 항공모함을 보호한다는 본연의 역할도 빛을 잃기 시작했다.

결국 2006년 가을 F-14기들은 모두 퇴역했다. 종착지는 비행기 무덤. 아직도 성능에 있어 세계 최강을 유지하고 있는 만큼 당연히 부활을 기약하는 동면 상태에 들어가야 했다. 그런데, 정반대 결정이 내려졌다. 모두를 해체하라는 '장례식' 명령이 내려졌다. 그것도 해체 정도가 아니라 '분쇄' 하라는 것이었다. 그러니까, 부품 재생도 할 수 없게 완전 가루로 만들라는 얘기다.

이란이 보유한 F-14기 때문이었다. 미국은 이란이 우방이었던 지난 1970년 중반, 당시로서는 최신에 첨단기였던 이 비행기를 80대나 팔았다. 팔레비

(Palebi) 국왕이 정권을 잡고 있던, 미국으로서는 '좋았던' 때였다. 문제는 이후 이란에서 혁명이 일어났고, 현재까지 반미 정권이 계속되고 있다는 것이다. 30년이나 지난 지금까지 이란은 당시 F-14기를 보유하고 있다. 이란은 30년째 끊어진 부품 조달을 위해 혈안이 돼 왔다. 미국으로서는 퇴역 F-14기를 보존하거나, 우방에 판매하거나 할 상황이 아니게 된 것이다. 이런 와중에 이란이 민간 업자들을 통해 F-14의 중고 부품들을 비밀리에 불법 구입해 온 사실이 적발됐다. 즉시 해체하고, 그것도 '가루'로 만들라는 명령이 나온 것도 이 때문이다.

2007년 7월 비행기 무덤 근처 한 기지에서, 민간 폐품 업자들이 23대의 F-14기들을 해체하기 시작했다. 45톤의 '가위 손'이 양쪽 날개를 차례로 잡아 뜯었다. 몸통도 조각조각 뜯고 엔진도 잘라낸다. 바퀴를 내리는 착륙 기어는 너무 튼튼해서 용접봉으로 녹여, 잘게 나눠야 했다. 찢겨진 부품들은 곧바로 분쇄기로 들어갔다. '톱건'의 최강 전투기가 가루로 변신하는 순간이었다. 비행기 무덤에 들어온 165대 거의 전부가 순차적으로 이 같은 운명에 처하게 됐다. 한 대 3,800만 달러인 F-14기. 그런데 장례비는 23대에 고작(?) 90만 달러다.

'최강'이어서 더욱 억울한 F-14 톰캣의 장례식이었다.

슬픈 꽃단장, 팬텀의 장렬한 마지막 봉사

F-4 팬텀기는 우리에게 매우 친숙하다. 지금까지도 우리 영공을 지키고 있고, 지난 40여 년 간 우리의 주력 전투

폭격기였다. 우리나라에는 1969년 8월25일 F-4D 18대가 첫 인연이었다. 미국 이외로는 영국에 이어 세계에서 두 번째 F-4 운용 국가가 됐다. 우리나라는 F-4E 타입의 경우 오는 2020년까지 계속 운영하겠다는 방침이다. 이는 팬텀이 그만큼 '명품'이기 때문이다. F-14의 전임 함재기이기도 한 F-4는 1961년 첫 실전 배치되면서 "더 이상의 전투기는 없다"는 극찬을 받았다. 이후 미 공군도 이를 채택하고 전 세계 각국에서 도입을 서두르면서 모두 5,129대나 생산됐다. 이후 월남전에서부터 걸프전까지 위력을 발휘한 전투 폭격기의 고전이 됐다.

팬텀의 당초 예상 수명은 26년이었다. 그러나 미국을 제외한 다른 나라들은 짧게는 5년-10년, 우리나라의 경우 무려 20년 넘게 수명을 연장시켜 왔다. 결국 하늘의 별따기인 부품 구하기가 관건이었다. 우리 군수 관계자들은 민간 군수업체는 물론, 민간 항공사의 네트워크까지 동원했다. 그래도 안 되면 국내 기술로 만들어내기까지 했다. 무려 120종류나 된다.

그러나 미국은 예상 수명을 정확히 지켰다. 생산 연도에 따라 순차적으로 퇴역시켜 왔다. 비행기 무덤에 서 있는 팬텀들이 다 이들이다. 지난 1996년 F-4G의 퇴역을 마지막으로 미국은 더 이상 팬텀을 운용하지 않는다. 터키 등이 수십 대의 팬텀기들을 사갔지만 '무덤'에서 팬텀기 수가 가장 많은 이유다.

비행기 무덤의 팬텀기들은 요즘 부활 중이다. 다시 하늘을 날 수 있게 미이라 상태에서 회복 작업을 하는 것이다. 그런데 부활 작업이 좀 특이하다. 최신형 통신기기라든지 첨단 비행 장치는 결코 달지 않는다. 그저 날 수만 있게 회복시키는 것이다. 비행 시험이 끝나면, 바로 옆의 모하비 사막으로 보낸다. BAE 시스템. 모하비 사막에서 팬텀을 맞는 회사다. 모하비 사막에 숨겨진 이 회사의 첨단 작업장에서 팬텀은 '꽃단장'을 한다. 원격 조정기를 달고, 컴퓨터로 무인 조정하는 각종 첨단 장치를 붙인다. 알고 보니, 무인기로 변신중이다. 전방위 공중 표적기(Full Scale Aerial Target). 쉽게 말해 '공중 과녁'이 되는 것이다. 현역에서 무적이었던 '명품' 전폭기 팬텀의 마지막 봉사다. 미 공군 조종사들의 가상 적기가 돼, 공중전의 스파링 파트너 역할을 하는 것이다. 마하 2.2에, 일부 국가에서 오는 2020년까지 주력기로 운용하는 팬텀은 스파링 파트너로는 안성맞춤이다. 파키스탄의 무샤라프 전 대통령은, 이 표적기용 팬텀도 좋으니, 탈레반 소탕용으로 달라고 미국 측에 촉구하기까지 했을 정도다.

무인 팬텀기와 미 공군 조종사들과의 대결은 플로리다에 있는 틴들(Tydall) 기지에서 이뤄진다. 지상에서의 원격 조정에 의해 '공중 과녁'이 된 무인 팬텀기는 미 공군 조종사들과 공중전을 벌인다. 때로는 컴퓨터에 내장된 프로그램에 따라 미 조종사들을 맞기도 한다. 공중전에서 상대 비행기들을 혼란시킬 전자전 장비와 공격 회피용 첨단 장비를 완비한 채 실제 상황을 만들어낸다. 또 6대까지 동시에 편대 비행을 하며 미 공군기와 대결을 펼칠 수도 있다. 그러나 스파링 파트너는 결코 이기는 법이 없다. 미 공군 조종사가 쏜 미사일을 맞고 하늘에서 사라진다. 혹여 통제 불능이 될 경우에 대비해, 무인 공중 과녁 팬텀에는 자폭장치까지 달아뒀다. 또 별도의 추적기가 비행 내내 따라 다닌다. 그래서 모하비에서 하는 개조 작업은 '명품' 팬텀으로서는 장렬한 최후 봉사를 준비하는 슬픈 꽃단장이다. 비행기 무덤에서는

비행기는 죽어서 부품을 남긴다. 이미 수명을 다한 비행기 사이로 떼낸 부품들이 수북이 '채취'돼 쌓여있다.

112일마다 한 대꼴로 표적기용 팬텀기를 부활시킨다. 이를 모하비 사막의 시설로 가져가 완전히 표적기로 개조하는 데까지는 160일 정도가 걸린다. 한 대당 개조 비용은 130만 달러 내외다. 팬텀을 재활용하지 않고 별도의 새 표적기를 개발해 만들려면 18배 정도 더 들 것이라는 계산도 있다.

지난 1992년 이후 미 공군이 표적기로 전환한 팬텀기는 무려 220대 내외다. 오는 2013년까지 243대를 전환한다는 계획이다. 또 재고로 유지하고 있는 표적기 댓수도 80여 대나 된다.

곳곳에 숨어 있는 미국의
'전략 무덤'들

2008년 4월 21일 비밀스런 고별 비행이 있었다. '보이지 않는 비행기' 스텔스기들이었다. F-117A, 레이더에 잡히지 않는 세계 최초의 스텔스기였다. 1981년 첫 비행을 시작한 이래 27년 만의 완전 퇴역이었다. F-117A는 록히드 사의 전설적인 항공기 개발팀인 '스컹크 워크스 팀'(Skunk Works)이 개발해, 59대가 생산됐다. 1989년 미군의 파나마 침공 때 첫 실전 투입됐다. 1991년 걸프전쟁 때는 44대가 참전했다. 한 대도 추락하지 않으면서 상대에겐 엄청난 공포의 대상이 됐다. 우리나라에는 2007년 1월, 1개 비행대대가 이동 배치돼 4개월 간 머물렀다. 한 · 미 연합 전지 증원 연습(RSOI)에 참가하는 등 한반도 지역에서 작전을 펼치기도 했다.

이 비행기는 개발단계 때부터 베일에 가려졌다. 1981년 시험비행 이후에도 실물을 노출 시키지 않았다. 1988년에는 사진만 공개했고 1990년에야 실물을 최초 공개했을 정도다. 실물공개 전까지 10년간 스텔스기는 동이 트기 전에 기지를 이륙하는 것이 원칙이었다. 또 며칠간 임무를 수행하고 돌아올 때도, 어두워진 뒤에 기지로 돌아왔던 것으로 전해진다. 나이트 호크(night hawk)라는 별명과 딱 떨어지는 운용이었다. 그 정도로 미국은 이 비행기의 스텔스 기술과 임무 등에 철저히 보안을 유지했다. 그래서일까? 퇴역한 F-117A는 비행기 무덤으로 오지 않았다. 그들이 간 곳은 네바다 사막에 있는 또 다른 비밀 기지 토노파 비행 실험장(Tonopha Test Range)이었다. 미 공군은 이곳에서 F-117A의 날개를 분리한 뒤 동체를 영구보존할

하늘에서 본 비행기 무덤(Bone Yard). 여의도 1.5배 넓이에 4,500여대의 비행기 군단이 사막 위에 펼쳐져 있다. (영상 협조 : 미 공군 AMARG)

예정이다. 모습 자체도 비밀에 부쳤던 도입 초기 못지 않게 아직도 이 비행기는 기밀에 속한다는 것이다. 또 한때 모두 폐기하려던 계획도, 유사시에 대비해 보존한다는 쪽으로 전환한 것으로 전해졌다. 토노파 실험장은 스텔스기가 태어난 곳이다. 첫 시험 비행 이후 10년 간이나 철저한 비밀 속에 보호됐던 곳이다. 한 마디로, 미군의 기밀 '인큐베이터' 기지다. 비밀 계획에 따른 최신예기들이 보호받으며 개발되는 곳이다. 실전 배치에 앞서 보안을 유지하며 실험 비행을 실시하는 곳이다. 스텔스기 외에도 막강 U-2 정찰기와 SR-72기 등 아직도 베일에 싸인 당대 첨단기들의 탄생들과도 연계돼 있다. 한 때 이곳에서는 구 소련의 미그기에 맞서는 비밀 훈련이 펼쳐지기도 했다. 실제 미그기를 띄워 미 공군 조종사들이 공중전 훈련을 했다.

1977년부터 1988년까지 무려 11년 간이었다. 그동안 이건 기밀이었다. 미 공군은 2006년 이를 공개해도 특정인이 해를 입을 소지가 없다고 판단했다. 미그기가 전시돼 있는 오하이오 주 데이턴(Dayton)의 공군박물관에서 기자회견을 통해 비밀을 해제했다. 훈련 과정에는 모두 25대의 미그기가 동원됐다. 미그기는 미 공군과 해군, 그리고 해병대의 조종사들이 몰며 훈련을 이끌었다. 신참 조종사들은 당시 막강했던 미그기 성능에 감탄하며 흥분했다고 한다. 이 '미그기 잡기' 훈련을 거친 조종사는 6천 800여 명. 미 공군의 전투 조종사 출신 장성급이라면 다 훈련을 받았다고 볼 정도였다. 이 훈련 과정에서 미그기를 몰던 조종사 2명이 사망했던 것으로 나타났다. 그렇지만 미그기를 어디에서 또 어떻게 구입했는지에 대해서는 아직도 비밀이다. 미 공군은 소련 위성이 도는 시각에는 미그기를 격납고에 숨겨뒀다. 아니면 이륙을 시켰다. 훈련 중 미그기가 엉뚱한 기지에 비상 착륙하는 경우도 있었다. 미그기를 본 해당 기지 요원들에겐 비밀준수 서약을 받았다. 또 미그기 운용 요원들은 신분 노출을 꺼려 민간인 복장을 하고 다녔다. 토노파 기지는 아직도 최고의 비밀 기지다. 미국 정부도 토노파 기지의 존재에 대해서는 단순 시인 이상의 구체적 언급은 피한다. 이처럼 '비행기 무덤' 이상 가는 숨겨진 미국의 '전략 무덤'들은 곳곳에 있다. 비행기 무덤 근처 사막에만도 10여 개 이상의 알려지지 않은 기지들이 산재해 있다.

세계 최강의 미국은 그냥 이뤄지는 게 아니었다.

3장. 글로벌 호크, '전작권의 눈'을 찾아라

'전작권의 눈'을 사겠다는 전 정부에게는, MTCR 규정을
근거로 차갑게 거절하던 미국이, 연기하겠다는
한국의 새 정부에 대해서는 '동맹의 본보기'로 팔겠다고 한다

미국인들도 모르는
미국 속 이야기

미국 속의 총

미국 속에 감춰진 비행 군단

미국 속의 한국 다루기

미국 속의 핵

미국 속의 정권인수

미국 속의 독도

미국 속의 조선

방송 기자로서 워싱턴 특파원의 삶은 고달프다. 메인 뉴스인 9시 뉴스를 준비하려면 새벽 3시쯤 출근해야 한다. 9시 뉴스를 제작해 송출하고 나면 그날의 취재 일정이 기다리고 있다. 때문에 특파원들의 이메일 체크는 가히 강박적이다. 미 국무부 등 주요 미 국가 기관을 비롯해, 각종 이익단체들까지 모든 취재 일정들이 이메일로 우선 전달된다. 일단 이메일 일정이 체크돼야, 해당 기관이나 취재원에게 전화해 구체적인 것을 알아낼 수 있다. 개중에는 불과 1-2시간 전에 보내오는 급박한 일정들도 많다. 하루에 받는 이메일 수는 백여 통이 거뜬히 넘는다. 특파원은 정치, 경제, 사회, 문화 할 것 없이 그 나라의 모든 분야를 다 책임져야 하기 때문이다. 그 중에서 이른바 "얘기되는" 보석을 캐내는 건, 품이 많이 드는 일이다. 그러나 가끔 이 품이 드는 노동 중에도, 피로가 싹 가시는 낭보를 맞는 경우가 있다. 오래 전에 퇴짜 맞았던 취재 요청 건에 대해, 상황 반전으로 OK 답이 왔다든지, 수개월 또는 해를 넘겨가며 취재 섭외를 했지만 묵묵부답이던 취재원이 갑자기 연락을 해 온다든지 하는 경우다.

글로벌 호크(Global Hawk)도 그런 경우였다. 미국에게도 차세대라는 최첨단 무인 정찰기. 오는 2012년 전시 작전 통제권 인수를 앞둔 우리에게 절실하다며, 노무현 정부가 예산까지 먼저 세워놓고 구매를 원했던 비행기였다. 도대체 이 비행기가 뭐 길래……. 저널리스트로서 호기심이 동하는 건 당연한 일이었다.

미 국무부와 국방부, 그리고 해당 비행기 제작사인 노스롭 그루먼(Northrop Grumman) 사와 접촉을 시작했다. 미 공군과 국방부, 노스롭 그루먼 사 모두가 승인을 해야 하는 복잡한 취재였다. 더욱이 외국 언론사에게는 실물을 공개한 적이 없다는 것이었다. 앞서 스텔스 전폭기를 개발하고도 10년이나 실물 공개를 하지 않았던 미국 아니던가? 글로벌 호크는 미국으로서도 민감한 기종이었다.

해를 넘긴 취재 허락

노스롭 그루먼 사 측의 대외 담당관 L 씨는 참 호감이 가는 타입이었다. 영국식 영어 느낌이 나는 반듯한 발음만큼이나, 일처리도 깔끔했다. 미국에서 특파원 생활을 하면서 가장 의아했던 것은 심심찮게 맞닥뜨리는 이른바, 미국식 행정 처리 방식이었다. 되는 것도 안 되는 것도 없다는 식의, 무성의한 일 처리, 아니면 곤란한 건 이 핑계 저 핑계를 대면서 아예 거절부터 하고 마는 소극적 태도였다. 그러나 그녀는 달랐다. 내가 주문하는 모든 것을 구체적으로 체크하고, 할 수 있는 것과 없는 것을 미리 알려줬다. 그리고 할 수 없는 것에 대해서는 대안을 내놓았다. 그렇게 전화와 이메일을 주고받은 지 수 개월. 그녀의 최종 답은 "미스터 이(Mr. Yi), 아무래도 다음 기회를 생각하시는 게 좋겠네요." 였다. 당시는 노무현 정부가 마감된 지 얼마 안 된 시기였다. 전작권 인수를 추진한 노무현 정부는 글로벌 호크에 대해 비상한 관심을 가졌다. 때문에 2005년 6월 일찌감치 글로벌 호크의 구매 의사를 미국에 전달해 놓은 터였다. 이후에도 국방부와 방위 사업청 관계자들이 한미 연례 안보 협의회(SCM) 등을 통해 거듭 도입 의사를 밝혔다. 그러나 미국은 묵묵부답이었다. 미국이 핵심기술 유출을 우려한다는 설까지 은근히 흘러나왔다.

노무현 정부 시절 한미 관계 때문이라는 것이다. '동맹' 보다 '민족' 을 앞세운 당시 한국 정부에 최첨단 전략무기를 판매해선 안 된다는 여론이 미 국방부 등에 팽배했다는 말까지 나왔다. 결국 글로벌 호크의 도입 계획은 2008년에서 2011년으로 연기됐다.

해가 바뀌고 새 정부가 들어선 지 상당시간이 지난 2008년 4월 혹시나 하는 맘으로 L씨에게 다시 이메일을 했다. 그저 안부를 묻는 정도, 그러면서, 취재 가능성을 다시 한 번 타진하는 탐색 수준의 이메일이었다. 그러고 한참 잊고 있었던 어느 날, 그녀로부터 이메일이 왔다. 취재가 가능할 것 같다는 말이었다. 물론, 당초 요구했던 글로벌 호크 생산 시설은 곤란하다고 했다. 그러나 글로벌 호크가 운용되고 있는 에드워즈 공군기지를 공개하겠다는 것이다. 취재를 맘먹은 지 한 해가 다 돼가는 시점이었다.

또 다시 사막으로

수도 워싱턴에서 LA까지는 비행기로 5시간 반 정도. 에드워즈 기지(Edwards Air Force Base)를 가려면 북서쪽으로 100마일을 더 달려야 한다. 서울 대전 거리 정도의 길을 달리다 보면 주위 풍광은 어느새 삭막해 지기 시작한다.

사막, 모하비(Mojave) 사막이다. 비행기 무덤이 있는 소노라 사막과 맞붙어 있는 거대 사막이다. 모하비 역시 미국식 사막이어서 연중 비행이 가능한 맑은 날씨를 보장한다. 에드워즈 기지의 장점이다. 사막 지역이니 인구밀집 지역과 동떨어져 있는 건 당연하다. 자유자재, 언제 비행해도 민원이

에드워즈 공군기지의 격납고에서 만난 첨단 무인 정찰기, 글로벌 호크기. 한국 언론에는 처음으로 공개한 실물이다.

들어올 리 없다. 지형도 특이하다. 고도가 가장 낮은 지역과 가장 높은 지역이 연이어 있다. 다양한 경우를 가상한 시험비행을 해내기에 매우 적합한 환경이다. 여기에 로저스 호수(Rogers Lake)라는 건조 호수가 있어서 자연 비상 활주로까지 제공한다. 때문에 에드워즈 공군기지는 미 공군과 해군의 최신 항공기 실험실이다. 공개 전에 실험과 시험 비행을 맘껏 해낼 천혜의 조건을 갖춘 덕이다. 에드워즈라는 기지 이름도 이 기지에서 시험 비행을 하다 순직한 시험 비행사의 이름을 딴 것이다.

에드워즈 공군기지의 면적은 1,218㎢다. 서울 면적의 거의 두 배다. 1942년에 세워진 이래 이곳에서는 미국 최초의 제트 비행기 시험 비행을 했고,

우주 왕복선의 이착륙이 이뤄지는 주 기지가 돼 왔다. 또 최근에는 미국의 차세대 주력 전투기로, 최첨단기인 F-22 랩터(Raptor)와 또 다른 첨단기인 F-35 라이트닝(Lightening)기가 이 기지에서 최종 실험을 거쳤다. 그리고 바로 글로벌 호크도 이 기지에 있는 것이다.

아침 9시까지 만나기로 했지만, 좀 일찍 도착했다. 기지는 삼엄 그 자체였다. 동양의 취재진을 못내 신기한 듯 반겨주던 비행기 무덤의 초소 분위기와는 사뭇 달랐다. 비행기 무덤처럼 용역 보안 요원들만 있는 게 아니라, 현역 군인들이 초소의 주류였다. 기지 연락관인 J씨는 정확하게 9시에 사무실 전화를 받았다.

J씨를 태우고 곧바로 글로벌 호크가 있는 곳으로 직행했다. J씨는 과묵한 편이었다. 글로벌 호크에 대해 많은 주변 질문을 던졌지만, 자기 소관이 아니라며 인터뷰자로 선정된 기지 대대장에게 물어보라는 말만 했다. 글로벌 호크에 관한 한, 보안에 각별한 신경을 쓰는 분위기가 역력했다.

글로벌 호크는 눈에 잘 띄지 않는 평범한 격납고에 있었다. 드넓은 기지의 구석진 한 모퉁이였다. 격납고에 들어가는 것도 기다려야 했다. 노스롭 그루먼 사 측 사람들과 기지의 관련 전문가들을 기다렸다. 노스롭 그루먼에서는 L씨가 한 중견간부와 함께 왔다. 빌 워커(Bill Walker) 무인기 담당 팀장이었다. 기지 측에서는 시험 비행, 지원, 장비 등 각 분야의 전문가들이 왔다. J씨가 마지막으로 룰을 정했다. 갖가지 까다로운 룰이 있었지만 가장 중요한 건 역시 글로벌 호크의 보안에 관한 것이었다. 격납고에 들어가면 글로벌 호크가 여러 대 있는데, 상당수가 상반부 덮개를 열고, 레이더를 정비 중이라는 것이다. 바로 이 덮개 열린 상반부 부분은 기밀이니 촬영해서는 안 된다는 게 그중에서도 가장 지엄한 1번 룰이었다.

인공위성급 정찰기

70년대 세계적 베스트셀러 소설이었던 "갈매기의 꿈"(원제: Jonathan Livingstone Seagull)에서, 조나단 리빙스턴 시걸이라는 주인공 갈매기가 한 유명한 말이 있다. "가장 높이 나는 새가 가장 멀리 본다(The Gull Sees Farthest Who Flies Highest.)" 군용기, 특히 정찰기에 있어서 이는 진리다. 하기야 이 소설을 쓴 리처드 바크(Richard Bach) 자신이 공군 조종사 출신이었다.

정찰기가 높이 날아야 하는 결정적인 이유는 하나 더 있다. 정찰의 안전을 위해서다. 정찰기의 존재 가치가 급부상한 건 2차대전 이후 부터였다. 미·소 냉전이 심화되면서, 적의 군사력 파악이 절실해졌기 때문서. 초기에는 기동성이 뛰어난 기존 전투기나 공격기에 정찰 장비를 탑재해 개조하는 식이었다. 정찰기의 안전을 도모하는 유일한 길은 적기의 요격에서 신속히 도망가는 것이었고, 속도에 있어 전투기나 공격기가 최선이기 때문이다. F-4C 팬텀기를 개조한 RF-4C가 대표적인 종류다. 'R'이 하나 더 붙었으니 '정찰'(Reconnaissance)기가 된 것이다.

RF-4C의 경우, 측방감시 레이더를 달았다. 비행하면서 양측에 나오는 지형을 레이더 화면으로 포착하고 필름에 수록하는 것이다. 또 야간 정찰을 위해 적외선 탐지장치와 파노라마식 카메라도 장착했다. 이처럼 개조형 정찰기는 최근까지도 애용되고 있다. 운용상의 편의성과 정비, 보급상의 경제성까지 있어서다.

시간이 흐르면서 정찰기의 기능은 더욱 강화됐다. 전선 근접 지역의 소규모 목표를 정찰하는 전술 정찰기와 거대 전략 목표를 정찰하는 전략 정찰기로 분화도 일어났다. 앞서 언급한 RF-4C는 전술 정찰기에 속한다. 냉전이 깊어지면서 전략 정찰의 비중은 더 커졌다. 적 본토 깊숙한 후방에 위치하고 있는 표적을 정찰할 일이 점점 더 많아진 것이다. 단순히 전투기를 개조한 정찰기로는 임진을 담보힐 수 없게 됐디. 적 전투기보디 훨씬 빼르기니, 이니면 적의 레이더나 대공 미사일, 요격 전투기가 따라 올라올 수 없는 높은 고도로 날아다니는 능력이 있어야 한다.

적의 요격 전투기보다 빠른 대표적인 전략 정찰기가 SR-71이다. 마하 3.2의 속도로 1시간에 한반도보다 넓은 26만㎢ 지역을 정밀 정찰해 촬영까지 해 온다. 적이 발견하고도 잡을 수가 없는 속도다. 요격 전투기를 발진 시켜 봤자 이미 도망가고 없는 것이다. 또 구 소련제 대공 미사일의 속도는 마하 2.5니 역부족이다. 게다가 공중 급유 없이 5천㎞ 내외를 날아다닌다. 오키나와 카데나(嘉手納) 기지에서 발진해 동해를 따라 북상한 뒤, 눈 깜짝할 새 북한 전역을 훑고 내려오곤 했다. 1968년 4월 이후 21년 간 월 평균 6차례나 거침없이 북한 전역과 극동지역을 훑어가던 이 정찰기는 북한에겐 곤혹스런 불청객이었다. SR-71을 격추하려는 시도는 여러 번 있었지만 격추된 SR-71은 한 대도 없다.

놀랍게도 SR-71은 1950년대 말에 개발됐다. 그런데 속도는 아직까지도

SR-71 블랙버드.

세계 최고다. 다만 운영, 유지비가 비싸 1990년 초 퇴역을 시작했다. 앞 장에서도 언급했듯 지금은 비행기 무덤에 서 있다. 퇴역 초기 미국 의회는 언제든지 필요하면 재취역하는 것을 조건으로 달기도 했을 정도로 이 정찰기의 위력은 아직도 유효하다. 이 비행기의 당초 이름은 RS-71이었지만 당시 존슨(Lyndon Johnson) 대통령이 발표를 하면서 잘못 읽어 SR-71이 공식 명칭이 됐다는 게 후일담이다. 이 때문에 미국은 각종 공문서에서 명칭을 고치느라 수십만 달러가 들었다는 얘기까지 있다.

정찰기를 모두 SR-71처럼 만들 수는 없다. 높이 날아 레이더에 걸리지 않고 조용히 적지에 침투하는 것도 방법이다. 또 발각 돼도 너무 높아 적의 대공 미사일은 물론 전투기조차 올라오지 못하도록 하는 게 중요하게 됐다. 그래서 생겨난 대표 기종이 U-2기다. SR-71의 전임자 격인 이 정찰기는 지상 20km의 엄청난 고고도를 날아다닌다. 지구의 대기권 높이와 거의 같은 높이다. 말만 비행기지 인공위성급 높이에 있다는 얘기다. 그래서 U-2기 조종사들은 우주인들과 같은 성격의 특수 조종복을 입는다. 전신을 압박해 대기권의 낮은 기압을 이기게 하는 조종복(full pressure suit)이다. 사실 초기 미 우주복은 U-2기 같은 초고고도 정찰기의 조종복을 모델로 했다.

통상 전투기들의 활동 고도는 지상 10~12km다. 최첨단 전투기 F-15기라면, 이론상 20km 정도까지 날아오를 수는 있다. 그러나 이 정도 고도에서는 산소가 희박해 곧바로 내려와야 한다. U-2를 도저히 따라잡기가 힘든 것이다. 게다가 U-2는 엔진을 끈 상태에서 활공(gliding)할 수도 있다. 레이다에 안 걸리고 적지에 들어갈 가능성이 높은 것이다.

U-2기도 1950년대 비행기다. 1954년 극비리에 개발됐다. SR-71이 북한을 괴롭혔다면, U-2기는 구 소련을 제집 드나들 듯하며 자극했다. 1957년부터 맹활약을 시작했다. 타이완을 통해 중국본토도 정찰했다. 베트남전과 쿠바 위기 등에서도 맹활약했다. 그러나 이 천하무적 U-2기도 1960년 구 소련의 대공 미사일에 격추됐다. 이날도 처음에는 U-2기가 유리했다. 구소련은 U-2를 향해 전투기를 발진했지만, 평소처럼 U-2의 비행 고도 바로 밑에서만 맴돌았다. 당시 소련 최고 통치자 후르시초프는 '어떤 댓가를 치르더라도' 반드시 이 비행기를 격추시킬 것을 명령했다고 한다. 때문에

전투기가 U2기로 돌진하는 자살 공격까지 시도했다. 그러나 도저히 U-2의 고도를 올라갈 수 없었다. 그러자 새로운 전략을 썼다. 무려 24발의 미사일을 동시에 쏴 '미사일 그물'을 만든 것이다. 결과적으로 U-2는 추락했다. 그러나 추락 원인은 아직도 미스터리로 남아 있다. 미사일에 격추됐다고 보기에는 U-2기의 동체 파손이 너무 미미했다. 그래서 여러 가지 가설들이 나왔다. 그중 하나가, 대공 미사일의 직접 격추가 아니라 어처구니없는 우연이라는 설이다. 즉, '미사일 그물망'에 걸린 건 U-2기가 아니라, 바로 아래에서 맴돌던 소련의 전투기였다는 것이다. 미사일에 맞은 소련 전투기는 폭발했고, 그 충격이 U-2에 전달됐다는 것이다. 기체가 매우 취약한 U-2는 이 간접 충격에도 꼬리 부분이 날아가 버렸고, 치욕의 첫 격추를 기록하게 됐다는 얘기다. 이 설을 뒷받침하듯, 추락 U-2기 조종사가 비상 탈출을 하는데 보니, 소련 전투기 조종사 하나가 역시 비상 탈출 낙하산을 타고 있더라는 또 다른 설까지 나왔다. 어쨌든 이후 구 소련 정찰은 상당히 위축됐다. 이는 SR-71을 후속으로 개발하는 계기가 됐다. 지금은 U-2의 개량형인 U-2R, U-2S 등이 주한 미군 등에서 핵심 전력으로 사용되고 있다. 오산 공군기지에 배치된 U-2S 3대는 교대로 휴전선 근처 상공을 비행하면서 평양 이북까지 손바닥 보듯 한다. U-2S의 경우 적 후방 300km까지 촬영하고, 감청과 전자정보 등 신호정보 수집능력은 500km까지 미친다. 지난 99년 연평해전 때도 북한의 움직임을 감시하는 데 핵심적인 역할을 한 것으로 전해진다. 가히 인공위성급이다. '인공위성급' 정찰기 U-2기도 2007년부터 퇴역을 시작했다.

2011년부터는 전혀 차원이 다른 '인공위성급' 정찰기로 대체된다. 바로

비행중인 U-2기.

글로벌 호크다. 글로벌 호크 또한 대기권과 거의 같은 수준인 지상 20km에서 정찰을 한다. U-2기는 격추됐지만, 글로벌 호크는 그럴 가능성이 0%에 가깝다는 평이다. 글로벌 호크의 정찰장비와 능력이 비교할 수 없게 월등하기 때문이다. 요격하러 올라오는 비행기가 됐건, 미사일이 됐건, 먼저보고 먼저 피해버린다는 것이다. 이륙과 비행 착륙을 자동으로 시켜주는 자동 비행 프로그램 안에, 위협을 감지하도록 하는 기능이 깔려 있다. 이른바, 위협 경보 수신기(Threat Warning Receiver)다. 또 전자 대응장치(Electronic Countermeasure)로 이들 공격 물체를 따돌릴 수도 있다. 게다가 인공위성을 능가하기까지 한다. 체공능력이다. 한 지점에 최대 하루동안 멈춰 서서 계속 감시할 수 있다. 글로벌 호크 비행 시험 담당관인 존 페인(John Feign)씨는 "정찰 위성은 제 아무리 우수해도 궤도를 계속 돌아야 합니다. 한 곳에 멈춰 설 수가 없죠. 적들은 미리 위성 시간을 파악해 숨으면 됩니다. 그러나 글로벌 호크에게는 그런 게 통할 수 없습니다. 위성이 못잡는 것을 글로벌 호크는 잡아내는 거죠."라며 어깨를 으쓱한다. 게다가 대기권 밖에 있는 위성보다는 글로벌 호크가 훨씬 더 정밀 감시가 가능하다는 설명도 잊지 않는다.

연 날리듯 날리는 비행기

글로벌 호크의 이륙은 의외로 간단하다. 극단적으로 단순화하면 비행기 오른쪽 머리 옆에 붙어있는 시동 단추 하나만 올려주면 끝이었다. 에드워즈 기지에서 글로벌 호크 지원을 담당하고 있는 데릭 브라운(Derek Brown) 씨는 "쉽게 말하면 출근할 때, 자동차 키로 시동을 걸 듯, 이 단추를 위로 올려주기만 하면 비행기는 시동이 걸리고 이후에는 알아서 모든 걸 처리하게 된다."고 설명했다. 입력된 이착륙 프로그램에 따라 자동으로 움직인다는 얘기다. 입력된 프로그램과 실제 상황을 조화시키는 건, 글로벌 호크에 장착된 위성항법 시스템(GPS)이다. 이착륙 때 글로벌 호크의 동체와 이착륙할 실제 위치를 맞춰 준다. 마치 사람이 타고 있는 것처럼 이착륙을 시키는 것이다. 사람이 할 일은 활주로 곁의 작은 컨테이너 박스 안에서 컴퓨터를 통해 모니터 하는 것밖에 없다. 때문에 일반 항공기처럼 긴 활주로도 필요 없고, 관제탑이나 관제 요원 같은 이착륙 시스템이 없어도 된다. 웬만한 이륙 시설만 있으면, 어디서나 마치 연을 날리듯, 날려보내기도 하고, 불러들일 수도 있는 것이다. 이는

글로벌 호크 이륙 모습. 시동단추만 올리면 프로그램에 의해 자동으로 이착륙한다.
활주로 옆 작은 컨테이너 박스 안에서는 비행경로 모니터가 이뤄진다.

기존 SR-71이나 U-2에 비해 월등한 강점이다.

예를 들어, SR-71하면 생각나는 광경이 있다. 착륙할 때는 꼬리에서 꼭 양
산 모양의 낙하산이 펴진다. 마하 3.2라는 엄청난 속도를 착륙할 때까지
완전히 줄이기가 어렵기 때문이다. 게다가 초음속 비행으로 동체가 섭씨
250℃~300℃까지 과열되고 동체길이가 22㎝나 늘어나는 것으로 알려졌
다. 착륙 후 30분간은 접근 금지일 정도여서, 착륙 때마다 '유사시' 대비는
필수였던 것으로 전해진다. 실제로 월남전이 한창이던 지난 60년대, 오키
나와 기지에 착륙하던 SR-71기가 사고를 내기도 했다. 게다가 한번 임무
수행을 위해서는 18~24시간의 준비 시간이 필요하다. 비행계획, 정찰장비

미 캘리포니아주의 글로벌 호크 작전 통제실(MCE). 조종사들은 이곳에 앉아서 이라크 상공의 글로벌 호크를 조종한다. 원격 조종으로 혼자 3대까지 동시 조종이 가능하다.

장착, 조종사 준비 외에 엔진 시동에 많은 시간이 걸렸기 때문이다.

또 다른 전설적 정찰기 U-2기도 문제가 있었다. 고도로 날기 위해서는 무게를 줄여야 했기 때문이다. 30.9m나 되는 거대한 날개를 동체에 고정한건 볼트 단 세 개로 알려지고 있다. 이러니 전체 구조는 약할 수밖에 없다. 더욱 문제는 이착륙 바퀴였다. 고정 바퀴는 동체 앞과 뒤에 자전거처럼 일렬로 딱 두 개가 붙어 있다. 그러나 동체의 2배인 날개에도 보조 이착륙 바퀴를 달아야 중심이 잡힐 터. 무게 때문에 고정 바퀴 형태로는 달수가 없었다. 궁여지책으로 생각해 낸 게 탈부착씩 임시 바퀴였다. 임시 바퀴로 일단 이륙을 돕고, 동체가 땅에서 떨어지는 순간 떼어내는 식이었다. 착륙 때는 날개에 바퀴가 없으니, 긴 날개가 그대로 활주로에 닿는 고난도의 기술이 필요했다. 노스롭 그루먼 사에서 온 빌 워커 팀장이 바로 이 U-2기 조종사 출신이었다. U-2기의 활약상을 말하며 엄지를 치켜들던 그도, 바로 이 이착륙 문제를 얘기할 때는 고개를 절레절레 흔들었다. U-2기를 모는 조종사들은 정말 대단한 사람들이라는 얘기를 잊지 않았다.

글로벌 호크는 이 같은 측면에서 쟁쟁한 전임자들보다 월등한 위치에 있다. 특히 U-2기의 경우, 하루 운영비가 5만 달러 정도 들고, SR-71의 경우 그 열 배가 든다지만, 글로벌 호크의 운용 비용은 하루 1만 달러 정도로 알려져 있다. 그만큼 경제성에 있어서도 앞선다는 얘기다.

리모컨 조종, 미국에 앉아
이라크를 들여다본다
버튼 하나로 이륙한 글로벌 호크는 리모컨으로 조종된다. 물론 임무에 맞춰, 미리 비행경로와 방향 등이 다 입력돼 있어, 통상적으로는 조종이 필요 없다. 알아서 다 하기 때문이다. 그러나 필요한 경우, 리모컨으로 얼마든지 수정할 수 있다. 리모컨으로 하는 원격 조종의 거리도 상상을 초월한다. 미국에 앉아서 이라크 상공의 글로벌 호크를 조종할 수 있다. 글로벌 호크를 날리는 장소와 글로벌 호크를 조종하는 장소가 달라도 되기 때문이다.

예를 들어 글로벌 호크는 이라크 전장 부근에서 이륙을 시킨다. 이륙 후 글로벌 호크의 움직임은 미국 본토의 작은 통제실에서 다 포착해 지켜볼 수 있다. 글로벌 호크에 달린 첨단 통신기기 덕분이다. 원격 조종은 미 본토의 이 작은 통제실에서 글로벌 호크의 통신기기로 직접 명령을 내려 이뤄진다. 원격 조종이지만 글로벌 호크의 조종은 실제 정찰기 조종사가 맡는다. 실전 경험을 바탕으로 사람이 탄 것처럼 정찰이 이뤄지는 또 다른 이유다. 그것도 한 명이 동시에 세 대를 조종할 수 있단다. 노스롭 그루먼사 비행 시험 담당 짐 페인 씨의 설명이다. 한 대를 모는 데 2-3명이 필요한 유인 정찰기와는 비교가 안 되는 효율이다. 이런 식으로 해서 이라크전에 투입된 글로벌 호크들은 미 본토 캘리포니아에 있는 빌(Beal) 공군기지에서 조종했다. 여기에 글로벌 호크는 비행시간이 엄청나다. 그 대단하다는 U-2기도 한번 떠서 12시간 이상 작전을 수행할 수 없다. SR-71도 10시간 정도, 최고 속도인 마하 3대로는 1시간 30분 정도다. 글로벌 호크는 이들 전임자들과는 차원이 다르다. 2001년 3월 21일 뉴멕시코 주에 있는 미군 화이트 샌드 미사일 레인지(White Sand Missile Range)에서 글로벌 호크는 30시간 24분을 날았다. 무인기 부문 세계 최장 비행기록이었다. 뿐 아니라 현존 세계 정찰기 가운데서도 가장 오래 나는 기록을 세웠다.

이 같은 장시간 비행의 비결은 글로벌 호크의 구조에 있다. 글로벌 호크는 동체길이가 14.5m인 데 비해, 날개폭이 39.9m나 된다. U-2기처럼 날개 대 동체에 비율이 거의 3:1이다. 그만큼 비행효율이 높다. 날개도 U-2기보다 9m 정도 더 길다. 따라서 30시간을 넘어 최고 36시간, 그러니까 꼬박 하루 반까지도 날 수 있다는 분석이 나오고 있다. "일반 정찰기 4-5대, 그리고, 아직도 현존 최고 정찰기라는 U-2기 3대 몫을 해내는 셈"이라고 빌 워커 팀장은 설명했다. 글로벌 호크는 한번에 5천km를 날 수 있다. 워커 팀장은, "직선거리로 따지면, 우리나라에서 동북아는 물론이고 북극과 적도 지역까지 정찰이 가능하다는 얘기"라고 말했다. 북한만으로 국한할 때도 한 번 비행에 24시간이면 전역을 샅샅이 감시하고 돌아올 수 있다는 계산이다. 글로벌 호크 서너 대만 있으면, 교대로 떠서 일 년 내내 북한 전역을 손바닥 보듯 들여다본다는 설명이다.

U-2기나 SR-71처럼 눈에 띄지도 않는데다, 다행히 포착한다 해도 미사일로 격추가 어렵다. 그렇다고 위성처럼 한 곳에 머물지 못하고 지나가 버리는 게 아니다. 오히려 하루 종일 한 곳에 지켜 서서, 내려다 볼 수도 있다. '눈뜨고 당한다.'는 게 이 경우에 속한다. 글로벌 호크를 우리가 운용한다면, 북한으로서는 위협일 것이다.

20㎞ 높이에서 30㎝
물체 식별
글로벌 호크는 높이 나는 것만 아니라, 자세히 보는 정밀 정찰 능력에 있어서도 인공위성급이다. 글로벌 호크의 눈은 동체의 아랫부분에 모여 있다. 레이더와 적외선 감지기, 전자 광학 감지기로 구성돼 있다. 우선 레이더가 특별하다. 이 레이더는 이동하면서 목표물에 레이저파를 쏜다. 물체에 부딪쳐 반사되는 레이저파는 컴퓨터를 이용해 신호로 분석한다. 분석된 신호는 합성돼 영상으로 만들어진다. 그래서 이름이 합성 조리개 레이더(Synthetic Aperture Radar:SAR)다.

글로벌 호크의 이 SAR 레이더는 최첨단에 속한다. 레이저파를 이용하기 때문에 구름을 뚫고 촬영이 가능하다. 낮밤도 관계없다. 뭣보다도 해상도가 최고 30㎝다. 글로벌 호크의 상승고도를 감안해 정리해 보자. 20㎞ 높이의

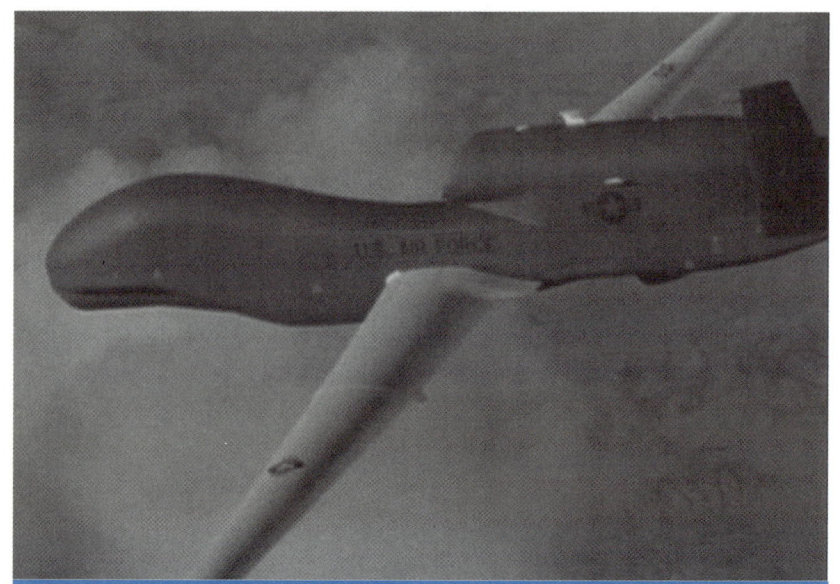

글로벌 호크는 지구 대기권 높이까지 난다. 그곳에서 지상의 30cm 물건까지 본다. 기수 아래 부분에 두 개의 감지기, 날개 앞쪽에 SAR(합성조리개 레이더)가 '인공위성급' 정찰능력의 핵심이다. 위성보다 강한 건, 한 곳에 멈춰 서서 24시간 관찰도 한다.

거의 대기권 끝자락에서, 까마득한 땅 위의 30cm짜리 물건까지 훤히 들여다본다는 얘기다. 우리가 2006년에 발사 성공한 무궁화 5호 위성의 해상도가 1m다. 명색이 인공위성인 무궁화 5호보다 세 배 이상의 높은 해상도다.

글로벌 호크의 SAR은 또 사용할 수 있는 방식이 세 가지나 있다. 앞서 설명대로 최고 해상도를 보려면 30cm의 물체를 1개의 점으로 표시하는 모드를 활용한다. 이 방식으로는 24시간 동안 7,600km²에 이르는 지역을 필름에 담을 수 있다. 해상도를 조금 낮춰 1m짜리 물체까지 보게 할 수도 있다. 이렇게 하면 훨씬 넓은 지역을 촬영할 수 있다. 이른바, 광역 탐색모드(Wide

Area Search mode)다.

이 방식을 쓰면 24시간 동안 138,000㎢의 지역을 정찰하고 촬영할 수 있다. 북한 땅보다 약간 넓은 지역을 하루 만에 촬영하고도 남는 것이다. 또 움직이는 표적을 탐지할 수도 있다. 이동 표적 추적모드(Moving Target Indicator mode)다. 1분 안에 15,000㎢지역에서 시속 7.5㎞ 이상으로 움직이는 모든 표적을 탐지할 수 있다. SAR이 이 같은 역할을 할 수 있도록 하는 게 두 개의 감지기들(sensors)이다. 전자광학(Electro Optical: E/O) 감지기와 적외선(Infrared: IR) 감지기다. 에느워스 공군기시의 글로벌 호크 시험 대대를 맡고 있는 앤디 털링(Andy Terling) 대대장은 이 두 센서가 서로 보완하면서 작동한다고 설명한다. 열이 많은 정찰 대상은 적외선 감지기가 맡는다. 적외선 감지기의 정밀도는 '제 3세대'라는 수식어가 붙을 정도다. 상대적으로 차가운 건 전자광학 감지기가 맡는데 고해상도 카메라가 움직인다. 이 두 개의 감지기와 SAR이 하나로 묶여 움직이면서 초정밀 정찰과 촬영을 가능하게 하는 것이다.

이 때문에 짙은 구름은 물론이고, 심각한 모래 바람 등 일반 정찰기는 할 수 없는 악천후 속 정찰이 가능하다. 실제로 시험비행 단계에서 서둘러 이라크 전선에 투입된 초기 모델의 글로벌 호크가 300대의 탱크와 13개의 대규모 지대공 미사일 요새는 물론이고 포대와 이동기, 동체 등 420건의 미사일 관련 시설을 찾아냈다. 글로벌 호크의 또 다른 강점은 이렇게 초정밀 정찰된 결과물이 바로 바로 전투 단위까지 공급된다는 것이다. 정찰된 화면과 정보가 인공위성을 통해 실시간으로 전송되는 것이다. 더욱이 전송된 화면과 정보는 인터넷으로 쉽게 올려진다. 이 때문에 최전선 부대들이 이 영상

정보를 받아 곧바로 작전으로 연결할 수 있는 것이다.

글로벌 호크의 첫 투입은 지난 2001년에 이뤄졌다. 앞서 언급했듯 시험 비행을 이제 막 서둘러 끝낸 시제품 단계였다. 모래 바람과 기후 변덕이 극심한 이라크와 아프가니스탄 전선에서 워낙 다급했기 때문이었다. 이후 사실상 첫 번째 모델인 블록 10형(Block 10 Type)은 9대가 생산됐고, 2006년까지 인도됐다.

블록 10보다 날개와 기수 부분을 좀 더 크게 한 블록 20형은 2006년 8월부터 나왔다. 커진 면적에 더 많은 정찰 장비를 탑재하게 돼 성능이 한층 개량됐다. 글로벌 호크는 2008년 말 네 번째 개량형 모델까지 내놓았다. 이처럼 글로벌 호크는 미국에서조차 차세대 기종이다. 지금도 시험과 성능 개량으로 계속 진화중이기 때문이다. 아시아 언론으로서는 첫 방문이라는, 에드워즈 공군기지의 글로벌 호크 격납고 안에서도 이 같은 '진화' 작업이 이뤄지고 있었다. 털링 대대장은, "미군이 이미 무인 항공기를 1,000대 정도 운용하고 있지만, 글로벌 호크의 진화 속도가 매우 빠릅니다. 첫 모델인 Block 10에서 부터 네 번째인 40모델까지 점점 성능이 커지고 있기 때문이죠."라고 말했다.

전시 작전 통제권 인수, 그 '눈'을 찾아라

미국에게도 차세대라는 최첨단 무인 정찰기 글로벌 호크가 우리 눈에 띈 건, 2012년으로 확정된 전시 작전 통제권 인수 때문이었다. 전작권, 즉 전시 작전 통제권을 인수한다는 건, 이제

한반도에서 전쟁이 나면 우리가 주도가 돼 전쟁을 해낸다는 말이다. 미군이 지금처럼 모든 걸 맡아서 끌고 가는 게 아니라 그야말로 도와주는 역할만 할 것이라는 얘기다. 이렇게 되면 당장 문제가 북한에 대한 정밀 정찰과 정보 수집이다. 전작권을 행사하기 위한 '눈'인 셈이다.

우리의 정보 능력을 보자. 영상 정보는 우리가 보유하고 있는 위성과 금강 정찰기의 몫이다. 신호 정보를 탐지하는 백두 정찰기와 지상 감청기지 등은 북한 전역을 너끈히 훑어낸다. 상당 부분 자급자족 하는 셈이다. 일부 신호 정보는 우리가 미국에 제공하고 있고, 여기에 미국노 상낭부분 의존하고 있는 것으로 알려져 있다. 종합하면 중요한 레이다 정보나 인간 정보 등 전술 작전 정보력은 우리도 어느 정도 갖추고 있다는 판단이다. 그러나 중요한 건 전략 정보다. 전작권 행사를 위한 '눈' 중의 '눈'이다. 그런데 이 전략 정보는 '미국 의존형'이다. 2008년 10월 국회 국방위원회 국감 자료에서 국방장관 출신인 김장수(金章洙) 의원은 우리 군의 대북 전략 정보가 미국에 100% 의존하고 있다고 주장했다. 구체적으로 든 게 정밀 정찰 능력이었다. 지금까지 공군이 운용해 온 RF-4C나 RF-5A 같은 전투기 개조 정찰기로는 휴전선 이북 40km정도가 한계였다. 앞서 언급된 우리 금강 정찰기는 미군 U-2기를 닮았지만 평양 이남까지만 정찰이 가능하다. 우리 아리랑 위성 1호는 해상도가 1m 정도다. '열쇠 구멍'(key hole)이란 별명을 가진 미군의 대표적 정찰 위성은 30㎝에서 최고 10㎝ 정도 물체까지 볼 수 있다. 북한 영변 핵시설과 대포동 미사일 시험장 등을 감시하는 그 위성이다. 이런 상황에서 우리나라는 2005년 9월 미군이 담당하던 대 화력전 임무까지 이양 받았다. 북한이 이른바, '서울 불바다'를 호언하는 근거라는 북한

장사정포 제압은 이제 우리 몫이 됐다는 얘기다. 천여 문이 넘는다는 장사
정포를 조기에 탐지해내야 제압이 가능하다. 그만큼 정밀 정찰 능력이 더욱
절실해진 것이다. 위성급 정찰기 글로벌 호크는 자연스레 시선 집중을 받을
수밖에 없게 됐다. 특히 글로벌 호크는 북한 장사정포 제압에 필수 병기로
분석되고 있다. 글로벌 호크의 첨단 정밀 감지기(Sensor)들이 미사일과 포
의 발사 순간을 포착해 곧바로 지상 기지에 전송해주기 때문이다. 우리나라
가 글로벌 호크의 2011년 도입을 적극 추진해 온 이유다.

우리나라가 글로벌 호크 도입을 공식화한 건 노무현 정부 때인 2005년 6월
이었다. 한미 연례 안보협의회(SCM) 산하 안보협력위원회(SCC)에서 우리
나라는 3년 후인 2008년까지 글로벌 호크를 판매해 줄 것을 요청한 것으로
알려졌다. 2006~2010년까지의 중기 국방 계획의 일환이었다. 목표 댓수
는 4대였다. 그러나, 이 같은 우리의 계획은 추진이 쉽지 않았다. 미국이 번
번이 난색을 표했기 때문이다. 가장 먼저 제안했던 2005년, 미국은 조금도
주저 없이 거절했다. 글로벌 호크는 미사일 기술 통제 체제(MTCR)에 따라
수출이 엄격히 통제되는 전략물자라는 게 이유였다. 미국이 한국에 판매하
려면 MTCR에 가입된 30여 개 회원국이 협의해 관련 조항을 고쳐야 한다
는 것이었다. 우리 정부는 도입 첫 제안을 한 지 불과 한 달 만에 도입 일정
을 조정할 수밖에 없었다. 2008년 도입 완료에서 2011년으로 연기를 검토
하기 시작한 것이다. 2년 후인 2007년 9월부터 그 해 11월까지 방위사업청
은 한미 안보협력위원회(SCC) 뿐 아니라, 한미 군사위원회(MCC)에서도 미
국 측에 파상 공세를 펼쳤다. 방위사업청 고위관계자가 직접 미국을 방문하
기도 했다. 2007년 10월 방위사업청은 아예 예산까지 책정했다. 책정된

예산은 1869억 원. 4대의 기체 도입비 1,811억 원, 이착륙 통제장비 도입 등 초기 사업비 58억 원을 합한 금액이었다. 2011년까지 도입한다는 일정도 확정했다. 우선 2007년 말까지 글로벌 호크 시험 평가와 대미 협상 전략을 수립하기로 했다. 2009년에는 도입 협상을 끝내고 2011년까지 기체 4대를 도입해 실전 배치한다는 것이다. 어느 때보다 강한 우리의 의지 표명이었다. 그러나 돌아온 답은 같았다.

'선물'이다, 싫다, 극적으로
뒤바뀐 양국 입장

상황이 달라지기 시작한 건 2008년부터였다. 7월 열린 한미 안보정책구상회의(SPI)에서 미국은 처음으로 '판매 가능' 의사를 전달해 왔다. 대외 군사 판매 방식(FMS)이라는 구체적인 판매 방식까지 밝혔다. 이어 같은 해 10월에는 게이츠(Robert Gates) 미 국방 장관이 기자회견 자리에서, "글로벌 호크의 한국 판매에 우호적"이라고 밝혔다. 공교롭게도 노무현 정부가 물러가고, 이명박 정부가 출범한 시점이었다. 한미 동맹 복원을 외친 당시 새 정부의 움직임과 궤를 같이 한 셈이다. 그런데 상황이 또 한 번 달라졌다. 이번에는 우리가 난색을 표한 것이다. 미국의 적극적인 구애에 대해 다소 소극적으로 물러섰다. 글로벌 호크 취재를 위해 에드워즈 공군기지로 떠나던 날, 공교롭게도 평소 절친한 한 워싱턴의 군사 소식통을 공항에서 만났다. 그는 내가 해를 넘겨가며 끈질기게 글로벌 호크 취재 요청을 해 온 걸 잘 알고 있었다.

"해를 넘긴 숙제를 하러 간다."는 내 말에 "축하한다."고 답을 하는 그의 표정이 좀 묘했다. 바삐 짐을 챙기고 돌아서는 내게 그는 한 마디 툭 던졌다.

"요즘 상황이 좀 변한 건 아시죠?" 한국의 신 정부가 출범한 후 글로벌 호크에 대한 열망이 크게 식은 것 같다는 말이었다. 그런 눈으로 보니, 글로벌 호크 취재 요청에 대해 미 국방부와 노스롭 그루먼 사가 갑자기 긍정적으로 돌아선 것도 범상치 않은 일이었다. 이 소식통은 "아마 한국은 글로벌 호크 구매를 연기하는 모양을 갖추면서 사지 않을 것 같다"고 귀띔하며 떠났다. 막상 에드워즈 기지에 도착해 보니, 이 소식통의 말은 점차 '강력한 느낌' 으로 다가왔다. 노스롭 그루먼 사 관계자들과의 대화에서 더욱 그랬다. 극도로 절제된 그들의 말 속에 왠지 "열쇠는 미국이 아니라 한국이 쥐고 있다"는 메시지가 확연히 느껴졌다. 상황이 이렇게 되자, 마치 남녀 간의 '밀고 당기기' 모양새가 된 셈이다. 몸이 후끈 달아오른 건 미국이랄까? 2008년 7월, 맘먹고 글로벌 호크 판매 방침을 처음 통보했는데도 정작 우리나라가 소극적으로 나오자, 펜타곤의 한국 담당 부서가 크게 당황하며 술렁였다는 소문이 들렸다. 우방인 한국에 대한 '선물'로 준비했는데, 실망스럽다는 게 미 국방부 분위기라는 말까지 흘러나왔다.

취재를 마치고 워싱턴으로 돌아와서 관계자들에게 전화를 돌렸다. 상황은 분명했다. "글로벌 호크 도입이 당초 예정보다는 연기될 것 같다."는 것이었다. 이유는 두 가지였다. 첫째는 돈 문제. 신 정부가 들어와서 과거 정부가 세워둔 이른바 '국방개혁 2020'을 훑어보니, 돈이 너무 많이 들게 생겼다고 판단한 것 같다는 것이다. 그러나 좀 더 설득력 있는 분석이 있었다. "미국이 전작권 이양 이후에도 필요한 정보 전력은 계속 지원할 것이기 때문"이라는 분석이었다. 어차피 미국이 계속 제공할 것으로 보이는 전력 강화를 위해 뭣 하러 돈을 쓸 것이냐는 '경제 논리'가 작용한 것 같다는 결론이었다. 이즈음에 실제로 글로벌 호크 4대가 태평양 지역에 영구 배치된다는 소식이 나오기 시작했다. 주로 괌에 있지만, 한반도와 동북아 전략 정찰이 주목적이라는 것이다. 결국 2009년 5월 우리나라는 '국방개혁 2020'을 수정했다. 그리고 글로벌 호크 도입을 2011년에서 2015년으로 4년 더 연기했다. 예산 문제와 고환율 등이 표면적인 이유였다. 그러나 대당 도입 가격이 4천만 달러로, 다 합해야 F−15K 두 대 값밖에 되지 않는 글로벌 호크가 그리 부담이 되느냐는 지적도 쏟아져 나왔다. 이에 대해 미국도 강하게 의지를 밝혔다. 같은 달 워싱턴에서 열린 회의에서 "글로벌 호크 판매를 결정했다"며 최종방침을 공식 통보를 한 것이다. 특히 그 뒤에, "이는 한미 동맹의 신뢰를 보여주는 본보기"라고 강조했다.

자주 국방을 구호로 내걸었던 노무현 정부는 글로벌 호크를 사려고 미국에 끈질기게 요구했다. 반면, '동맹 복원'을 외친 이명박 정부는 이를 연기했다. 사겠다던 한국 전 정부에게는, MTCR 규정을 근거로 차갑게 거절하던 미국이, 연기하겠다는 한국의 새 정부에 대해서는 '동맹의 본보기'로 팔겠다고 한다. 짧은 시간에 극적으로 역전된 국제 외교의 풍향을 보여주는 아이러니다.

4장. 핵 戰時 대비 국가
미국

"갑자기 산의 모든 곳이 개방되더니, '에어포스 원'이
착륙하는 거지 뭐예요. 그리고는 다시 산의 모든 곳이 닫혔고요."
이에 대한 지역 911의 대답도 의미심장했다. "네 맞습니다. 부인"

미국인들도 모르는
미국 속 이야기

미국 속의 총

미국 속에 감춰진 비행 군단

미국 속의 한국 다루기

미국 속의 핵

미국 속의 정권인수

미국 속의 독도

미국 속의 조선

정말 시골이다 싶었다. 미국 살면서 적지 않은 곳들을 가봤지만, 그야말로 전형적인 시골이었다. 웨스트버지니아(West Virginia) 주. 하기야 이 주는 미국에서도 알아주는 '시골' 주다. 존 덴버의 "Take me home, country road"의 가사를 보면 잘 알 수 있다.

"웨스트버지니아는 거의 천국이지(Almost heaven west Virginia)"로 시작한 노래는 블루릿지 산맥과 셰넌도어 강을 노래한다.(Blue Ridge Mountains Shenandoah river) 그렇다. 웨스트버지니아 주는 아름다운 자연이 가득하다. 우리가 잘 알지 못하는 블루릿지 산맥이나 셰넌노어 상을 굳이 거론하지 않더라도 말이다. 그러나 "거의 천국"이라는 표현은 액면 그대로 받아들이기 어렵다. 적어도 내 개인의 생각으로는 그렇다. 왜냐하면 붙어있는 버지니아 주나 메릴랜드 주도 풍광으로 따지자면 웨스트버지니아 주 못지않기 때문이다. 따라서 웨스트버지니아 주의 풍광 외에 또 다른 뭔가가 존 덴버의 마음에 '천국'을 일깨웠지 않았을까 싶다. 이어지는 2절을 한번 보자. "나는 애써 그녀에 대한 기억을 해 보네"(All my memories gather round her) "광부의 아내였던 그녀에게 푸른 물 색깔은 어색한 것이었지"(Miner's lady stranger to blue water) "어둡고 먼 지투성이의 하늘"(Dark and dusty painted on the sky) "촉촉한 밀주(密酒) 한 잔에 내 눈에선 눈물방울이"(Misty taste of moonshine teardrops in my eyes)

주 전체가 온통 산인 웨스트버지니아는 2절 가사에 나오는 것처럼 '탄광' 주다. 1742년 처음 발견된 이래, 석탄은 웨스트버지니아 주 발전에 한 획을 그었다. 특히 대표적 산업용 석탄인 역청탄 등 생산량도 미국 최고 수준이다. 미국 전체 석탄 매장량의 15%가 이곳 웨스트버지니아에 있다. 때문에 예전부터 산골짝마다 산업의 동력이었던 석탄이 쏟아져 나왔다.

깊은 산 속, 석탄 캐는 것과 광산 외에는 세상을 알지 못하는 광산촌 사람들. 그들에게 물은 당연히 석탄 가루로 물든 검은 색이었다. 그러니 푸른 물빛을 처음 본 광부의 아내는 어색할 수밖에. 쉼 없이 작은 열차로 석탄을 실어내는 골짝. 그 골짝 사이로 보이는 하늘 역시 어둡고 먼지투성이(Dark and dusty)인 건 말할 나위도 없다.

그럼 왜 촉촉한 밀주 한 잔에 눈물이 나는 걸까? 그건 오늘의 웨스트버지니아 형편과 연관이 있다. 석탄으로 웨스트버지니아는 1960년대 중반까지만 해도 떵떵거리던 주였다. 예를 들어 보자. 웨스트버지니아 남부에 블루필드(Bluefield)라는 도시가 있다. 우리에겐 낯선 이름이지만, 1960년대만 해도 뉴욕, 시카고 급 도시였다. 1인당 자동차 소유 댓수가 미국 내 1위였다. 저녁 5시만 되면 쏟아져 나온 퇴근차량들로 거리는 혼잡 그 자체였다. 미국에서 처음으로--뉴욕보다도 먼저, 러시아워라는 현상이 나타난 곳이었다. 1920년대 이후에는 뉴욕이나 시카고와 어깨를 나란히 할 정도의 마천루 도시가 됐다. 대표적인 건물이 당시 웨스트버지니아 호텔 건물이었다. 12층이었던 건물은 당시로서는 세계에서 가장 높은 마천루였다. 이 도시는 스스로를 '백만장자의 고장'(Millionaire's Town)이라 불렀다. 당시 미국 내에서 인구당 백만장자의 수가 가장 많았다는 주장이다. 또 '작은 뉴욕'(Little New York)으로 도 불렸다. 얼마나 부러웠으면 건너편 버지니아 쪽에 있던 한 도시가 개명까지 했다. 그레이엄(Graham)이라는 도시였는데, 1924년 주민 투표까지 해가며, 블루필드로 고쳤다. 그래서 인터넷에 '블루필드'를 치면 두 곳이 나온다. 하나는 웨스트버지니아 주의 '원조' 블루필드, 하나는 버지니아 주의 개명한 블루필드다. 이 모두가 석탄 덕이었다. 특히 이 지역은 양질의 역청탄 집중 매장지였다. 이곳의 역청탄은 1800년대 말 미국 산업 혁명의 주 에너지원이 됐다. 또 1,2차 대전 때는 미국과 영국의 해군에도 납품했다. 히틀러가 이곳을 미국 내 주요 공습 대상 리스트에 올려놓았을 정도다. 실제 이곳은 2차대전 기간 동안 공습 대피 훈련이 빈번했다. 블루필드의 '석탄 전성시대'는 1890년대에서 1960년대까지 무려 70년간이나 이어졌다. 이는 웨스트버지니아의 호시절이기도 했다. 그러나 이 같은 위세는 시간이 흐르면서 사라졌다. 더 이상 석탄이 제 1의 에너지가 아니게 되면서다. 그러다 보니, 지금 주의 평균 소득은 미국 전체 주에서 꼴찌권을 맴돌 정도로 급전직하했다. 주도 찰스턴을 비롯한 각 도시의 집들은 낡았고, 곳곳에 빈 집들이 눈에 보일 정도다. 산골을 달리다 보면 폐가만 나란한 유령 마을들과 심심찮게 마주치게 된다. 그 잘 나가던 블루필드도 이제 인구 1만 1,000명 내외의 '아담한' 마을로 변했다. 그러면서도 석탄은 아직도 이 주의 주 수입원이다. 60%의 수입을 석탄에 의존하고 있다.

여기에 웨스트버지니아의 눈물이 있다. 문샤인은(moonshine) 밀주를 뜻하는 말이다. 주로 독한 위스키계다. 한 때 웨스트버지니아의 번영을 이끌었던 광부들의 애환을 달래던 친구였다. 싸구려 위스키에 투영된 과거와 현재의 격차, 미래에 대한 두려움. 늙은 광부의 눈에 저도 몰래 찔끔 눈물이 괸다. 이처럼 웨스트버지니아의 영광과 쇠락, 애락과 슬픔까지 합해져,

존 덴버에겐 "거의 천국 같은" 슬픈 아름다움으로 와 닿았던 건 아닐까?

23명의 미 대통령들이 즐긴
"그린 브라이어 백악관"

'천국 같은' 웨스트버지니아 산길을 두 시간쯤 달리고 있었다. 그리 사람을 위압하지는 않지만 그렇다고 녹록하지도 않은, 둥글둥글한 산들을 계속 올라왔다 내려갔다 하고 있었다. 아침 8시가 막 지났는데도 골짝마다 안개 바람이 일고 있다. 안개 사이로 앨러게니(Allegheny)라는 간판이 얼핏 보였다. 나중에 안 일이지만 펜실베이니아(Pennsylvania) 주 중북부에서 시작해, 이곳 웨스트버지니아 주를 관통하는 산맥의 이름이었다. 앨러게니는 버지니아 주 남서부까지 800㎞ 이상 이어지는 큰 산맥이다. 중간 지점인 웨스트버지니아 주에서, 고도가 가장 높이 올라간다. 알고 보니 골짝의 안개바람은 산에 걸린 구름조각이었다. 최고봉은 스프루스(Mt. Spruce)라는 산. 해발 1,482m짜리에 불과해(?) 히말라야 같은 초거대 산맥과 비교할 바는 아니다. 그래도 웨스트버지니아의 대표 산맥 속을 뚫고 2시간여 동안이나 달린 것이다.

고도가 좀 낮아지나 싶더니, 해발 586m 지점 표시가 지나간다. 얼마 안 돼, 화이트 서퍼 스프링스(White Sulfur Springs)라는 푯말이 보인다. 말 그대로 '흰 유황 온천'들이 많은 휴양지다. 이들 유황 온천의 첫 발견자는, 이 지역에 살던 인디언들이었다. 인디언들은 이 온천을 영험한 만병통치의 샘물로 수백 년간 이용하고 있었다. 1778년 앤더슨 부인이라는 초기 정착자가 이곳을 찾았다. 그녀는 만성 류머티즘에 시달리고 있었다. 인디언들의 오랜 전통을 듣고 찾아 온 것이다. 이후 이곳은 본격적으로 개발된다.

화이트 서퍼 스프링스는 인구 2,800명의 작은 시골 마을이었다. 정식 명칭인 시(市)라고 부르기에는 다소 어색한 감이 있었다. 우리가 찾고 있는 곳은 이 작은 마을의 유일한 소득원인 한 리조트였다. 그린 브라이어(Green Brier)가 그 이름이다. 앤더슨 부인이 찾았던 바로 그 원조 흰 유황 온천이 앞마당에서 솟아나고 있는 곳이었다. 그린 브라이어는 앤더슨 부인 이후 우여 곡절을 거치며 개발된 종합 리조트다. 2백여 년 전통, 별 5개를 자랑한다. 이 뿐 아니다. 미 대통령들을 비롯해 세계적 인물들의 초호화 휴양지가 돼 왔다. 7대 대통령인 앤드루 잭슨(Andrew Jackson), 28대 우드로 윌슨(Woodro Wilson) 등 역대 미국 대통령들은 이곳을 아예 여름 별장처럼 이용했다. 이른바, '고립주의'(Isolationism)로 유명한 먼로(James Monroe) 대통령은 이곳을 워낙 좋아해, 외국 정상과의 회담을 백악관이 아닌 이곳에서 하기도 했다. 1948년 2차대전 이후 이 호텔을 재개장하는 행사에는 당시 정치 유망주 존 F 케네디 하원 의원이 모친과 함께 이곳에 왔다. 케네디의 모친에게도 이곳은 특별한 곳이었기 때문이다. 당시로부터 30년 전인 1918년 그녀의 신혼 여행지가 바로 이곳이었다. '아버지' 부시(George H. W. Bush)대통령에 이르기까지 무려 23명의 역대 미 대통령들이 현역일 때였거나, 당선 이전부터 고객이었다. 미 대통령들 뿐 아니라 영국의 윈저 공과 심프슨 부인 같은 국제적 명사들이 이곳을 사랑했다. 가수 빙 크로스비, 세계적인 뮤지컬 영화 '사랑은 비를 타고'(Singing in the Rain)로 유명해진 1950~60년대 인기배우 데비 레이놀즈(Debbi Reynolds) 등 세계적 스타들도 마찬가지였다. 인도의 대표적 지도자 네루와 인디라 간디, 모나코의 레이니어 공, 할리우드 영화배우 출신으로 그와 결혼한 그레이스 왕비 같은 외국 귀빈들도 명단에서 빠지지 않았다. 때문에 이 리조트는 대통령과

그린 브라이어 본관.

왕후(王侯)들의 무대로 불릴 정도가 됐다.

1949년에는 루이스 존슨 당시 국방 장관이, "극비 전후 군사전략 협의"를 위해 이곳에서 육, 해, 공군부 장관들을 합참의장과 함께 만났다. 1956년에는 아이젠하워(Dwight Eisenhower) 당시 미국 대통령이 캐나다, 멕시코 지도자들과 국제회의를 이곳에서 주최했다. 당시 호텔 전화 교환수들은, "안녕하세요, 여기는 그린 브라이어 백악관입니다."라며 전화를 받았다. 이 호텔은 지금도 서로 연결된 회의장인, 세 개의 '아이젠하워 실'(Eisenhower Room)이 있다. 또 그의 흉상이 북측 아이젠하워 실에 놓여있다. 미 의회 측도 이 리조트를 자주 방문했다. 1980년대 하원의 민주당 계열 의원들은 이 리조트에서의 회합을 좋아했다. 역대 정부의 고위 관계자들도 이곳을 즐겨 찾았다. 1991년 판촉용으로 발간된 그린 브라이어의 사진첩에는 그린 브라이어 리조트의 대표가 체니(Richard Cheney: '아들' 부시 정부 때 부통령) 당시 국방 장관을 영접하는 사진이 게재돼 있다.

서울 대공원 3개 규모, PGA
코스에다 순금식기까지

그렇다면 그린 브라이어라는 곳이 대체 이느 정도일까? 차를 몰고 들어가다 보니 마치 유럽의 한 장원을 들어가는 느낌이다. 잘 정리된 정원, 아스라이 보이다 점점 다가오는 유럽풍의 거대한 본관 건물. 녹색 옷에 보일 듯 말듯 미소를 머금고 차로 다가오는 기품 있는 벨 보이. 객실 수만 720개다. 회의를 할 수 있는 컨퍼런스 룸은 50개. 참 크고 웅장하다 싶었다. 그런데, 이건 빙산의 일각이었다. 이 리조트의 규모는 서울 대공원 3개를 합친 것보다 크다. 수영장과 3,300㎡ 크기의 온천, 20여 개의 테니스장은 기본이다. 여기에 골프 코스가 3개나 된다. 특히 이 골프 코스가 범상치 않다. 제 1코스 격인 올드 화이트 코스(Old White Course)는 1924년 오픈된 뒤 1977년 골프의 신화 잭 니클라우스(Jack Nicklaus)가 리모델링한 유서 깊은 곳이다. 전장 7,000야드 규모의 토너먼트 코스다. 1979년에는 현재의 미-유럽 대항전과 형식이 같은, 남자프로골프 미-유럽 대항전인 라이더 컵(Ryder Cup)이 열렸다. 1994년에는 여자 프로 골프들의 라이더컵 격인 솔하임 컵(Solheim)등을 개최했다. 두 개의 대회를 다 유치한 첫 골프장이었다. 또 1985년부터 1987년까지는 PGA 시니어대회인 챔피언스 투어(Champion's Tour)를 열어 명성을 쌓았다.

게다가 스폰서인 GM의 위기로 PGA 대회인 뷰익오픈(Buick Open)이 2009년에 중단되자, 2010년부터 '그린브라이어 클래식'(Green Bier Classic)이란 이름의 경기가 신설됐다. 총상금 규모 6백만 달러의 당당한 PGA 경기다. PGA 투어 역대 다승 1위(82승)였던 '전설' 샘 스니드(Samuel Snead)가 2002년 사망 전까지 이곳의 명예회원이었다. 2009 브리티시 오픈(British Open)에서 노익장 영웅으로 떠올랐던 톰 왓슨(Tom Watson)도 명예회원으로 활동 중이다. 톰 왓슨은 "올드 화이트 코스는 골프계의 유적지와 같은 곳"이라며 "선수는 물론 골프 팬들에게 훌륭한 코스로 각인될 것으로 믿는다."고 말했다.

역대 미 대통령 등 세계적 귀빈들은 이곳에서 어떻게 즐겼을까? 화이트 서퍼 스프링스의 물놀이도 하고, 종업원들의 극진한 대접을 받으면서 챔피언십 대회가 열렸던 골프 코스를 돌기도 했다. 아이젠하워 대통령 같은 이는 자주 이곳에 와서 1-2 라운드씩 돌곤 했다. 가장 두드러진 호화스러움은 저녁 식사 풍경에서 나타난다. 저녁은 6개 코스다. 가장 정교한 코스는 순금 식기와 함께 초록색 제복을 입은 웨이터가 서빙 한다. 그리스 식 기둥으로 장식된 현관 앞에는 일단의 암녹색 리무진들이 대기하고 있다. 정교하게 손질된 광활한 부지에 골프장과 스키트(Skeet) 사격장, 온천과 무지개 송어가 사는 시내까지. 게다가 이같은 분위기 사이로 귀족 취향의 마차까지 돈다. 그린 브라이어는 한눈에 봐도 구분되는 리조트다. 때문에 이곳은 '국가 사적지' (National Register of Historic Place)로 지정돼 있다.

2백 년이나 되는 이 리조트의 역사 또한 화려하다. 본격적인 호텔 건물은

1858년 그랜드 센트럴 호텔(Grand Central Hotel)이란 이름으로 지어졌다. 남북 전쟁 때는 군 병원으로 바뀌었다. 그러나 남군과 북군의 손 바뀜이 일어나면서 완전히 불탄 폐허가 됐다. 1910년 당시 굴지의 대기업이었던 C&O 철도회사가 리조트를 산다. 모두 1,100만 달러를 들여 1913년 객실 수 685개의 호텔과 리조트를 다시 짓는다. 이 때 리조트의 이름이 그린 브라이어로 정해진다. 지역 이름이 화이트 서퍼 스프링스로 정해졌기 때문이다.

2차대전이 일어나자, 당시 미국 주재 일본, 이탈리아, 독일 대사 등 추축국 외교관들을 수용하는 시설로 이용됐다. 1941년 겨울서부터 1942년까지였다. 적국에 억류된 미국 외교관들과 교환하기 위해서였다. 이들이 다 나가고 나자 1942년 9월 미 육군이 이 리조트를 사들인다. 가격은 330만 달러. 2,200병상을 가진 군용 병원으로 개조됐다. 애쉬포드(Ashford General Hospital)라는 이름의 군 종합병원이었다. 전쟁 중 이곳을 거쳐간 군인들은 2만 명이나 됐다. 2차대전의 영웅 아이젠하워 장군도 이곳에 두 번이나 환자로 왔다. 1945년에는 결혼 기념 잔치를 위해 이곳에 또 다시 오기도 했다.

유명한 독일 롬멜 장군의 아프리카 전차군단 소속 포로들도 한 때 여기에서 노역을 했다. 수용소는 구 화이트 서퍼 스프링스 공항에 있었고, 포로들은 호텔의 경비나 땅을 일구는 일 등을 한 것으로 전해지고 있다.

호텔의 땅 밑, 또 다른 세계

그냥 문이라는 말로는 적절치 않았다. 골리앗 급 거인들이 드나드는 지하 세계 출입문이라고나 할까? 어쨌든 이

그린 브라이어 벙커에서 가장 큰 방폭문. 높이 4.5m, 폭 3.7m, 무게 28톤이다.

강철 덩어리 초거대 문은 높이에서부터 사람을 압도했다. 웬만한 육교 높이만한 4.5m다. 폭도 이에 못지않게 3.7m다. 옆으로 돌아가며 문 두께를 재봤다, 무려 45㎝의 쇳덩어리 단면이 번쩍인다. 무게 28톤이다.

실제로 이 문은 그린 브라이어의 지하 세계 입구를 지키고 있다. 초호화 리조트에 '지하세계'라니? 생뚱맞게 이렇게 엄청난 강철 문은 왜 서 있는 걸까? 그런데 이름이 심상치 않다. 방폭문(防爆門: Blast Door)이다. 폭발을 막는 문이라고?

"여기서부터 비밀 핵벙커입니다." 린다 워즈(Linda Words)라는 벙커 안내자의 말에 정신이 번쩍 들었다. 그제야 생각이 났다. 나는 핵전쟁에 대비한 미국의 지하 비밀 벙커를 취재하러 왔던 것이다. "이곳은 핵전쟁이 나면, 미 상하 양원의 전 의원들을 대피시키는 곳입니다. 핵전쟁 중 이곳은 말 그대로 비상 미 의회가 되는 겁니다."

린다의 거침없는 설명을 들으며, 다시 한 번 육중한 강철 문을 새삼 쳐다봤다. 말로만 듣던 미국의 핵전쟁 대피 벙커였다. 미국 대통령과 군부를 위한 핵벙커가 있다는 소문은 그동안 곳곳에서 나왔다. 그러나, 의회를 피신시키는 벙커까지 별도로 준비의 지었다는 건 전혀 새로운 사실이었다.

세계적 왕후장상(王侯將相)들이 즐겼던 초호화 리조트의 땅 밑에는 전혀 다른 별세계가 펼쳐져 있는 것이다.

방폭문만 해도 그렇다. 원폭의 충격으로부터 벙커를 보호하는 방패였다. 이문은 모슬러 세이프(Mosler Safe Co.)라는 회사가 1960년 초에 만들었다. 오하이오 주에 있는 업체로 안전 금고 분야에 있어 독보적이었다. 1950년대에서 1960년대에 이르기까지 이 회사는 금고 업체로서의 특장을 살려, 정부의 전시 대피 시설과 벙커 등에 방폭문을 공급했다. 그래서인지 그린브라이어 지하의 이 방폭문도 구조가 안전 금고와 흡사하다.

이 회사는 자기들이 납품한 문들이 핵충격도 이겨내거나, 거의 버텨낼 것으로 확신했다. 실제로 이 회사가 만든 금고형 철문은 1957년 네바다 핵실험장에서 실시된 폭발시험에서 충격을 잘 견뎌낸 것으로 알려졌다.

통상 이 같은 초대형 문들은 두 짝을 따로 만들어 조립했다. 그러나 이 방폭문은 한 짝의 통으로 만들어져 있다. 이음매 때문에 생길 수 있는 균열 가능성 등을 없애, 문의 충격 내성을 최대화하려는 것이다. 또 잠금 장치는 안에서만 가동하도록 하고 문의 외부에 가해지는 어떤 충격으로부터도 보호될 수 있도록 했다. 잠금 장치로는 문 안쪽에 바퀴형 핸들을 달았다. 핸들을 돌리면, 거대한 빗장이나 밀대가 문틀 뒤에 있는 장치로 밀려들어간다. 다른 방향으로 돌리면 빗장이 풀린다. 핵폭발의 첫 충격은 문이 직접 흡수할 것이다. 이어 문틀로 전해진다. 문은 이런 충격 때문에 안쪽으로 구부려지면서 찌그러지거나 휠 것이다. 그러나 폭발 후에는 반대충격이 몰려온다. 이때는 구부러진 문이 오히려 되튀어 나올 것이다. 이걸 막는 게 거대한 빗장이다. 빗장이 없으면, 문을 여닫는 지지대인 경첩들마저 날아가 버릴 것이다. 그래서 2개의 경첩들도 초대형이다. 하나의 무게가 무려 1톤 반이다.

모슬러 사는 오하이오 주 해밀튼(Hamilton)에 있다. 웨스트버지니아 산골까지 이 문은 기차로 옮겨졌다. 문이 너무 커서 일반 화물차에 눕혀서 운반할 수 없었다. 그래서 비스듬히 세우거나, 아예 세워서 옮겼다. 도착한 문짝에는 콘크리트를 채워 넣었다. 강도를 높이기 위해서다. 무려 28톤의 문을 어떻게 열까? 그런데 조금만 힘을 줘서 미니 밀린다. 균형이 적절하게 잡혀져 있어서 22~3kg 정도의 힘만 가해도 열리게 돼 있다.

낙진제거 샤워기와 의원용 지하 내무반

강철 문을 밀고 보니, 끝없이 이어질 것 같은 회랑이 나온다. 트럭이 출입할 수 있도록 돼 있는 넓은 콘크리트 회랑이었다. 길이는 130여 m. 회랑을 따라 가니 왼쪽 벽에 작은 문이 하나 나온다.

방사능 낙진 제거 샤워실 입구. 입구 문이 조금만 열리자 수 십개의 샤워 노즐에서 초강력 물살이 뿜어 나온다. 의원들은 옷을 모두 벗고 이 샤워 통로를 지나가야 한다.

폭 1m 내외로 어른 두 사람이 지나갈 만한 골목이다. 다시 우회전 했다. 샤워실이다. 그런데 좀 구조가 다르다. 샤워꼭지가 머리 위에만 있는 게 아니다. 몸쪽에도 달려 있다. 구조도 골목 모양이다. 타일을 붙인 좁은 골목 양쪽에 샤워기들이 좁은 간격으로 나란히 이어지고 있었다. 그냥 샤워실이라기보다는 샤워 터널이었다. "이건 핵전쟁을 뚫고 이곳에 들어온 의원님들이 가장 먼저 들리셔야 하는 곳이죠. 원폭 낙진을 제거해야 하니까요"

샤워기를 틀어 봤다. 물살이 아주 세다. 고압 샤워기다. 워싱턴에서 벙커로 쏟아져 들어온 의원들은 이곳에서 모두 알몸으로 열을 지어 지나가는 것이다. 남녀를 구분하는 별도의 샤워시설은 없어 보였다. 아무리 의원들이라도

이곳을 거치지 않고는 벙커 입장이 안 된다. 샤워를 마친 사람들에게는 옷이 지급된다. 의원님들이 입었던 모든 옷들은 주로 점잖은 넥타이에 정장이겠지만, 모두 수거돼 사정없이 소각해 버린다. 지급받는 옷들은 한마디로 벙커 내무생활용이다. 먼저 올리브색에 가까운 녹색의 작업복이 지급된다. 디자인은 주로 상하의가 붙어 있고 소매가 있는 형식이다. 내의와 세면용품과 면도용 로션 같은 간단한 화장품도 준다. 구두도 다 소각하기 때문에 신발도 지급 대상이다. '캔버스 슈즈'(canvas shoes)로 불리는 흰색 운동화다. 발등은 마나 면 등 거친 천으로 만들고, 바닥은 고무나 가죽을 댄 건데, 쉽게 말해 목 없는 군대 작업화 같은 것이다. 근엄하신 의원님들이 녹색 작업복에 군대식 작업화를 신고 있는 모습. 핵전쟁이라는 상황 만큼

이나 파격적일 것이다.

샤워를 마쳐야 받을 수 있는 게 또 하나 있다. 침대 배정이다. 침대라 해봤자, 옹색하기 짝이 없는 군대식 철제 침대다. 성인 남자 하나가 겨우 몸을 누일 수 있는 정도의 크기다. 몸집이 큰 미국 사람들에겐 좀 무리다 싶을 정도다. 상하 1, 2층인 이 침대 선택 우선권은 선임 의원들 순이다. 철제 침대 옆에는 간단한 한 줄짜리 옷장용 철제 캐비닛이 있고, 침대 옆구리에는 여닫이 서랍이 있어 간단한 소지품을 넣을 수 있는 정도다. 군대 신병 훈련소 수준에 맞춘 것 같다. "예, 실제 이 침대는 육군 공병대가 만들었거든요." 벙커 안내자 또한 '의원님'들용으로 보기에는 너무나 삭막한 시설 수준에 동의한다. 게다가 이곳에도 여성 의원에 대한 배려는 없어 보인다. 여성 의원 전용 침실이나, 내무반은 따로 없기 때문이다. 벙커 베드(Bunker Bed)로 불리는 이 철제 침대들은 기숙사형 내무반에 있다. 핵전쟁 기간 동안 의원들이 묵어야 할 숙소다. 이 같은 의원용 내무반들이 벙커 안에 모두 18개가 있다. 한 내무반 마다 60명이 묵을 수 있게 돼 있다. 그래도 다행인 건, 내무반 옆에 샤워실이 붙어 있다는 것이다. 그냥 일반 샤워실이다. 세면대 접시에는 포장된 비누가 하나씩 정갈하게 들어있다. 또 내무반에서 나오면 간단한 휴게실이 있다. 휴게실이라 해봐야 소파 몇 개와 잡지 몇 권 꽂아 놓은 소박하기 그지없는 것이지만……

물론 상하 양원 지도자들을 위해서는 별도로 방이 마련돼 있다. 예를 들면 상원 지도부실이 그런 곳이다. 방은 2개의 작은 침실, 사무실과 휴게실까지 갖춰져 있다. 호텔의 스위트룸 형식이다. 그러나 이 방은 엄밀히 말하면 개인의 침실이라고만 할 수는 없는 곳이다. 일반 의원들, 보좌진과 분리된 업무 공간이기도 하고, 여야 간 협상 등이 이뤄지는 정치적 회합의 장소이기도 하기 때문이다.

잠실체육관 1.5배, 2,500명이 두 달까지 버틴다.

핵벙커는 지상에서 220~230m 아래 파묻혀져 있다. 벙커의 벽 두께는 1~1.5m인데다 재질도 충격내성이 월등한 강화 콘크리트(reinforced concrete)다. 원자폭탄의 충격에 최대한 버틸 수 있게 하려는 것이다. 적어도 25km 반경에 핵이 떨어져도 꿈쩍 않게 하겠다는 것이다.

벙커는 그린 브라이어 호텔의 부속건물인 '웨스트버지니아 윙'(West Virginia Wing) 아래 지하에서 시작해, 호텔 뒤 작은 언덕 쪽을 향해, 무려 237m 길이로 누워있는 구조다. 연면적으로 계산해 보니, 잠실 체육관 1.5배쯤 된다. 거대한 난공불락의 요새가 지하에 숨어있는 것이다. 벙커는 건물로 치면 2층이다. 크고 작은 방 개수가 53개다. 모든 의원들과 보좌진들이 다 수용되고도 남는다. 나중에는 의원들의 배우자와 18세 이하의 부양 자녀 1-2명 정도까지는 데리고 올 수 있도록 공간을 마련해, 최소 1,400명에서 최대 2,500명까지 수용할 수가 있다. 그렇다면 얼마나 버틸 수 있을까? 가장 중요한 건, 공기와 전기, 물, 식량 등이 얼마나 유지되느냐에 달려 있을 것이다. 우선 공기를 보자. 원칙적으로 따지면 이 벙커의 문을 닫고 외부와 완전 차단을 하면, 버틸 수 있는 내부 공기의 양은 72시간 정도밖에 안 된다. 그러나 외부의 공기를 여과해 사용할 경우 얘기가 달라진다. 앞서 말한 거대한 방폭문을 닫더라도 외부 공기를 유입해 여과해 쓰면, 60일까지 버틸 수 있다. 때문에 앞서 방폭문 바로 위에는 공기 흡입장치와 공기 여과장치가 붙어 있다. 각 문에 있는 여과장치에서 걸러진 공기는 벙커의 동력실로 보내진다. 이 동력실에는 중앙 여과장치가 있다. 이 중앙 여과장치의 상층부에는 원자, 생물학, 화학물질까지 걸러내는 필터가 장착돼 있다. 또 여과된 공기를 벙커 안에 공급하기 전에 다시 한 번 유입 오염원들을 걸러내는 여러 형태의 여과기들이 무수히 있다. 또 외부 공기의 방사능 밀도를 측량하는 탐지기(sensor)가 벙커와 연결돼 있었다. 이 탐지기는 땅 밑 콘크리트 사일로(silo)에 들어 있다가 원격 조정을 통해 지상으로 솟아오르면서 임무를 시작한다.

동력실은 벙커의 심장이다. 이처럼 공기문제도 해결하지만, 전기도 이곳에서 해결한다. 그 힘은 3대의 비상 발전기가 낸다. 각각 675kW짜리 발전기다. 외부 전원이 나가는 순간 비상 발전기가 가동된다. 비상 발전기 한 대를 가동하는 데 필요한 건 몇 분 정도다. 이후 전 시설은 이들 비상 발전기들로 돌아가게 돼 있다. 각 발전기는 시설을 돌리기에 필요한 양의 전력을 생산할 수 있다. 이 비상 발전기 연료는 중유다. 동력실에는 각각 5만 리터가 넘는 중유 저장 탱크 3대가 있다. 45일 정도는 버틸 수 있는 양이다. 물은 지하수 수집 도관을 통해 1.2㎞ 밖의 샘으로부터 공급할 수 있게 해뒀다. 또, 약 10만 리터들이 대형 물탱크에 물을 가득 채워뒀다. 특이한 건, 이 시설에는 화장(火葬)시설까지 있었다는 것이다. 철제 오븐 형태로 된 것인데, 벙커 생활 중 숨지는 사람들을 위한 것이다. 핵전쟁 상태에서 방사능 오염의 가능성은 상존한다. 상원의원이나 하원의장 같은 이가 벙커의 옹색한 군용 철제 베드에 벌레처럼 두 달 가까이 몸을 구부려 잠을 자고 있는 상황이다. 밀폐된 벙커에서 건강은 언제나 위협받을 수밖에 없다. 특히, 야망에 가득 차고, 혈기 왕성한 정치인들이 좁은 공간에서 서로 부대끼며, 햇빛 한 줄 못 보며 지내는 상황을 가정하면 더욱 그렇다. 이런 상황에서 사망자가 난다면 화장 밖에 없다. 육중한 철강 콘크리트 문은 이미 닫혀, 방사능과 낙진이 횡행하는 외부로 나가, 시체를 매장하거나 버리는 건 불가능하기 때문이다.

31년간의 비밀, "핵전쟁에서 입법부를 지켜라"

이 벙커는 1961년 완공됐다. 그리고 31년간 미국의 핵전쟁 대비 비밀 요새로서 역할을 했다. 지금은 그 기능을 멈췄다. 1992년 언론에 그 존재가 노출됐기 때문이다. 그러나 핵전쟁에 대비한 미국의 전략노선을 엿볼 수 있는 중요한 아이콘으로서 아직도 주목되는 곳이다.

동서 냉전이 끝나고 미국만의 독주체제에 들어갔지만, 핵전쟁에 대비한 미국의 체제에는 큰 변화가 없다고 봐야하기 때문이다. 미국 정부는 이 벙커가 노출되자마자, 모든 설비들을 신속히 철수했다. 그러나 사라진 게 아니라 미국 어딘가에 또 다른 대체 시설로 옮겨 갔다는 게 절대적 관측이다.

1961년이라면 동서 냉전이 절정에 이르렀던 시점이다. 이 벙커 건설 제안자는 당시 대통령으로 2차대전의 영웅이었던 아이젠하워였다. 아이젠하워의 동기는 단순하고, 일면 순수했다. 그린 브라이어의 역사를 연구한 로버트 콘테(Robert Conte)씨는 "민주주의 체제는 어떤 상황에서도 보존돼야 한다."는 아이젠하워의 신념이 동기였다고 말한다.

만약 전쟁이 끝나고 의회가 파괴돼 입법부 체제가 없어진다면 누가 미국을 다스려 나갈 것인가? 주정부가? 만약 의회가 기능하지 않는다면 그 진공상태는 누가 장악할 것인가 하는 것이 그의 고민이었다는 것이다.

그의 결론은 "독재적 유혹에 끌릴 강성 대통령이나 군대가 치고 들어오는 '악몽' 같은 상황을 배제할 수 없다"는 것이었다. 이는 비단 핵전쟁 종료이후 뿐 아니라 핵전쟁 수행 기간 동안에도 그대로 적용된다는 것이다. 그린브라이어 벙커는 행정부나 사법부를 위한 별도의 벙커와 마찬가지로, 비상시 민주체제의 연속성을 유지하기 위해 입법부용으로 만들어진 것이다.

게다가 2차대전을 치른 군인으로서 아이젠하워 대통령은 처칠(Winston Churchill) 영국 총리의 비상 벙커까지 직접 목격한 사람이었다. 미국 캔자스 주 애블린(Abilene). 아이젠하워 대통령의 도서관에는 아이젠하워의 이같은 철학과 벙커 건설 취지를 분명히 알려주는 자료가 있다. 얼핏 암호문으로 보일 정도로, 쉽게 알아보기 힘든 필기 문건이다.

1955년 1월 18일 이른 아침, 아이젠하워 대통령과 미 의회 지도자들 간의 대화 내용이다. 이른바, "Cong"(Congress의 약자)의 '비상 대피 시설'에 대한 논의였다. 이 문건에서 야당인 공화당 대표는, "국방부와 전시 동원청(Office of Defense Mobilization)은 비상시 Cong의 역할을 어떻게 상정하고 있는가?"고 물었다. 대통령은 불편한 심기를 감추지 않으면서 답했다, "내가 지난 해 겨울 내내 그 말을 했지만, 의회는 관심이 없다더군요."

그러니까 아이젠하워 대통령은 한해 전인 1954년부터 이 문제를 제기해 왔다는 얘기다. '비상시', 즉, 핵전쟁이 일어났을 경우, 제 3부로서 의회는 '계속 역할' 해야 하고 그러려면 '대책' 을 세워야 한다는 제안을 했다는 것이다. 그러나 의회는 이 제안에 대해 관심을 보이지 않아, 퍽이나 심기가 불편했음을 보여주는 대목이다.

아이젠하워의 제안에 심드렁하던 의회가 왜 갑자기 이 문제를 '자발적으로' 거론하고 나섰을까? 이 문제가 거론된 1955년 들어 상황이 달라졌기 때문이다. 중국 대만 간 이른바 양안(兩岸) 위기 등으로, 아이젠하워 정부의 그 어느 때보다 핵무기 사용 가능성이 높아졌다. 모든 이들이 핵전쟁에 대해 관심을 집중하기 시작하던 시기였다.

훗날 그린 브라이어 벙커의 건설이 시작되는 1959년쯤에는, 핵전쟁에 대한 '관심' 이 '공포' 수준으로 바뀐다. 일반 국민들은 물론, 미 국방부 정책입안자들의 마음속까지 깊이 자리 잡고 있었다. 미국 국민들은 뒷마당에 방공호를 팠다. 그 속에는 주로 깡통 제품인 비상식량을 비축했다. 정부가 공공 안전 팸플릿이란 걸 돌렸기 때문이다. 각 가정은 방공호를 파고, 각종 통조림과 무가당 연유, 물 단지, 말린 복숭아 같은 것을 저장하라는 것이었다. 또 손전등과 건전지도 준비하도록 했다.

학교에서는 대피요령을 가르치는 영화를 상영했다. 사이렌이 울리면, 책상 밑으로 들어가고 섬광이 비칠 테니 얼굴을 창문 반대쪽으로 얼른 돌리라는 내용이었다. 미국 정부는 동부 해안 지역에 정부기관 대피 벙커들을 짓기 시작했다. 대부분 산들을 파서 대통령과 내각의 대체 지휘소로 구축한 것들이었고, 혹간 통신 중추 시설들을 만들기도 했다. 또 핵전쟁 중 "정부기능의 지속"(Continuity of Government)이란 주제는 하나의 군사 전공분야로 독립할 정도가 됐다.

이 같은 분위기를 반영하듯, 위의 문건에는 핵공격을 받았을 때 미국을 어떻게 지속시킬 것인가를 묻는 의원들의 질문도 있다. 이에 대한 답변에서도 의회용 핵벙커를 구축하려는 아이젠하워의 철학적 배경이 묻어 나온다.

질문: (핵공격을 받았을 경우) 계엄령을 내릴 건가요?

대통령: 우리가 두려워하는 유일한 공격은 장거리 핵미사일입니다. 우리가 생산시설을 보존할 수 있다면, 몇주 간 계엄령으로 혼란을 이겨내고 그걸 가동시킬 수 있겠죠. 자유 국가는 독재를 이겨내야 합니다. 아무리 정부가 많은 것을 통제하게 되더라도, 자유는 반드시 지켜져야 합니다.

핵전쟁 상황에서도, 3권 분립이라는 민주체제의 지속성을 강조했다. 자칫 독재로 흐를 수 있는 전시 행정부를 입법부가 견제해 자유 민주주의를 지켜내야 한다는 것이다.

이 문건에서 아이젠하워 대통령은 의회를 대피시키게 될 경우, 많은 혼란이 초래될 것이라고 예상했다. 그러나 그 같은 혼란은 구체적으로 짜여진 비상 계획에 따라 극복될 것이라고 강조했다. 이미 이 때, 그린 브라이어 벙커를 구축하는 이른바, Project X가 진행 중이었음을 읽을 수 있는 대목이다. 이런 대강의 기록을 보면, 핵전쟁 때 대통령과 합참 의장 등 최고

전쟁 지휘부만 어디론가 숨는 통속 소설이나 영화와는 많이 다르다는 걸 알게 된다. 미국 정부의 핵전쟁 대피 시나리오에는 의회 등 3부가 다 포함돼 있다. 또 핵전쟁 기간은 물론 그 이후의 역할까지 각각 주어져 있는 것이다. 시설도 핵전쟁을 지휘하는 행정부나 군부 지도자용 핵벙커와는 차별화됐다. 의회의 고유 수요에 맞게 상하 양원 의사당은 물론 합동 회의를 위한 본회의장까지 있는, 이른바, 맞춤식 시설이었다.

맞춤식 핵전쟁 벙커

공기와 전기, 물이 해결됐다면 먹는 것도 해결돼야 한다. 공기와 전기, 물을 해결해 주는 벙커의 심장부 동력실 뒤가 바로 그 곳이다. 핵벙커의 유일한 식당이다. 의원들의 내무반 격인 기숙사를 기준으로 하면 그 아래층이다. 넓이는 500평 정도, 한 번에 400명이 앉아 식사할 수 있다. 따라서 끼니 때마다 벙커 내 사람들은 3교대로 밥을 먹어야 한다. 식사 시간표도 벽에 붙어 있다. 아침은 6시~8시 사이, 점심은 오전 11시~오후 1시, 저녁은 오후 5시~7시다. 밤의 간식은 없다. 커피 잔을 들고 어슬렁거리며 여유를 부릴 공간과 시간 모두가 없어 보인다.

일반 정부나 관공서, 공공건물의 구내식당들이 그렇듯, 이곳 분위기도 다소 삭막한 편이다. 서빙 시설과 함께 일반 부엌 시설이 함께 붙어 있는데, 주방 가구와 도구 모두가 차가운 철제다. 게다가, 부엌은 식량 저장고 역할까지 겸하고 있다. 벙커가 노출되기 전, 부엌에는 탈수 계란 스크램블이라든지 쇠고기 소시지, 치킨 통조림 같은 인스턴트 형 비상식량 박스들이 쌓여 있었다. 물론 식량 저장고는 한 군데 더 있다. 방폭문에서 낙진 샤워기로 가는

방폭문에서 시작된 130m 정도의 통로를 따라 쌓아둔 비상식량. 식당의 저장 시설이 다 차면, 이처럼 이곳에 쌓아 뒀다. 60일치 분량이다.

130m 정도의 터널 양편 벽이다. 식당의 저장고가 다 차면 이곳에 그대로 쌓아뒀다. 치킨 알라 킹(Chiken-ala-king: '궁중식 치킨 요리') 같은 상표를 단 냉동 건조 식품들이 대부분이었다 한다. 60일 간 먹을 엄청난 양이었다.

식당의 벽은 휑하다. 그래서 한 때 식당 벽에는 가짜 창문을 달아 놓았다 한다. 목재로 된 창틀에, 시골 풍경을 그려 넣었다. 마치 식당 창 너머 시골의 전원이 보이는 것처럼 느낌을 주려고 노력한 것이다. 지하에서 기약이 없는 삭막한 삶이지만, 땅 위로 올라갈 날에 대한 희망을 주기 위해서였다. 또 때로는 땅위에 있다는 착각이 필요했다. 그래야 오랫동안 땅 밑 시설에 머무르면서 갖게 될 불안감과 두려움을 조금이라도 상쇄할 것이라는 배려였다.

먹는 게 해결돼도, 아플 때 치료를 받지 못한다면 벙커의 안전은 치명적이다. 벙커 안에는 병원까지 있었다. 응급실과 수술실은 물론이고, 치과와 치기공 제작시설까지 있었다. 치과와 치기공까지 넣은 것은 의원들 대부분이 중년이후 연령대임을 고려한 것으로 보인다. 수술실에는 12개의 병상이 있었고, 각 병상마다 TV가 한 대씩 있었다. 수술실은 진찰, 의료실의 일부로 엑스레이와 간호사 호출대, 검사실과 약국, 그리고 접수실 등으로 이뤄져 있었다. 병원은 30-35명 정도의 의료진이 운영하게 돼 있었고, 정기적으로 의료 장비 성능을 점검했다.

특히, 주목되는 건 유사시에 대비해 현역 의원들 하나하나의 의료 정보를 다 챙긴다는 것이다. 개개 의원들의 병력과 지병, 현재 건강 상태, 먹는 약 등까지 확보해 두고 수시로 업데이트했다. 그에 필요한 약품들을 준비하고 대비하기 위해서다. 이 같은 의원 개인별 정보 관리는 모든 부문에 있어서 다 이뤄졌다. 예를 들어 앞서 말한 내무반형 의원 기숙사의 철제 침대에는 각 의원들의 이름들을 끼워 넣게 돼 있었다. 따라서 벙커 운영 요원들은 매 선거 때 마다, 바뀐 의원들의 이름표를 갈아 끼우는 일로 바빴다고 한다.

이같은 세심한 배려에 따라 공급된 벙커의 살림살이들은 엄청난 양이었다. 1992년 벙커가 노출된 후 이전하는 데는 3년이 걸렸을 정도다. 당시 이삿짐 가운데는 각종 문서와 앞서 말한 식량 약품 외에도 의원용 여분의 안경까지 있었다.

강철 위장벽 속, 핵전쟁 비상
의사당

　　　　　　　　　　놀라운 건 벙커의 가장 중요한 시설은 노출돼 있었다는 것이다. 게다가 평소 외부인들에게 가장 애용되던 곳이었다. 이른바 '전시관'(Exhibition Hall)으로 쓰이던 넓은 공간과, 그 후면에 맞붙어 있는 두 개의 강당형 회의 시설이다. 특히 이들은 웨스트버지니아 윙이라는 부속건물의 설계와 절묘하게 조화를 이루고 있다.

전시관은 부속 건물 시설 중에서는 가장 넓은 빈 공간이다. 약 만5천 제곱미터, 즉, 국민주택규모 아파트 150채 정도를 합한 넓이에 천정 높이가 6m나 된다. 천정이 이렇게 높은 것만 봐도, 전형적인 전시 공간 구조다. 실제로 전시물 운송 트럭들이 이 공간까지 바로 들어 올 수 있게 꾸며놓았다. 이를 위해 바닥도 단단하게 만들어됐다. 1960년대 초 이곳 전시관 홍보 책자에는 "전시관의 바닥은 무게를 무제한적으로 지지하기 위해 아름다운 대리석형 골재로 마감됐다."고 씌어져 있다. 그래서 이 전시관은 무역 박람회나 신차 발표회장 등으로 애용됐다. GM 자동차 등 내로라하는 회사들도 이곳을 즐겨 사용했다.

이 전시관 후면에는 2개의 강당이 있다. 가버너스 홀(Governor's Hall)과 마운티니어 룸(Mountaineer Room)이다. 평소 이곳은 각종 세미나와 회의 등이 빈번하게 열리는 곳이다. 때로는 영화관으로 사용되기도 했다. 전시관이든 두 개의 강당이건 평소에는 외관상 아무런 의심이 안 드는 호텔 건물의 일부분일 뿐이다. 호텔 본관 지하에서 새로 지은 웨스트버지니아 윙으로 건너가면 된다. 전시관 같은 경우, 행사가 없으면 숙박객들의 골프

호텔에서 벙커로 넘어가는 입구의 강철 위장 벽. 벽지까지 똑같아 감쪽같지만, 유사시 힘주어 밀면 이렇게 길이 나오고, 또 다른 18톤짜리 방폭문이 드러난다.

스윙 연습장으로 쓰이기도 했다. 또 근무가 끝난 종업원들이 이곳에서 조깅을 하기도 했다.

그러나 '유사시' 이곳은 완전히 돌변한다. 핵벙커의 핵심 시설로 변하는 것이다. '핵전쟁 비상 의회'의 의사당이다. 우선 두 개의 강당은 각각 상, 하원의 의사당이 된다. 큰 방인 가버너스 홀은 하원이다. 좀 작은 방인 마운티니어링 룸은 상원이다. 전시관은 상하 양원들의 의원회관 구실을 한다. 의원 보좌진들과 의원들이 함께 일하는 입법 업무 공간인 것이다. 그러다 상하 양원 합동 회의장으로 활용될 수도 있다.

어떻게 이런 위장이 가능할까? 비밀은 호텔에서 웨스트버지니아 윙으로 넘어가는 벽에 있다. 얼핏 보면 호텔과 웨스트버지니아 윙에 걸쳐 펼쳐져 있는 일반 벽과 다를 바 없다. 똑 같은 문양으로 도배까지 돼 있어 더욱 그렇다. 그러나 가까이 가서 자세히 만져 보니 촉감이 다르다. 차가운 느낌이 유난하다. 벽이 아니라 강철 위장벽인 것이다.

벽 사이 거의 보이지 않는 틈에 손을 넣어 당겼더니, 강철 위장벽은 소리 없이 옮겨졌다. 물론, 혼자 힘으로는 옮기기 힘들었다. 성인 3명 정도가 힘을 합쳐야 움직일 수 있었다. 바로 뒤에는 교묘하게 숨겨진 방폭문이 이미 열린 채로 숨겨져 있다. 무려 18톤짜리 육중한 강철 콘크리트 문이다. 물론 이들 강철 위장벽의 경첩들이 뚜렷하게 보인다. 모두 5개나 된다. 그러나 호텔 본관과 새로 지은 웨스트버지니아 윙을 연결해주는 '연결부'로 설명하면 감쪽같다.

다시 '핵전쟁 비상 의회' 의사당으로 가보자. 상원 의사당인 마운티니어링 룸은 좌석이 133개다. 상원의원 100명이 다 앉고도 좀 넉넉하게 만들었다. 하원 의사당인 거버너즈 홀의 자리는 470개다. 역시 435명의 하원의원들이 다 앉고도 남는다. 양쪽 방의 좌석을 의석수와 일치시키지 않은 건 보좌진들을 고려한 것이다. 또, 혹시 좌석 수까지 세가며 의문을 갖는 세심한 사람을 대비한 것이기도 하다.

유사시 의원석이 됐을 이들 좌석들은 녹색 코르덴 소재 천으로 싸여져 있고, 팔걸이를 들어 올리면 책상이 만들어 지도록 돼 있다. 그리고 각 의자에는 마이크를 연결할 수 있도록 돼 있다. 그리고 빨간 카펫이 무대로 이어져 있는데, 무대는 곧 바로 의장석으로 변형할 수 있는 구조다.

민심 추스르기 방송 시설에,
진압 무기까지

핵전쟁 비상 의회의 또 다른 역할은 민심안정이었다. 핵전쟁에서 혹시 살아남았을 바깥의 국민들에게, 정부는 물론이고 의회도 끄떡없이 기능하고 있다는 메시지를 주는 것이다. 다른 곳에 대피한 행정, 사법 기관들과도 연결해, 유기적인 공조를 하려 했다. 때문에 핵벙커에서 다른 시설 못지 않게 중점을 둔 곳이 방송 통신 시설이다.

우선 통신 시설은 기밀이건 일반이건, 전화건 전보건, 무한대로 통신이 가능하도록 설비를 해뒀다. 유사시 외부의 다른 대피기관들과 서로 소통하며, 기능해 나가도록 하겠다는 것이다. 전화통신대와 AT&T 장비실, 행정 통제실 등으로 구성된 방대한 설비였다. 메시지 처리실과 암호해독 장치까지 갖췄다. 이 설비는 미국 굴지의 통신사 AT&T사가 맡았는데, 이같은 목적을 위해 벙커와 호텔의 전화를 모두 한 체계로 묶었다. 평소에도 벙커에서 전화를 하면 호텔 전화교환대를 거쳐 나가게 해, 호텔에서 온 전화인 것처럼 보이게 했다.

방송 시설은 브리핑 룸으로 불리는 다목적 스튜디오를 중심으로 펼쳐져 있었다. 이 방에는 벽시계가 두 개 걸려 있었는데, 하나는 모스크바 시간을, 그 바로 위의 것은 미국 동부 시각을 표시했다. 눈에 띄는 건 이들 두 개의 시계 오른 쪽에 있는 대형 사진이다. 방송용 배경 세트다. 워싱턴의 의회 돔을 찍은 것이다. 우리 취재진이 갔을 때는 가을이었다. 그래서인지 파란 하늘과

벙커 방송실 내부, 미 의회를 찍은 방송용 배경 사진이 눈에 띈다.

가을의 낙엽이 배경이었다. 이처럼 계절에 맞춰 찍은 여러 장의 의회 돔 사진까지 준비했다. 마치 의회가 아직도 워싱턴에 남아 기능하고 있는 것처럼 보이게 한다는 것이다. 이 배경 사진 앞에서 각 의원들은 자신의 지역구 유권자들에게 입법 중인 법안이나 정책을 설명하고, 희망의 메시지를 던진다는 것이다. 이렇게 촬영된 테이프는 2층의 TV 제작실로 넘겨져 편집을 하게 된다. TV 뿐 아니라 라디오 방송도 하게 돼 있었다. 2층 TV 제작실 옆에는 방음장치가 된 라디오 녹음용 스튜디오가 있었다. 방송은 75인치 안테나로 외부에 송출됐는데, 이를 위해 벙커에서 수마일 떨어진 곳에 30m 높이의 송신탑이 설치됐다.

숨겨진
미국

벙커에서 방송을 하면, 벙커 외곽의 숨겨진 안테나가 펴지면서 이를 송신한다. 펼쳐지기 시작한 방송 안테나.

벙커에는 유사시 2백여 년 간의 의회 문서를 모두 옮기게 돼 있었다. 또 이 벙커 의회에서 만들어지는 입법 문서들도 저장해야 했다. 이를 위해 기록 저장고를 별도로 만들었다. 크기는 595㎡ 정도. 유사시 이런 문서들을 담아 둘 저장 용기들도 있었다. 밧줄 손잡이가 달린 나무 상자들이었다. 일종의 기밀문서고였다. 1962년 쿠바 미사일 사태로 긴박한 상황이 됐을 때는, 실제 미 의회로부터 이곳에 많은 기밀문서들이 들어오기도 했다. 이 벙커의 설계도면도 이곳에 보관됐다.

따라서 문서 저장고는 벙커 내에서도 제한구역이었다. 소수의 요원들에게만 출입이 제한된 이 시설에는 '특수 장비'들도 함께 보관돼 있었다. '공공안전을 목적으로 하는 진압 장비'였다. 구체적으로는 12구경 샷건과 38구경 권총 등 무기들이었다. 전쟁 중이거나 전쟁이 임박하면 정부가 그린 브라이어 시설 전체를 다 인도받게 돼 있었다. 그 경우, 보안 유지 인력들이 파견될 것이고 이들에게 필요한 것이었다. 또 장기 벙커 생활로 생길 수 있는 내부 질서 문란 행위나 폭동들로부터 안전을 보장하기 위한 수단이기도 했다.

1992년 이곳 벙커가 폭로됐을 때, 옮긴 짐들 가운데 가장 먼저 챙긴 게 바로 이 문서 저장고의 것들이었다. 특히, 비상시 정부 이전 계획과 장소, 지속적인 정부 운영 방안에 대한 서류 등 기밀들도 많았던 것으로 알려졌다. 이들 문서들은 캔자스주에 있는 아이젠하워 대통령 도서관에 있는데, 대부분 아직도 비밀 분류돼 있다 한다. 저장고의 무기들은 이런 기밀문서들이 다 실리고 난 다음에야, '두 번째 트럭'에 실렸다.

핵전쟁 비상 의회 대피 계획

그렇다면, 유사시 의원들을 이곳 벙커까지 어떻게 대피시킬 것인가? 벙커는 유사시 비상이 걸리면 4~8시간 내에 모든 사람들을 다 수용할 수 있도록 돼 있었다. 워싱턴에서 이들을 어떻게 데려올 건지 세부 계획이 다 세워져 있었다는 것이다.

수단은 철도와 항공, 또는 육상 교통수단이었다. 실제로 그린 브라이어 벙커 뒤쪽으로는 60번 도로로 불리는 주간(州間: Inter-State)고속도로가 통과했다. 또 그린 브라이어 밸리라는 작은 공항이 가까이 위치하고 있었다. 이 공항의 활주로는 2.1km로 확장돼, 당시로서는 웨스트버지니아에서 가장 길었다. 그린 브라이어측은 이를 위해 당시 돈으로 거금 9만 달러를 투자했다. 심지어는 철로까지 근처를 지나가고 있었다. 때문에 벙커에서는 의원수송용 객차를 특별 제작했다.

물론 대부분의 의원들은 이 같은 계획이나 벙커의 존재에 대해 아무 것도 몰랐다. 오직 하원의장 등 극히 일부만 알고 있었다. 1977년 취임한 팁 오닐(Tip O'Neil) 전 하원의장 같은 경우, 이 벙커를 6번 정도 직접 방문하기도 했다. 그는, "그린 브라이어에 내려갈 때마다, 나는 그 언덕을 보면서 말했다. 여기가 유사시 우리가 살아갈 곳이구나. 테니스 장 바로 아래인 이곳이 우리가 유사시 일을 해야 하는 곳이군! 하고 되뇌곤 했다."라고 훗날 회고했다.

미국 정부는 이 벙커를 언제든 사용할 수 있도록 꾸준히 관리하고 있었다. 정기적으로 비공식 시설 점검을 받았는데, 고위급 인사가 선임돼 이를 감독했다. 이런 정기 점검은 주로 겨울철이었다. 호텔의 숙박객수가 떨어져 백여 명 정도 밖에 안 되는 때가 좋았다. 외부 전문가 등 최다 150명 가까운 인력들이 벙커로 들어갔다. 12시간에서 16시간 정도 실제로 방폭문을 닫고 벙커를 가동하는 모의 훈련이었다. 모의 훈련동안에는 주어진 시간동안 최대한 많은 장비들을 시험했다.

벙커의 보급품들은 수시로 채워졌다. 예를 들어 의원 휴게실의 잡지들은 최신호로 계속 바뀠다. 장기 보관이 가능한 지급품들도 2년이 되면 교체했다. 벙커의 보급품들은 주로 한밤중과 새벽에 운반됐다. 새벽 3시 전후가 애용됐는데, 옛 소련 위성에 포착되지 않기 위해서였다. 앞서 설명한 그린 브라이어

뒤쪽의 28톤짜리 방폭문이 주로 애용됐다. 트럭이 바로 들어갈 수 있는 출입구기 때문이다. 철도나 60번 간선도로와 근접해 있다는 점도 장점이다.

이 지역 한 연료상은 그린 브라이어 리조트 쪽에서는 꼭 밤에 주문을 했다고 회상했다. 배달을 해주려하면, 그저 다 채운 연료탱커 트럭의 키만 넘겨주라고 한 것도 특이했다. 말대로 하고 기다리면, 한 시간쯤 후 텅 빈 연료탱커 트럭이 돌아오곤 했다는 것이다. 미국 정부에서는 꼬박 꼬박 시설 사용료를 리조트 측에 지불했다. 1979년까지 연 2만 5,000달러였고, 이후에는 5만 달러였다.

그러나 이 같은 정부 계획에 대해 비판적 시각도 적지 않았다. 4~8시간 내에 의원들을 모두 수용해 벙커 가동에 들어간다는 게 현실적으로 불가능하다는 것이다. 수도 워싱턴에서 그린 브라이어까지는 육로로 가면 적어도 5시간이 걸리는 거리다. 물론 항공기를 이용할 수도 있지만 워싱턴에서 1시간이나 걸린다. 게다가 실제 상황이 임박하면, 생각 만큼 의원들을 재빨리 대피시킬 수도 없을 것이다. 의회 지도부 외에는, 거의 모두가 이 계획과 시설을 알지 못하는 만큼 이들을 모으는 데만 시간이 많이 걸린다는 것이다. 더욱 문제는 의원들이 가족들과 동행하지 못하게 된다면 별로 협조하지 않을 것이라는 점이다. 실제로 초기 대피 계획에 의원들의 가족은 배제된 듯하다. 앞서 언급한 오닐 전 하원 의장마저 이 부분에 대해 의혹을 가졌다. 때문에 그는 매년 해주는 벙커 브리핑에 별로 관심을 갖지 않았다고까지 말했다. "내 아내와 같이 가지 못할 것이란 말에 난 흥미를 잃고 말았거든." 오닐 전 의장은, "맙소사, 내가 마누라를 버려두고 도망갈 거라고?

그건 내가 이제껏 들었던 말 중 제일 미친 소리야."

오닐 전 의장 뿐 아니라, 각료를 비롯한 정부 최고 관리들도 같은 의견이었다. 그들은 비록 다른 대피 시설에서 모의 훈련을 했지만, 가족과 함께 하지 못한다는 말에는 반응이 같았다. 가족 없이 가겠다는 사람은 소수였던 것이다. 게다가 이 시설이 만들어진 이후 핵탄두는 엄청나게 양산됐고 정확도도 증강됐다. 발사부터 타격까지 불과 15분 이내가 된 지 오래다. 오닐 전 하원 의장은, "난 결코 이 계획이 통하리라 믿지 않았어요."라고 훗날 말했다. 이 때문에 벙커에 의원 가족들을 함께 데려가는 계획이 추가된 것 같다. 30년 이상 이 벙커를 관리해온 당국자들은, "모든 사안들이 주의 깊게 배려돼 기안돼 있었죠. 가족들이 못 따라와서 의원들이 오길 거부할 거라고요? 누가 그래요?" 이들은 언론인들을 위한 식량까지 마련해 뒀을 정도로 대피 계획은 세부적이었고 현실적이었다고 강조했다. 또 의원들을 데려올 시간조차 없었을 것이라는 주장에도 반박했다. 전쟁에 앞서 일어나는 국제적 긴장이란 수일 또는 수주에 걸쳐 서서히 고조된다는 것이다. 외교관들이 마지막 최선을 다하고 있는 사이 미리 의원들을 데려오게 돼 있었다는 것이다.

물론 이에 대한 재반박도 있다. 그런 위기 속에서 535명이나 되는 의원들을 미리 모아 400km나 떨어진 곳으로 대피시킨다는 건, 옛 소련을 포함한 온 국내외의 이목을 집중시키기 딱 좋은 일이라는 것이다. 때문에 의원들의 이 같은 대피 움직임은, 역으로 핵전쟁 가능성을 더욱 높인다는 것이다.

극도의 군사 긴장의 순간에, 이 같은 움직임을 본 소련은 미국이 선제적 핵공격을 준비하고 있다고 오판할 것이고 곧장 핵공격에 나설 수 있다. 1962년

10월 쿠바 위기 때 벙커 사용을 최후 단계에서 포기한 것도 이 때문이었다는 것이다. 또 가족들이 함께 벙커까지 대피한다 해도 의원들과 함께 숙식할 수는 없었다. 실제로 가족들은 별도의 시설에 기거하게 돼 있었다.

그렇지만 그린 브라이어의 계획은 일반 시민들을 위해 세워둔 당시 대피 계획에 비해서는 비교할 수 없이 치밀한 것이었다. 핵벙커가 있는 지역 카운티인 그린 브라이어 카운티는 1990년 6월까지만 해도, 버지니아의 패어팩스 카운티(Fairfax County) 주민 4만 5,500명을 수용하게 돼 있었다. 지역 대피 업무를 맡은 공무원조차 이 계획에 반대했나 한다. "도내체 어디서 어디로 가라는 건지 주민들은 하나도 알지 못할 것입니다. 주민들을 완전한 공포상태로 몰아넣을 거구요. 내가 만약 패어팩스 카운티에 살았다면 가 봤자 아무 도움도 받지 못할 곳에 5시간이나 운전해 내려가지 않을 겁니다."

버지니아 패어팩스 카운티는 한국으로 치면 강남지역이다. 워싱턴을 출퇴근하는 고위 공직자들이나, 사업가들이 주로 거주하는 곳이다. 이들에게 5시간이나 운전을 해 내려가야 하는 웨스트버지니아 산촌 시골은 전혀 개념이 안서는 곳이다. 패어팩스 카운티의 사람들이 대피에 성공한다 해도 곤란해진다. 평소 3천 명이 채 안 되는 작은 산골 지역에 갑작스레 인구가 폭증하게 될 것이기 때문이다. 그들을 받아줄 지하 방공호 시설도 부족하지만, 식사와 주거 시설도 없다. 패어팩스 피난민들이 살 길은 SUV 차량에 먹을 식량과 텐트 약품 등을 싣고 오는 것이다. "그들은 언덕배기나 계곡 등에 수용될 겁니다. 텐트촌이 되는 거죠" 그린 브라이어 카운티의 민간 방어 조정관의 말이다. 실제 의회의 대피는 한 번도 이뤄지지 않아 대피 계획의 실효성은 한 번도 시험되지 않았다. 앞서 말했듯, 쿠바 위기 때 단 한 번 최고등급의 비상 대기에 들어갔을 뿐이다.

암호명 '그리스의 섬' (Project Greek Island)

이 벙커는 처음부터 기밀 시설이었다. 계획에서부터 건설단계, 완공 후 벙커의 관리와 정비까지 모든 게 기밀이라는 우산으로 철저히 가려졌다. 이런 상황에서 좋은 기회가 찾아왔다. 그린 브라이어 리조트가 마침 객실 시설을 확장하려고 하던 참이었던 것이다. 호텔 본관 건물 옆에 잇대어 부속 건물 한 동을 더 건설하려는 계획이었다. 이 부속 건물이 웨스트버지니아 윙(West Virginia Wing)이었다. 벙커는 마치 이 부속건물의 지하 그림자인양, 이 건물의 땅밑에 크기도 정확하게 지어졌다.

정부는 왜 하필 이곳을 벙커 건설 후보지로 정했을까? 우선 그린 브라이어의 부지와 시설물은 철저히 민간소유였다. 군 기지처럼 정부가 통제하는 시설도 아니었고 군사적으로도 별로 요충도 아니었다. 한마디로 주목대상이 되지 않는 곳이다. 그러면서도 핵벙커를 건설하기에 적절한 지형에 속했다. 웨스트버지니아의 전형적인 산골이기 때문이다. 산으로 사방이 둘러싸여 직격탄을 피할 수 있다. 자세히 보면 이곳은 철도가 지나가고 있다. 60번으로 불리는 간선 도로도 있다. 미국 개척 초기부터 은근한 교통의 요충이었다. 실제로 이 벙커는 완공 후 리조트 뒤쪽의 60번 도로와 철도를 통해 보급품들을 실어 날랐다. 트럭이 곧 바로 벙커 안으로 들어가기도 했고, 유사시 의원을 실은 기차가 벙커 근접지역까지 오도록 계획돼 있었던 것으로 알려졌다. 게다가 벙커 시설은 길 쪽에선 보이지도 않는다.

여기에 한 가지 더 중요한 건, 이 리조트와 미국 정부와의 오랜 우호관계였다. 앞서 기술한 대로 역대 대통령 등 미국의 주요 지도자들과 쌓아 온 인연이 깊었다. 게다가 남북 전쟁과 2차 대전에 이르기까지 정부의 필요에 따라 활용됐던 과거의 경험까지 있었다. 그린 브라이어측은 1958년 미국 정부와 우선 30년 계약을 맺었다.

국제 위기가 오면 모든 리조트는 입법부의 비상 대피 시설로써 정부 사용 하에 들어간다는 것이다. 대신 그린 브라이어 호텔의 부속건물인 웨스트버지니아 윙의 공사비를 정부가 대는 조건이었던 것으로 전해졌다. 벙커 공사는 1958년 착공됐다. 호텔 종업원을 대상으로 하는 내부 유인물에는 웨스트버지니아 윙 공사가 시작됐다는 소식이 실렸다. 한 지역신문에는 "체사피크 오하이오 철도 회사는 그린 브라이어 호텔 옆에, 전시관을 포함한 부속건물 건설 계획을 오늘 발표했습니다."라는 기사가 실렸다. 1,400만 달러가 넘는 초대형 기밀 공사는 이렇게 누구의 이목도 끌지 않은 채 조용히 시작됐다. 이후 이 공사는 '그리스 섬' 사업(Greek Island Project)이라는 암호명으로 불렸다.

이 공사는 처음부터 보안을 유지하기가 너무 어려웠다. 너무나 눈에 띄는 공사였기 때문이다. 우선 지하에 쏟아 부은 콘크리트만 해도 당시로선 상상도 할 수 없었던 5만 톤이었다. 평범한 리조트의 부속 건물 하나 짓자고, 지하 기초 공사를 이렇게 엄청나게 하는 건 누가 봐도 좀 이상한 것이었다. 그래서 나온 게 '전시관'과 두 개의 '강당'을 짓는다는 해명이었다. 부속 건물을 짓는 김에 '국제적 규모'의 초대형 전시관과 회의용 공간이 지하에

그린 브라이어 벙커 공사 당시 사진. 웨스트버지니아 윙 바로 아래 지하공사가 유난히 눈에 띈다. 그러나 호텔 측은 지하 전시관 공사라고 얼버무렸다.

들어선다고 리조트측은 틈만 나면 흘리곤 했다.

그러나 현장 근로자들의 눈을 속이기는 힘들었다. 당시 콘크리트를 공급한 업체의 한 근로자 말을 들어 보자. "현장 감독들로부터 들은 건, 이 리조트 부속 공사장에 파놓은 구멍에 끝도 없이 콘크리트 줄기를 퍼부으라는 거였다. 나는 일단 이 작업이 뭔가 긴급한 것이라는 걸 알 수 있었다. 내 직장 상사는 서두르라고 계속 재촉해댔고, 트럭의 법정 적재 중량 한계까지 넘겨가며 콘크리트를 실으라는 지시도 내려왔다. 이를 어기면 벌금을 내는데 그것까지 부담해줬다." 이 업체는 공정을 맞추려고 대형 콘크리트 타설기 (Mixer) 2대를 더 투입했다. 공정이 어느 정도 진척되자, 더욱 눈에 띄는 작업이 시작됐다. 거대한 콘크리트 구조물의 지상 조립이었다. 얼핏 초대형 토끼장 같았지만, 각종 방들과 복도의 윤곽이 뚜렷했다. 구조물의 콘크리트 벽은 60㎝가 넘는 두께였고, 강철 보강재까지 들어있었다. 구조물 조립이 끝나자, 그 위에 역시 거대한 콘크리트 지붕을 덮었다. 그리고는 60m 아래 땅 속으로 묻었다. 크레인들이 초대형 강철 콘크리트 문들을 들어 입구에 달았다. 초대형 강철 문들은 잠겼다. 외곽에는 경비 초소가 세워졌다.

이 공사에는 10여 개 건설업체가 참여했다. 공사가 신행되면서 목격자들은 늘어났고, 소문과 억측들도 무성해졌다. 대통령 대피 시설일 거라는 말에서부터, 나중에 '유력설'로 굳어진 정부 저장고라는 말까지, 갖가지 관측들이 난무했다. 지하에 붓는 콘크리트 양만큼이나 눈에 띈 건, 지하에서 파낸 엄청난 흙이었다. 이 흙은 결국, 거리 건너편 교회 마당의 큰 웅덩이를 메워 주차장을 만드는 데 주는가하면, 9홀짜리 골프장을 18홀짜리로 확장하는 공사에 보내주는 식으로 조용히 처리했다.

늘어나는 의혹, 정부 민정
조사단 파견까지

시간이 지나면서 화이트 서퍼 스프링스 시는 물론 그린 브라이어 카운티까지 소문은 퍼져나갔다. 많은 사람들에게 이제 뭔지는 모르지만 비밀 시설이 지어지고 있다는 건 의혹이 아니라 확신에 가까운 것이 돼 버렸다.

화이트 서퍼 스프링스의 전(前) 시장마저도, "그곳에 정부가 그런 시설을 만들었다는 건 질문 거리도 안 되는 거였죠. 이곳에서는 상식이었습니다." 라고 할 정도였다. 그와 그의 가족들은 그 시설이 정부의 대피소라는 걸 수 년간 알아왔다는 것이다. 건축자재 사업에 오랫동안 종사해 온 그의 가족들 은 그린 브라이어 서관 공사에 들어가는 많은 부품들을 팔아왔기에 들은 게 많았던 것이다. 결정적인 건 아저씨뻘 되는 친척의 목격담이다. 그는 스케 이트 링크를 갖고 있었는데, 그곳에 엄청난 량의 C 레이션을 잠시 쌓아뒀 다는 것이다. 그 C레이션 박스들을 시설 안으로 갖고 가기까지 했는데 벽 두께가 60cm이상이었다는 것이다, 훗날 화이트 서퍼 스프링스의 전 경찰 서장은, 그린 브라이어 지역 치안 총수로부터 특별 지시를 받았다고 밝히기 도 했다. 보안 허가를 받지 않고서는 서장인 자신도 들어갈 수 없다는 것이 었다. 이 시설 공사의 한 기술자 부인은 남편이 정기적으로 벙커에 들어갔 다고 말했다. 발전기 성능 체크를 위해서였는데, 그 이상은 모든 게 비밀 사 안이었다고 말했다. 일부 지역 보안 담당자들은 벙커 입구 철문 뒤에 있는 의원들의 내무반형 기숙사와 철제 벙커 베드, 샤워실과 내부 발전 시설까지 봤다고 증언했다. 이들도 엄청난 량의 C레이션 상자들을 봤다고 말했다. "이곳에서 매우 오래 버틸 수 있을 만큼의 량이었죠. 전쟁이 나면 우리 보 안 담당자들이 이를 책임지게 돼 있었어요." 공사기간을 포함해 20여 년 간 이나 리조트를 운영했던 한 고위 관계자는, "난 의식적으로 무슨 일이 일어 나는지에 신경을 쓰지 않으려 노력했어요."라고 말했다. "나는 그게 호텔 손님들을 위한 시설은 아니라고 생각 했습니다. 물론 나도 다른 사람들만큼 알 만한 사람이었지만, 그러나 모든 건 훨씬 윗선, 즉, 본사차원에서 결정됐 습니다." 이 관계자는 웨스트버지니아 윙 공사가 한창이던 때, 한 하청 건 설업자와 나눈 얘기를 소개했다. 지하 동굴 쪽을 맡았던 이 업자는 도무지

헛갈린다는 표정이었다. "저 동굴 안에는 전시관을 짓는다는 것 아니에요? 그런데 우린 동굴 안에 무려 110개나 되는 소변기를 갖다 설치했거든요. 도대체 뭘 전시하기에 그렇게 많은 소변기가 필요한 건지……." 벙커 출입이 허용된 관리들마저 실제 벙커 내부를 보고는 충격을 받았을 정도다. 한 전직 정부 관리는 "넓은 회랑의 왼쪽을 따라서 언덕 쪽으로 더 들어가면, 수술대까지 갖춘 완전한 의료시설이 있었죠. 더 가면 금속제 벙커 베드로 구성된 기숙사가 나왔는데, 매트리스는 커버가 씌워져 있었습니다. 침대는 아직 만들어지지 않았고요. 기숙사 옆에는 샤워실이었는데, 접시에 포장된 비누가 담겨 있었습니다. 나는 그날 악몽을 꿨답니다. 쉽게 잊을 수 없는 그런 경험이었습니다. 너무 무서웠습니다."

화이트 서퍼 스프링스 지역의 주민들이 이 시설에 대해 워낙 많이 알게 되자 정부에서는 민정 조사 요원들을 비밀리에 급파했다. 이 사업에 대해 전혀 알지 못하는 요원 두 사람을 뽑았다. 이들을 사냥꾼으로 위장시켜 주민들과 어울리게 하고 주민들이 하는 말들을 기록해 오도록 했다. 주민들이 과연 얼마나 많이 아는지 그리고 어떤 말들을 하는지 알아보려는 것이었다. 며칠 후 이 두 요원은 워싱턴으로 돌아왔다. 그들이 보고 들은 주민들의 대화를 그대로 전했는데, 그들을 파견한 당국은 놀랄 수밖에 없었다. 하나같이 이 시설에 대한 최고 기밀들이었고, 구체적인 것들이었기 때문이다.

'애국심'과 '애향심'이 지킨 비밀

이 정도까지 많은 사실들이 노출됐는데도, 31년간이나 비밀이 유지된 건 뭘까? 이 마을에서 나고 자란 한 토박이는 그 이유를 매우 공감이 가는 말로 설명했다. "물론 우리도 뭔가 비밀이 있다는 건 추측하고 있었죠. 그러나 때는 1960년대였습니다. 지금과는 완전히 다른 시대였죠. 우린 질문을 할 수 없었습니다. 탐사 기자도, CNN도 없던 시절입니다. 지금은 사라지고 없는 애국심이란 것도 우린 갖고 있었고요."

극에 달한 동서 냉전 시기였다. 매카시즘의 바람이 불고, 공산주의와의 대결이날카로운 각을 세우고 있던 당시 분위기를 대변하는 말이다. 정부가 왜 이 같은 대피소를 짓는지 묻는 것 자체가 불순하게 느껴지던 시절이었다는 것이다. 그리고 그게 애국이라고 생각되던 시절이 미국에도 있었던 것이다. 또 다른 이유는 이 지역의 특수한 환경과 정서였다. 인구 3천 명이 안 되는 이 시골 마을에, 그린 브라이어 리조트는 최대이자 유일한 산업체였다. 한마디로 이 시골 마을을 먹여 살리는 밥줄이었던 것이다. 이 리조트는 무려 1,600명을 고용했다. 대부분의 종업원들은 2, 3대에 걸쳐 이곳에서 일하고 있었다. 리조트의 대표는, "모든 이들은 이곳에서 평생 일하려고 옵니다. 그리고 죽을 때까지 여기서 일하죠. 퇴직을 하기도 하구요." 그러면서 토를 하나 달았다. "그러나 몇몇은 해고되기도 하죠. 이 지역에서 일할 나이가 됐는데도, 이 리조트에서 일을 하지 않고 있다면 그럴만한 이유가 있는 겁니다." 이 리조트의 직원 규율은 엄격했다. 업무상 보안에 대해서는 철저했다. 이는 유일하게 고용을, 그것도 평생고용을 해 주는 고향에 대한 당연한 '애향심'이기도 했다. 따라서 이를 어기는 건 '애향심'을 버린 것이고, 해고였던 것이다. 많은 사람들이 웨스트버지니아 윙 아래 지하에 뭔가 있다는 소문을 들었다. 몇 명은 직접적인 정보를 갖고 있기도 했다. 그러나 누구도 이를 공개적으로 얘기하지 않았다. 그런 측면에서 보면, 리조트의 경영진 뿐 아니라 종업원들마저, 이 벙커에 대해서는 암묵적인 일종의 '공범의식'을 갖고 있었던 셈이다. 한 종업원은 그 아버지가 벙커 공사에 참여했는데, 뭔가 군사적 목적의 것이라는 건 알았다. 그러나 "당시 내겐, 그걸 물어서는 안 된다는 정도의 지각은 있었다."라는 식으로 말할 정도다. 이 일에 직접 간여한 간부급들은 아예 정부와 비밀 유지 선서까지 했다.

유령 회사, '협력업체 포사이드 (Forsythe Associates)'

그러나 궁극적인 비결은 정부의 철저한 위장과 보안 조처였다. 벙커가 완공되던 60년대 초, 그린 브라이어 리조트에는 회사가 하나 차려졌다. 이름은 '협력업체 포사이드(Forsythe Associates)' 그린 브라이어 리조트 지사. 리조트의 전기, TV 수선을 전담하는 업체였다. 본사는 수도 워싱턴의 알링턴(Arlington)으로 돼 있었다. 포사이드의 사무실은 벙커 입구 바로 몇 발짝 옆이었다. 리조트의 TV는 무려 천여 대였다. 포사이드의 직원들은 실제로 이들 TV를 고치고 케이블 프로그램을 나오게 하는 서비스를 했다. 그렇지만, 자세히 살펴보면 의심스런 구석이 꽤 많았다.

처음 지사장으로 온 이는 존 론디스(John Londis)라는 이였다. 그의 경력이 특이했다. 육군 통신대 암호 전문가 출신이다. 1급 비밀 취급 인가자로 국방부에서 근무했다. 그가 부임한 방식도 묘했다. 잘 다니던 국방부를 갑자기 그만 두고 이곳으로 왔던 것이다. 의심스럽기는 포사이드라는 이 회사의 본사도 마찬가지였다. 알링턴에 있는 본사 사무실에 전화를 하면,

"협력업체 포사이드입니다. 지금 전화 응답이 어렵습니다. 이름과 전화번호를 남겨두시면 곧 연락드리겠습니다."라는 메시지로 자동적으로 돌아갔다. 메시지를 남기려고 기다리면 "..삐...삐.."하는 소리가 나다가, "녹음테이프가 가득 찼습니다. 다시 전화해 주세요."라고 하는 안내음만 나왔다는 것이다.

포사이드는 유령 회사였다. 실체는 벙커 운영 본부였다. 초대 지사장인 론디스가 잘 다니던 국방부를 그만 두고 갑자기 온 것도 이유가 있었다. 벙커가 막 완공된 1960년 초 벙커 점검차 내려왔던 그는 초대 지사장 발령이 나자, 의심을 받지 않기 위해 아예 소속인 국방부를 퇴임한 것이었다. 포사이드는 위장 차원에서 TV 수선 등 외형적으로 드러난 서비스도 했다. 그러나 그건 업무의 20%에 불과했다. 80%는 정부 시설인 벙커와 관련된 것들이었다. 이 모든 일은 포사이드라는 회사 이름으로 이뤄졌다. 포사이드는 리조트 근처 산 정상에 안테나 부지도 관리했다. 공식적으로는 객실 케이블 TV 서비스 안테나용 부지였다. 그러나 이 부지의 핵심 시설은, 앞서 설명한 방사선 감지기와, 핵 전시 비상 의회를 위한 방송탑이었다. 방사선 감지기의 경우, 원자탄이 투하됐을 때 섬광을 감지해 지하 대피시설에 경보를 발령하게 돼 있었다. 포사이드의 사무실은 벙커 옆 사무실 외에 또 다른 한 개가 더 있었다. 벙커 옆 사무실은 기술자들이 머무는 곳으로 TV 등 전기기구 정비 작업장을 겸했다. 그러나 일반 투숙객들은 별로 접할 수 없는 행정 건물에 또 다른 사무실이 있었다. 이 사무실은 삼중 잠금장치가 돼 있었다. 론디스와 같은 책임자들은 이곳에서 근무했다.

1970년 론디스의 후임으로 새로운 인물이 왔다. 폴 프릿츠 부가스(Paul Fritz Bugas)였다. 자그마한 키에 희끗 희끗한 턱수염, 검은색 가발에 두꺼운 안경을 쓴 외향적인 성격의 사나이였다. 부가스도 론디스처럼 1급 비밀 인가를 받은 육군 통신부대 출신이었다. 그의 공식 직함은 협력업체 포사이드 동부 지역 국장이었다. 부가스는 이후 22년 간 끝까지 이 벙커를 돌본, 최후의 운영 책임자였다. 부가스를 보좌하는 사람은 존 늠치크(Nemcik)라는 이였다. 그는 1958년 퇴역할 때까지 공군 무선사였고 1급 비밀 취급 인가를 갖고 있었다. 포사이드에는 1977년에 합류했다. 부가스에겐 비서까지 있었다.

부가스는 훗날 인터뷰에서, "내가 벙커에 부임하던 1970년엔 이미 우리가 호텔의 서비스맨들 중 하나로 통하고 있었습니다. 우린 다른 호텔 종업원들처럼 셔츠와 바지를 입고 있었고 사람들도 우리를 그들 중 하나 정도로 대해 줬죠" 부가스가 당시 데리고 있던 정부직속 현장 요원들은 12-15명 정도였다. 그러나 시설을 제대로 관리하기엔 태부족이었다. 그래서 신원 조회를 거쳐 호텔 종업원들 일부를 협업자로 별도로 활용했다고 밝혔다. 실제로 이들 요원들은 철저하게 신분 위장을 했다. 이를 위해 현지 지역 사회와 적극적으로 융화해 나갔다. 요원들은 리조트 근처의 여러 작은 마을들에 흩어져 살았다. 리조트가 있는 화이트 서퍼 스프링을 포함해, 그린 브라이어 카운티를 구성하는 작은 시골 마을들이었다. 이들은 그린 브라이어 리조트에 직장을 잡아 이곳에 와 사는 사람들로 인식되며 쉽게 동화돼 갔다.

벙커의 폭로, 그 이후

1992년 2월 테드 겁(Ted Gup)이라는 사람이 그린 브라이어 리조트에 투숙했다. 그는 프리랜서 탐사보도 기자였다. 특히 그의 관심영역이 특이했다. 정부의 전시 비상 대피소였다. 실제로 그런 주제로 각종 언론에 글도 기고해왔다. 겁은 아무 사전 약속도 없이 이 리조트의 최고 경영자, 테드 클라이스너(Ted Kleisner)방에 불쑥 들어섰다. 그러고는 단도직입적으로 말을 꺼냈다. 호텔 지하에 있는 정부의 1급 비밀 시설을 보도하겠다는 것이었다. 보도 매체는 유력지 워싱턴 포스트 지였다. "만약 제가 이 호텔에 묵는 걸 불편해 하신다면 저 아래 다른 곳으로 가겠습니다." 은근한 맛이나 세련미라곤 전혀 없는 직설 화법이었다. 클라이스너는 충격을 받았겠지만 얼굴색을 고쳤다. 우선 호텔에 묵는 건 환영한다고 했다. 그러나 "만약 당신이 그런 기사를 쓴다면, 이후론 더 이상 기사를 쓸 수 없게 될 거요. 왜냐면 아무도 당신의 말을 믿으려 들지 않을 것이기 때문이죠. 내가 약속하지, 호텔 아래에는 그런 시설이 존재하지 않소." 라고 잘라 말했다.

겁은 웨스트버지니아 윙 4층의 작은 한 방을 요구했다. 정상적인 손님이라면 별로 내키지않아 해야 할 방이었다. 풍광도 그랬고, 작고 시끄러운 방이었기 때문이다. 클라이스너는 이미 이 때 경고등이 울렸던 것이라고 훗날 회상했다.

호텔은 겁의 일거수일투족을 추적했다. 그가 머무는 동안 지속적으로 그리고 거의 코믹한 형태의 염탐이 이뤄졌다. 겁은, "나는 그 염탐꾼들을 감시했고, 그 염탐꾼들은 나를 감시하는 형태였죠."라고 회상했다. 접의 출현에 벙커 운영 책임자였던 부가스도 움직였다. 워싱턴의 보안 책임자에게 전화를 걸어 타개책을 논의했다. 차라리 접에게 시설을 보여주고 그 중요성과 민감성을 가르쳐주면서 회유하는 게 어떠냐고 물었다.

부가스와 클라이스너는 지금도 그랬어야 했다고 믿는다. 그러나 국방부 측 인물은 이 아이디어를 거절했다. 냉담한 표정으로, "그건 그리 흥미 있는 방법이 아니에요. 우린 그런 식으로 일을 하지 않죠. 부적절한 방법입니다."라고 답했다. 시간이 지나 기사의 게재가 임박했을 때 크라이스너는 해당 부처에 긴급 제안을 했다 한다. 이른바, '기사 뭉개기' 기자회견을 서둘러 열자는 거였다. 그 벙커의 실체를 밝히되, "이는 탈냉전 시절의 것으로 이제 더 이상 이런 벙커는 사용되지 않는다."며, 몇몇 유공자들에게 훈장을 달아주면 되는 거 아니냐고 말했다. 그러나 당시 유력인사의 측근이 반대했다. 접이 게재하려는 그런 류의 폭로 기사는 별반 주목을 받지 못하고, 겨우 작은 기사로나 다뤄질 것이라는 거였다. 그러나 이 같은 희망과는 반대로, 1992년 5월 31일 워싱턴 포스트는 '마지막 은신처'(The Last Resort)라는 제목으로 일요판 커버스토리를 게재했다. 그 반향은 대단했다. 방송과 신문의 기자들은 앞 다퉈 그린 브라이어로 내려갔다. 기사가 나온 지 24시간이 못돼, 하원 의장은 국방 장관에게 서한을 보내, 노출돼 버린 벙커의 지원 종료를 요청한 것으로 전해졌다. 당시 국방 장관은 훗날 '아들' 부시 행정부에서 부통령이 되는 체니다.

워싱턴 포스트 지의 폭로 기사 게재 이후 미 국방부는 한 문단짜리 짧은 성명을 냈다. "벙커는 폐쇄된다."는 것이었다. 이후 정부는 민감한 장비들, 예를 들어 방사능 탐지기 등을 차례로 철거하기 시작했다. 벙커의 의원용 내무반에 있던 침대들은 사우스 캘리포니아에 있는 포트 브랙(Fort Bragg) 특수전 사령부로 옮겨진 것으로 알려졌다. 방대한 시설을 다 철거하는 데는 앞서 밝혔듯이 3년이 걸렸다.

세월이 지나면서 이 벙커의 의미는 새로이 조명되고 있다. 특히 911사태를 분수령으로 미국에서는 냉전 시대와는 또 다른 안보 경각심이 새로이 일고 있다. 벙커를 폭로한 겁도, 그 벙커를 끝까지 지키려했던 부가스도 그린 브라이어만이 아니라 다른 곳에 또 다른 비상 시설과 계획이 존재할 것이라는 데 동의했다. 게다가 미국은 아직도 세계에서 가장 많은 핵탄두를 보유하고 있다. 과거 라이벌이었던 러시아와 신흥 군사 강국으로 부상하는 중국은 물론이고, 이제는 이란과 북한마저 핵무장을 선언하고 있는 형국이다. 이렇게 되면, 이들 '2등 핵무장 국가'들이, 알카에다 같은 통제 불능의 뒷골목 무장 세력들에게 핵을 넘기는 때가 오지 말라는 법도 없다. 미국에 있어 핵전쟁 가능성은 사라진 시나리오가 아니라, 진행형 현안인 것이다. 따라서 핵전시 국가가 됐을 때 필요한 준비를 풀 새가 없는 것이다.

미국의 핵전쟁 대비책 – 하늘의 핵전쟁 요새

핵전쟁 위기가 발생할 때, 미국 대통령이 선택할 수 있는 대응 방법은 다양하다. 그 중 가장 드라마틱한 건 국가 공중 작전센터(NAOC: National Airborne Operational Center)로 알려져 있다. NAOC는 한 마디로 핵전쟁 공중지휘 통제기다. 적의 급작스러운 공격으로 치명적 공격을 받았거나, 지상의 지휘 시스템이 파괴됐을 때를 상정한 옵션이다. 공식 암호명 '야간 감시'(Night Watch), 통상 '최후의 날 비행기'(Doomsday Plane)로 불리는 이 비행기는 보잉 747 점보기를 개조한 것이다. 이 비행기에 앉아서 대통령은 모든 미국의 사령부와 핵무기 부대를 통제하고 지휘한다. 각종 군사 위성을 통해서다. 또 정부 고위 관리들의 위치를 추적할 수 있다. 따라서 유사시 대통령은 정보 분석가, 통신 전문가, 자체 보안 병력 등 114명에 이르는 최고의 참모진들을 거느리고 하늘로 올라간다. 대통령은 이미 정해진 핵전쟁 벙커로 각자 자리를 옮긴 군 수뇌부들과 조율해가며, 하늘에서 전쟁을 지휘하게 돼 있는 것이다. 이 비행기에는 언제든 활용할 수 있는 12개 정도의 핵전쟁 작전계획이 비치돼 상황에 따라 활용하게 돼 있는 것으로 전해진다. 이 계획에 따라 대통령은 핵공격을 명령하는 EAM, 즉, 비상 대응 메시지(Emergency Action Message)를 공중에서 발송할 수도 있다.

이 같은 공중 핵전쟁 지휘가 가능한 건, NAOC의 능력 덕분이다. 이 비행기는 핵폭발에도 견딜 수 있게 돼 있다는 것이다. 기체가 핵폭발로 생기는 열에도 견디게 돼 있고, 핵 전자기파로부터 통신 기기 등 전자 장치를 보호해 작전 지휘 능력을 유지한다는 것이다. 또 대통령 전용기인 에어포스 원(Air Force 1)과는 달리 공중 급유가 가능하다. 물과 식량도 공중에서 보급 받을 수 있다. 특히, 비행기 엔진 오일까지 공중 급유가 가능하다. 비행기는 오랫동안 작전을 하면 엔진 오일 수명이 다 되는데, 이 문제가 해결되는 것이다. 따라서 여러 날 동안 하늘에 머물 수 있다. 대당 우리 돈으로 3천 억이 넘는 이 NAOC는 모두 4대다. 미 전략사령부(Strategic Command)가 있는 네브라스카 주 오마하(Omaha)의 오퍼트(Offut) 공군기지가 모기지다. 이들 중 적어도 한 대는 명령 하달 후 15분 이내에 즉시 이륙해, 임무에 들어갈 수 있도록 24시간 대기 태세에 들어가 있다. 따라서 4대를 번갈아 갈아타면 공중 작전 센터 지휘의 연속성은 계속 보장된다.

NAOC는 카터 대통령 때인 1970년대 후반 첫 선을 보였다. 당시 명칭은 NAOC가 아니라, "국가 비상 공중 지휘소"(NEACP:National Emergency Air Command Post)였다. 가장 먼저 NEACP를 이용한 사람은 당연히 카터 대통령이었다.

레이건 대통령 때인 1980년대 초반에는 기능이 훨씬 강화됐다. 레이건 대통령은 1981년 11월 텍사스에서 워싱턴으로 돌아오면서 전용기 대신 NAOC를 타기도 했다. 실제로 미 대통령이 전용기에 타고 외유를 나가면 이 NAOC도 경우에 따라서는 멀리서 뒤따르며, 유사시를 대비하는 걸로 알려져 있다. 1983년까지만 해도 NAOC는 메릴랜드주 앤드류스 공군기지(Andrews Air Base)에 배치돼 있었다. 앤드류스 공군 기지는 우리로 치면 성남 공군기지다. 성남 공군기지는 수도권을 방위하는 주력 기지일 뿐 아니라, 서울공항으로 불리는 시설로 대통령의 입출국, 때로는 외국 수반들의 입출국 등을 맡는 주요 전략기지다. 앤드류스 기지의 기능도 거의 판박이다. 백악관에서 헬기로 지척거리에 있다. 따라서 유사시 대통령이 NAOC로 이동하기에는 안성맞춤격인 지역이다. 그러나 이 기지가 너무나 적에게 노출돼 있다는 게 문제가 됐다. 1983년 미 의회는 당시 미 국방부의 담당 차관보를 청문회에 불렀다. 당시 소련의 잠수함 발사 탄도 미사일(SLBM)

의 공격에 NAOC가 취약한 환경에 노출돼 있다는 지적이 나왔다. 이에 대해 담당 차관보는 처음으로 NAOC의 배치 기지를 이전하겠다는 입장을 밝혔다. "알려지지 않은 내륙지역"이라고만 밝혔다. 유사시 그 기지에서 이륙해, 헬기를 타고 오는 대통령을 중도에서 만나면 된다는 것이다. 대통령의 헬기는 워싱턴과 인접한 버지니아주 해병 비행 기지인 콴티코(Marine Corps Base Quantico)에 24시간 대기 상태에 있기 때문이다.

"911 당시 체니 부통령 피신", '지하 펜타곤', 사이트 알(Site R)

그린 브라이어 외에도 핵전쟁 벙커들은 여러 군데 있다. 우선 '지하 대체 전투 지휘소'(Alternate Underground Command Post)라 불리는 벙커들이 있다. 핵전쟁 때 미국의 최고위 인사들을 수용하기 위한 것이다. 위치는 펜실베이니아 주와 콜로라도 주, 버지니아 주 등인 것으로 알려지고 있다.

이 가운데 펜실베이니아 주에 있는 대표적인 것이 '사이트 알'(Site R)이다. 별칭이 레이븐 록 산(Raven Rock Mountain)인 이곳은 '국가 군사 사령센터'(NMCC: National Military Command Center)다. 미 대통령 별장인 캠프 데이비드(Camp David)로부터 10km 정도 북쪽에 있다. 1951년 건설이 시작돼 1953년 가동에 들어간 이 벙커는 수도 워싱턴이 파괴 됐을 경우, 미 국방부 청사인 펜타곤 기능을 맡게 돼 있다. 또 통신 센터로서의 역할을 하게 돼 있다. 한마디로 '지하 펜타곤'(Underground Pentagon)인 셈이다. 사이트 알의 건설 구상은 옛 소련이 첫 핵실험을 한 1949년 이후 본격화됐다. 핵전쟁 때, 수도 워싱턴 지근거리에 핵공격으로부터 방어가

되는 통합 전쟁 지휘소가 있어야 한다는 개념에서였다. 전쟁 지휘부와 통합 통신 시설이 신속히 대피해 반격을 해야 한다는 것이었다. 해리 트루먼 (Harry Truman) 당시 대통령이 이 벙커의 건설계획을 결재했다.

'사이트 알'의 부지는 약 2만 5,000㎡, 국민주택규모 아파트 250채 정도를 합한 정도다. 그러나 실제 가용 면적은 그 3배 정도로 매우 넓다. 6층 구조로 돼 있기 때문이다. 건설 경비는 알려지지 않았지만, 대체로 10억 달러 내외일 것으로 추정되고 있다. 첨단 컴퓨터와 통신 장비가 설비된 이 벙커는 유사시 3천 명까지 수용할 수 있다. 이 벙커는 지하 수로를 파서 물 저장고를 만들었고, 치과를 포함한 병원, 식당에다 이발소, 예배당까지 있단다. 한 전문가는, "냉전 시대의 핵전쟁 개념은 간단했죠. 방사능 낙진이 사라질 때까지 어떻게든 살아 버티는 게 중요하다는 거였습니다. 그러려면 최대한 오랫동안 정상적인 삶의 패턴을 유지하는 게 필요했죠. 지하에 이발소까지 갖춘 것도 그런 개념에서 나온 겁니다." 라고 말했다. 1992년 2월까지만 해도 이 벙커는 24시간 전원 대비 태세를 유지했다. 또 1997년 10월까지는 군 병력과 민간 요원 등 최소 5백 명 이상이 이곳을 운영했다. 1962년 이후 30년 간 이 벙커를 운영한 비용은 10억 달러 이상으로 알려졌다.

그린 브라이어 벙커처럼 이 '사이트 알'도 수십년 간 대중들에게 알려지지 않은 비밀 시설이었다. 그저 동네 사람들이나 어렴풋이 아는 정도였다는 것도 그린 브라이어 벙커와 흡사했다. 이곳에서 39년이나 살았고 이 사이트 알 출입구 바로 곁에 살고 있는 한 주민은, "내가 게티즈버그로 나가서(링컨 대통령의 연설로 유명한 게티즈버그다. 이곳에서 50㎞정도 떨어져 있는데,

이 시골 지역에서는 대표적으로 큰 도시라 할 수 있다) 사이트 알에 대해 말해봤자, 뭔 소리인지 알 사람은 아무도 없었을 걸요."라고 말했다. 특히 그의 부친은 사이트 알에서 일했지만, 그곳에 대해 별로 말한 게 없었다는 것이다. 그 정도로 보안은 오랫동안 유지돼 왔던 것이다.

사이트 알이 오랜 비밀의 속살을 외부로 드러내게 된 건 911 사태였다. 당시 펜타곤도 테러범들이 유도한 여객기의 공격을 받게 되면서다. 911 사태가 났던 해인 2001년 12월 한 인터넷 신문의 보도를 보자. "펜타곤이 공격을 받은 지 3시간 후 5대의 헬기가 이 사이트 알의 헬기장에 노착했나. 수분 내에 까맣게 유리창을 썬팅한 SUV 차량들이 이곳으로 와 도착한 사람들을 사이트 알로 모셔갔다." 이 때 이곳에 온 사람은 딕 체니 당시 부통령이었다는 것이다. 체니 당시 부통령은 이후에도 여러 번 이곳을 방문한 것으로 알려져 있다. 이후 이곳을 지나는 제트기와 헬기의 비행 횟수는 늘어났고 조용한 시골 마을의 분위기도 어수선해지지 시작했다. 911 여드레 후에는 사이트 알 주변의 도로가 봉쇄되는가 하면, 일부 주민들은 집을 떠나도록 대피령을 받기도 했던 것으로 알려졌다. 또 사이트 알의 입구 주변에는 화학약품 탐지기가 설치돼 혹시 있을지 모를 폭탄 테러에 대비했다. 또 가구를 실은 트럭도 목격됐는데, 이는 유사시 고위급 인사들의 대피에 대비한 것으로 전해졌다.

대통령의 핵벙커 마운트 웨더 (Mount Weather)

마운트 웨더(Mount Weather)는 대통령을 위한 벙커라 할 수 있다. 물론 이곳에는 대통령 말고도 연방 대법원도 들어오는 걸로 알려져 있다. 그린 브라이어는 웨스트버지니아 주에 속하지만, 마운트 웨더는 버지니아 주에 속한다. 워싱턴에서 87km 정도 거리로, 자동차로 1시간 남짓이다.

마운트 웨더는 공식적으로는 연방 재난관리청(FEMA)의 시설물로 돼 있다. 주소인 19844 Blue Ridge Mountain Rd.를 내비게이션에 넣고 가다 보면 표지판이 나온다. 그저 마운트 웨더 비상 지원센터(Mount Weather EAC〈Emergency Assistance Center〉)라고만 돼 있다. 최근 이 표지판은 없어진 것 같지만, FEMA측은 이 마운트 웨더가 순수하게 연방 재난관련 시설이라고 강조한다. 알려진 것처럼 대통령이나 정부 주요 인사들의 유사시 시설 같은 건 없다고 부인한다. 물론 이곳에는 재난이 발생했을 때를 대비한 대규모 훈련 센터가 있다. 이재민 구호와 구출, 전화 등록과 구난 요원 훈련 등이다. 이 훈련에 참가하는 학생들은 이 시설의 서쪽 끝에 있는 건물에 묵는 데 마치 군대 막사형태다. 주목되는 건, 각 방마다 붙어 있는 엄격한 보안관련 경고 문구들이다. 드러난 이곳 말고 뭔가 중요한 시설이 있을 것 같은 상상의 실마리를 주는 대목이다.

실제로 마운트 웨더는 2중 구조로 돼 있는 것으로 알려졌다. 지상부에는 말 그대로 FEMA의 재난 관련 시설이다. 이른바, 'A지역'(Area A)로 불리는 것이다. 1979년에 만들어진 이 시설은 방대하다. 부지면적만 해도 여의도의 3분의 2정도다. 무려 6개 연방 재난 관련 기관들의 시설들이 들어서 있다. 그러나 지하는 전혀 다른 곳이다. 이른바, 'B지역'(Area B)으로 불리는 영역이다. 그러니까 지상의 FEMA 시설은 어떤 의미에서 보면, 지하의

'B지역'을 위한 위장 시설인 셈이다. B지역의 기초 공사격인 동굴 공사는 이미 1954년에 이뤄졌다. 마운트 웨더 자체가 워낙 튼튼한 돌산이어서 일단 지하 100m 내외로 터널을 팠다. 이른바, "고지(高地)작전(High Point Operation)이라는 암호명이 붙여졌다. 그 해에는 일부 고위 인사들이 가상 공격에 대비한 대피연습도 한 것으로 알려졌다. 수도 워싱턴에서 날아와 체크 리스트에 있는 대로 가능한 대응 조처를 하는 훈련이었다. 파놓은 이 동굴에 집합했는데, 마침 천장과 벽에서 물이 새는 등 고쳐야 할 점들이 보였다. 몇 시간 규모의 훈련이었지만 훗날 이곳을 핵전쟁 대피 벙커로 만드는 데 중요한 경험이 됐다.

본격 공사는 1958년 시작돼 1년 만에 끝났다. 물이 새던 천정은 고쳐졌고 2만 1,000여 개의 강철 볼트를 2~3m 깊이로 박아 지붕을 만들었다. 연면적은 연면적은 5만 6,000㎡ 이상, 웬만한 아파트 단지 규모다. 동굴 입구는 길로틴(Guillotine) 형태의 거대 철문으로 보호됐다. 높이가 3m가 넘고 폭이 6m인 34톤짜리 방폭문인데 두께가 1.5m가 넘는다. 벙커 안에는 병원과 식당 휴게실, 숙소와 물 저장 시설, 비상 발전시설, 라디오. TV 방송스튜디오, 그리고 화장실 시설까지 있다. 그린 브라이어와 매우 흡사하다. 주(主) 동굴 옆으로는 측면 동굴들을 여러 개 팠다. 그곳에는 20개 정도의 집무실 빌딩이 들어섰다. 그 중 몇 개는 3층짜리다. 이른바, 동(東) 터널로 불리는 동굴에는 비상 대응을 위한 첨단 컴퓨터의 복합 시설이 들어섰다. 이 벙커에는 최대 2천 명까지 잘 수 있는 야전 침대가 준비돼 있지만, 물과 하수 처리 시설을 보면 200명 정도가 한 달 정도 살 수 있다. 이 벙커에는 그린 브라이어와 달리 여러 개의 사적 침실이 있다. 그러나 대통령과 각료급, 그리고 대법관 정도에게만 돌아가게 돼 있다.

유사시 펜실베이니아 주의 한 기지에서 특수 구호요원이 탑승한 헬기가 발진한다. 곧 바로 백악관으로 가 대통령과 그 가족들을 싣고 마운트 웨더로 오게 된다. 물론 여의치 않을 경우에는 그밖의 여러 핵벙커로 가기도 하고, 급박한 경우, 앞서 소개한 하늘의 핵전쟁 지휘 사령부 '국가 공중 작전센터' (NAOC: National Airborne Operational Center)로 갈 수도 있다. 부통령과 하원의장 등 대통령 유고시 권한을 이어 받을 후보자들은 마운트 웨더 이외의 각자 다른 벙커들로 흩어진다. 마운트 웨더에서는 이들의 위치를 24시간 추적할 수 있다. 이들 대통령 권한 이양 후보자들은 특수 신분증을 갖고 있고, 대통령이 받는 정규 브리핑을 받게 된다. 마운트 웨더에 들어오는 고위 관리들은 가족을 대동할 수 없다.

이 벙커도 예기치 않은 일로 드러나게 됐다. 1974년 12월 수도 워싱턴의 덜레스 공항으로 오던 TWA사 소속 보잉 727 여객기가 이 산에 추락한 것이다. 폭우와 강풍 때문이었고, 타고 있던 승객 92명 전원이 사망했다. 대형항공 사고였고, 각 언론사는 현장 취재에 나섰다. 추락 지점은 이 벙커가 있는 곳에서 불과 2㎞ 못 미친 지점이었다. 며칠 후 워싱턴포스트지가 마운트 웨더를 보도했다. 마운트 웨더에 대한 세인의 관심에 불을 붙인 도화선이 된 것이다. 당장 다음 해 상원의 한 소위원회가 청문회를 소집했다. 당시 미국 의회는 마운트 웨더의 존재는 물론 예산감독에 대해서도 거의 아는 바가 없었던 것 같다. 증인으로는 공군의 퇴역장성인 레슬리 브레이(Gen. Lesley Bray)가 출석했는데, "마운트 웨더의 정확한 역할과 능력 임무는 물론 위치에 대해서도 말할 수 있는 입장이 아닙니다."라고 잘라 말했다. 대신 마운트 웨더가 유지하고 있는 문서의 제목분류표를 제출했다. 그 속에는 병력 배치 상황과 정부 시설, 통신, 수송, 동력, 전기, 보급품 현황 등 거의 모든 게 망라돼 있었다. 이후 이 같은 청문회 내용과 관련자의 인터뷰를 바탕으로 한 후속기사들이 나왔다. 마운트 웨더에 대한 정보가 서서히 노출되기 시작한 것이다.

911, "마운트 웨더로 의회 지도부를…"
문화재까지 비상계획

마운트 웨더가 또 다시 주목을 받기 시작한 건 역시 911 때문이다. 911 직후 기사들을 보면, "하원 의장 등 의회 지도부가 워싱턴에서 87㎞ 떨어진 정부의 보안 시설로 대피했다"라든지, "정부의 보안 부처는, 공격에 대한 정부 대응 조치의 일환으로 의회 지도부를 수도에서 87㎞ 떨어진 안전시설로 이송했으며, 저녁 때 되돌아 왔다"라는 보도가 이어지고 있다. 한 주간지는 그 해 12월 기사에서, "911 당일 오후 마운트 웨더로 향하는 601번 도로는 워싱턴과 정부 번호판을 단 리무진들로 엄청나게 막혔고, 8대의 경호 경찰 오토바이가 이들을 인도하고 있었다."고 쓰고 있다.

특히 영국 가디언 지가 2006년 8월에 쓴 기사가 매우 흥미롭다. 이곳 마을의 한 토박이는, "911 당일, 플로리다 주에서 돌아오던 집사람이 마을 입구에서 주 경찰들에게 검문을 당했죠. 초병들은 모두 무장을 했을 뿐 아니라, 언제든 쏠 수 있도록 안전장치를 풀어 놓은 긴박한 상태였고요."라고 회고했다는 것이다. 또 마운트 웨더 주변 카운티인 클라크 카운티(Clark County)의

911 신고 전화 가운데는 매우 놀란 한 여성의 말이 녹음되기도 했단다. 그런데 그 말이 놀라왔다. "내 눈으로 똑똑히 보지 않았다면 나도 믿지 않았을 거예요. 갑자기 산의 모든 곳이 개방되더니, '에어포스 원'이 착륙하는 거지 뭐예요. 그리고는 다시 산의 모든 곳이 닫혔고요." 이에 대한 지역 911의 대답도 의미심장했다. "네 맞습니다. 부인"

911 이후 이 지역 보안이 한 단계 더 격상됐다. 이제는 마을 주민들도 자유로이 마운트 웨더의 성격에 대해 얘기할 정도가 됐다. '아들' 부시 행정부 중반기인 2006년 6월에는 마운트 웨더를 포함해 정부의 대피 시설에서 모의 비상 훈련이 이뤄졌던 것으로 알려졌다. 이 때 수도 워싱턴 등에 있는 50-60개 주요 부처에서 인원 4천 명이 동원됐다. 놀라운 건 미국의 핵전쟁 비상 계획이 문화재까지 포괄하고 있다는 것이다. 그린 브라이어를 폭로한 테드 겁이 몇 개월 후인 1992년 8월 타임지에 기고한 글은 이를 소상히 보도하고 있다. 이 글에 따르면, 미국 국립 미술관(National Gallery of Art)의 경우, 1950년에 이미 자체 계획을 세웠다. 55만 달러를 들여, 핵전쟁 때 예술품들을 대피시킬 시설을 구축했다는 것이다. 버지니아 남부인 린치버그(Lynchburg)시에 있는 한 여자대학 내 부지였다. 창문을 없애 조각상들과 그림이 빛에 손상이 없게 했다. 그림의 경우에는 별도의 차양막을 하나 더 쳤다. 이와 별도로 도자기류를 보관하기 위해 근처에 있는 전통 농가를 하나 개조했다. 방 세 개짜리인 이 집에는 큐레이터가 들어와 언제든 감독할 수 있도록 모든 게 갖춰졌다. 유사시 이곳들로 예술품을 옮기기 위해, 수년 간 2톤 반짜리 트럭들이 미술관의 차고와 출입구에 비상 대기해 있었다는 것이다. 매주 보안요원들이 트럭의 시동을 걸어보고, 연료가 가득 차

있는지를 점검했다. 그러나 1970년대가 되면서 이 계획은 호응을 받지 못하게 됐다. 산업지역인 린치버그 자체가 폭격의 대상이 될 가능성이 높아졌기 때문이다.

1979년에서 1981년 사이 정부 차원의 문화재 대피 계획이 수립됐다. 의회 도서관은 "최고 문화재 목록"(Top Treasures Inventory)을 만들었다. 구텐베르크의 성경, 링컨 대통령의 게티즈버그 연설문, 그리고 미국 독립을 이끈 지도자들인 제임스 메디슨(James Madison), 토마스 제퍼슨(Thomas Jefferson), 조지 메이슨(George Mason) 등의 여러 가지 문서들이었다. 국립 문서 보관소에서는 헌법과 권리장전(the Bill of Rights), 그리고 독립 선언문(the Declaration of Independence)을 꼽았다. 사실 국립 문서 보관소(National Archives & Records Administration)에는 55톤짜리 강철과 콘크리트로 만든 금고가 있었다. 그러나 유사시 위험이 감지되면 이들 주요 문서들을 헬기에 싣고 지정된 핵벙커로 옮기라는 것이었다. 이들 문서들은 이른바 '자유 문서 그룹 I'(Freedom Documents of Group I)로 분류됐는데, 나머지 문서들은 이들이 안전하게 목적지에 도착한 게 확인됐을 때 트럭으로 수도 워싱턴을 떠나게 돼 있었다. '자유 문서 그룹 II'에 속한 건 옛 소련 감시 기록, 링턴 대통령 저격관련 의료기록, 일본의 항복 문서 등이었다. 국립 미술관은 가장 중요한 문화재를 6개 상자 정도 규모로 최종 결정했다. 최우선 그룹은 레오나르도 다빈치의 초기 작품인 '지네브라 벤치의 초상'(Ginevra de'Bench) 등이었다. 이들 작품들의 종착지는 마운트 웨더였다. 처음에는 이 핵벙커의 벽에 작품들을 그저 걸어둔다는 생각이었다.

작가나 시대별로가 아니라, 그림의 호수(號數) 크기에 따라 걸어둔다는 것이었다. 그러자 큐레이터들이 걱정을 했다. 핵벙커의 습기가 그림을 망칠 것이라는 우려였다. 결국 고안해 낸 게, 작품들을 담을 경량 금속 용기였다. 한 사람이 끌고 갈 수 있도록 바퀴가 달렸고, 몇 분이면 18~19개 정도의 주요 작품들을 정해진 홈에 넣을 수 있게 돼 있는 것이었다. 용기 안에는 그림들을 벽에서 신속히 떼 낼 수 있는 도구들과 전등도 넣었다. 작은 함도 넣었는데, 각 그림들의 위치를 표기한 방수(防水) 표지판이 담겨 있었다. 뚜껑이 닫히면 각 용기들은 테를 둘러 봉해졌다. 용기 안에는 방습제를 넣어 운송 중인 그림들을 보호했고 안팎에서 상태를 확인할 수 있게 했다.

다양한 벙커들, 원호(圓弧)형 핵벙커
밀집 지대

마운트 웨더나 사이트 알 같은 핵벙커는 도대체 미국에 얼마나 될까? 미국이 핵벙커를 유지하는 목적을 보면 그 대강을 짐작할 수 있다. 핵벙커의 목적은 그린 브라이어 벙커를 지은 아이젠하워 대통령의 말에 잘 나타나 있다. 바로 핵전쟁후 '정부의 지속'(Continuity of Government)이다. 핵전쟁이 끝나고 행정, 입법, 사법 3부가 원래대로 가동되도록 한다는 것이다. 그러려면 3부를 보호하는 벙커들이 각각 필요할 것이다. 또 핵전쟁이 끝날 때까지 당장 전쟁을 수행해야 할 별도의 실전 벙커들도 필요할 것이다.

대통령과 행정부, 그리고 사법부의 대표로서 연방 대법원. 마운트 웨더 벙커가 맡은 대상이다. 대통령 유고를 대비하는 부통령과 전쟁 지휘부는 사이트 알이 맡는다. 비록 지금은 사라졌지만 입법부를 위해 그린 브라이어가 있었다. 그러나 행정부나 군부는 한두 군데 벙커로는 다 수용할 수 없을 것이다. 그만큼 더 많은 핵벙커가 필요한 것이다. 뒤에 설명되겠지만, 2006년 실시된 비상 대비 훈련에 50-60개 부처의 요원들이 동원된 걸 보면 알 수 있다. 따라서 주요 부서일 경우 사실상 독립적인 비상사태 대비 벙커가 하나씩 있다는 얘기가 된다.

■ 마운트 포니 (Mount Pony)

한 예로 미국 중앙은행 격인 연방준비제도 이사회(FRB)는 1997년까지도 버지니아 주 컬페퍼(Culpeper) 지역에 별도의 벙커를 갖고 있었다. 자리 잡은 산의 이름을 따서 이른바 마운트 포니(Mount Pony)로 불리기도 하는데, 길이 122m, 면적 1만 3,000㎡ 정도의 아담한(?) 규모다. 많은 벙커들에 비해 비교적 후기인 1969년 12월 건설된 이 벙커는, 두께 30㎝가 넘는 콘크리트에 강철을 보강해 지어졌다. 전형적인 핵벙커들과 달리 지하형 벙커는 아니다. 60㎝~1.2m 정도의 깊이로 흙을 덮어둔 이른바, 함몰형 벙커다. 그래서 유사시에는 납이 도금된 셔터가 내려져 방사능과 빛을 차단하고 보호한다. 이곳에는 7대의 대형 컴퓨터가 설치돼 있었다. 연방 준비제도 이사회 산하, 리치몬드 연방 준비 은행(Federal Reserve Bank of Richmond)이 운영하는 것으로 미국의 모든 전자 금융거래를 관할하는 1급 국가 안보 시설인 셈이다. 뿐만 아니라 1988년까지만 해도 여기엔 30억 달러의 돈이 보관돼 있었다. 계중에는 수축 포장된 2달러짜리 지폐들도 있었는데, 2.7m 높이의 선반에 쌓여 있었다. 핵공격을 받았을 때 이 돈은 미시시피 동쪽 지역의 부족한 통화를 보충하도록 돼 있었다.

수도 워싱턴에서 불과 1시간 내외 거리라는 지리적 이점이 있는 이 벙커는 1992년까지 정부의 비상 대피 시설이었다. 평상시에는 100명 정도가 상시 근무하고, 비상시에는 최대 560명까지 이곳에 들어와 한 달 정도 버틸 수 있게 한다는 것이었다. 이 가운데는 미 하원 연방준비제도 위원회 소속 의원들도 포함돼 있었던 것으로 알려져 있다. 핵전쟁 전후 복구를 위해 필요한 인물들과 시설들의 보호가 이 벙커의 목적이었던 것이다. 흥미로운 건 이곳의 실제 침상 수는 남녀 내무반에 200개 밖에 없었다. 전시에도 미국의 금융을 돌아가도록 해야 하는 실무 요원들인 만큼, 교대 근무를 한다는 점에 착안한 것이다. 침대를 서로 나눠 쓰도록 해 공간 활용을 하자는 것으로 보인다. 이미 짜인 식단에 따라, 냉동 건조 식품들이 한 달치 저장돼 있었다. 핵공격을 받아도 별도로 구축해 둔 식수원으로 오염되지 않은 물을 먹을 수 있게 해 뒀다. 다른 핵벙커들과 다른 점은 핵전쟁이 끝나 외부로 나갈 때까지 사망자를 보관할 냉동고가 있었다는 점이다. 물론 이곳에도 소각 시설은 있었다. 그러나 그린 브라이어와 기능이 달랐던 것으로 보인다. 이 밖에 실내 사격장에다 헬기 착륙장까지 갖추고 있었다. 그러나 이곳은 1997년 11월, 미 의회가 인수했다. 민간 재단의 자금을 지원 받았는데, 인수 가격은 550만 달러였다. 미 의회 도서관의 소장 희귀 자료들을 옮기기 위해서 였다. 마운트 포니 벙커는 이들 희귀 자료의 보관에 맞도록 2007년 중반 리모델링까지 마쳤다. 미 의회와 민간 지원 재단의 예산을 합해 무려 2억 3,200만 달러가 들었다. 이곳에 보관된 자료들은 영화, TV 필름은 물론 음원 등 방대한 음성 영상 자료들이다. 이 시설은 현재 '국립 시청각 자료

보관센터'(The National Audiovisual Conservation Center)로 불린다. 모든 자료들이 옮겨진 2008년 가을부터는 예약 관람을 시작했다. 의회 도서관이 그동안 나눠 보관 중이던 630만점의 희귀 영상, 음성 자료들이 처음으로 이곳에서 한 번에 저장된 것이다.

이처럼 각 정부 부처들은 유사시 부처별 계획을 갖고 있고, 대피할 각자의 벙커를 갖고 있는 것으로 알려져 있다. 예를 들어 대통령이 마운트 웨더로 옮길 때도 모든 각료들이 다 따라가는 게 아니다. 각료들은 A,B,C 그룹으로 나뉘어, 워싱턴에 남거나, 대통령을 수행하거나, 아니면 별도로 정해신 핵벙커들로 각각 가게 된다는 것이다. 이 때 별도로 정해진 핵벙커들이란 대부분 각 부처 고유의 벙커들인 것으로 알려져 있다.

■샤이엔 산(the Cheyenne Mountain)

미국 군부의 독립 벙커들 가운데 하나의 대표적인 예가 샤이엔 산(the Cheyenne Mountain) 벙커다. 북미 항공 우주방위사령부(NORAD: North American Aerospace Defence Command)가 최근까지도 들어 있었다. 원래 이 산은 콜로라도 주의 유명한 휴양지 콜로라도 스프링스(Colorado Springs)에 있는 대표적인 산이다. 화강암 덩어리인 이 산에는 1.6km 가량의 터널이 뚫려 있다. 터널은 북쪽에서 남쪽으로 산을 관통하고 있다. 북쪽 입구가 조금 높고 남쪽 입구는 조금 낮다. 북쪽 입구(North Portal)는 검문과 검색 등이 이뤄지며, 정문처럼 사용되는 곳이다. 남쪽 입구(South Portal)는 주로 연료나 보급품 수송용으로 사용한다. 벙커는 터널의 중간 지점의 벽을 직각으로 파내 들어간,

별도의 넓은 화강암 동굴 속에 만들어져 있다. 이 동굴 입구는, 거대 강철 방폭문들로 겹겹이 막았다. 무게 30톤, 두께 90㎝짜리들이다. 이 같은 구조는 핵폭발이 근처에서 일어나도 벙커가 직접 충격을 받지 않도록 하기 위한 것이다. 그러니까 터널 자체는 핵폭발의 충격을 흡수해 빼내는 완충통로다. 예를 들어 북쪽 출입구 근처에서 핵폭발이 일어났다면 그 충격이나 폭풍은 터널로 흡수돼 남쪽 출입구로 바로 빠져 나간다. 터널 중간 벽을 직각으로 파내 들어 간 벙커는, 그 입구에 달아둔 여러 겹의 강철 방폭문들을 달으면 완벽히 보호된다. 이런 원리에 의해 동굴의 중심에 있는 벙커는 1.9km 내에서 생긴 30메가톤급 핵폭발 충격까지도 버틸 수 있게 돼 있다. 그런데 거대 방폭문들이 실제로 닫힌 건 딱 한 번 뿐이다. 911 사태 때였다. 그나마, 불과 3시간 정도였다.

벙커로 들어가려면, 터널 북쪽 입구 검문소에서 철저히 몸수색을 해야 한다. 터널 속은 파란 색 버스를 타고 들어간다. 구불구불한 터널 속 길을 540m 정도 달리면, 정지 신호등이 나온다. 버스는 여기까지다. 벙커 입구까지 걸어서 가는 것이다. 좀 걷다 보면 터널 벽 쪽으로 열려 있는 거대한 강철 방폭문을 만난다. 벙커 입구인 셈이다. 방폭문을 들어가면 1만 8,000㎡ 이상 크기로 파여진 화강암 공간이 나온다. 국민주택규모 아파트 180채 이상이 들어갈 수 있는 면적이다. 그 공간에는 철 구조물들로 단지(Complex)를 이루고 있다. 철 구조물들을 자세히 보면 바위의 벽이나 천정과 접촉하지 않은 채 서 있는 15개의 빌딩들이다. 이들 철골 빌딩들은 무려 1,319개의 강력한 스프링들 위에 올라선 모양새를 갖추고 있다. 각 스프링들은 1.2m 길이에 7.6cm 두께, 직경이 50cm가 넘으며 450kg으로 대형이다. 이들 스프링들은 핵폭발로 충격이 오면, 빌딩이 최대 30cm 까지 자연스레 한쪽 방향으로만 움직이게 해 충격을 흡수하게 한다. 이들 건물 중 12개는 3층이고, 나머지는 단층이나 2층짜리다. 이들 빌딩의 외벽은 9.5mm 두께로 저탄소 강판으로 지어졌다. 금속 벽과 동굴은 핵폭발 때 나오는 유해 전자 자기파를 약화시킨다. 각 건물의 입구에는 금속 문을 달아 불과 연기를 막는 방화벽 역할을 하게 했다. 이 같은 구조는 핵폭발 뿐 아니라 지진 충격에도 효과가 있다.

이 빌딩들 가운데 '전투 작전 센터'(Combat Operations Center 〈COC〉)는 당초 5.6km 근방에서 5메가톤 급 핵탄두가 터져도 70%이상 기능이 수행되도록 설계됐다. 그러나 최종적으로는 2.8km 근방에서 수메가 톤급의 핵이 터져도 견딜 수 있도록 증강됐다. 이 벙커는 여타 벙커들과 마찬가지로 자급자족이 가능하게 모든 시설과 보급이 다 돼 있다. 관련 군 사령부들과 TV 통화가 가능하고 대체 통신 수단을 갖고 있다. 또 화생방전 하에서도 요원들을 보호할 능력을 갖췄다. 이 벙커에는 식당은 물론 치과가 포함된 의료시설, 약국, 2개의 숙소, 사우나를 갖춘 2개의 헬스장, 기지 환전소와 이발소까지 있다. 특이한 건 다른 핵벙커들과는 달리, 산에서 나오는 지하 암반수를 사용한다는 것이다. 물은 다른 어떤 벙커들보다 확실하게 확보하고 있는 것이다. 4 개의 거대 굴착 저수지에 물을 담아두는 데 이 저수지들이 워낙 커서 작업자들은 보트를 타고 이곳을 건너기도 한다. 이 벙커는 평소, 전 세계에 퍼져 있는 위성과 레이더, 감지기들로부터 정보를 수집해 실시간으로 분석처리 한다. 이 벙커는 캐나다와 미국이 함께 관리하는데, 미국의 육, 해, 공군과 해병, 해안 경비대에다 캐나다군 등 200여명이 상시 운용해 왔다.

이 벙커의 건설은 1956년에 제안됐다. 콜로라도 주 엔트 공군기지(Ent Air Base)에 있던 기존 시설들이 너무 확장된 데다, 지상에 그대로 노출돼 있어, 취약하다는 판단에서였다. 다음 해인 1957년 4월 소련의 스푸트니크 발사는 촉매제가 됐다. 소련의 대륙 간 핵 타격 능력을 대변하는 사건으로 받아들여 졌기 때문이다. 이에 대응해 미국은 북미 항공 우주방위 사령부(NORAD)를 1958년에 창설했다.

미 국방부는 부지를 살펴보기 시작했다. 가장 이상적이라고 낙점된 곳이 샤이엔 산이었다. 우선 북미 대륙의 정중앙이고, 지진 활동이 거의 없는 곳이다. 미 공군 사관학교와도 가깝고, 대규모 육군 기지인 포트 카슨(Fort Carson)과도 가깝다는 이점이 있다. 실제건설은 1961년 4월 시작돼 1966년 NORAD의 전투작전 센터(Combat Operations Center)가 가동되기 시작했다. 처음에는 옛 소련의 전략 폭격기에 대한 방공망을 지원하고 통제하는 것이 목적이었다. 그런데 1960년대 들어 우려하던 대륙간 탄도탄 기술의 발달은 실제 위협으로 부상했다. 1970년대 들어 이들 대륙간 탄도탄을 방어하는 건 새로운 임무가 됐다. 1970년대 중반 이 산에는 탄도탄 방어 센터(Ballistic Missile Defense Center)가 신설됐다.

이후 수년 사이 샤이엔 산에는 NORAD와 미 전략 사령부(U.S. Strategic Command), 미 공군 우주사령부(U.S. Air Force Space Command), 그리고 미 북부사령부(U.S. Northern Command:USNORTHCOM)가 들어섰다. 이밖에 NORAD의 우주항공 경보와 통제, 탄도탄 미사일이나 공습 경보 임무를 지원하는 8개의 센터가 생겼다. NORAD와 북부 사령부는 지난 2007년과 2008년, 2009년까지 계속된 북한의 1, 2차 핵실험과 장거리 미사일 시험 등을 추적하고 분석한 곳이기도 하다. 이 가운데 NORAD는 시설의 상당 부분을 근처에 있는 피터슨 공군 기지(Peterson Air Force Base)로 옮기기로 했다. 피터슨 기지와 샤이엔 산의 기능이 중복되기 때문이다.

때문에 NORAD는 2006년 7월 28일부로 샤이엔 산의 시설을 '샤이엔 산 분국'(Cheyenne Mountain Division)으로 변경했다. 또 2008년에는 샤이엔 산 벙커 안에 있는 사령실은 북미 항공 우주방위사령부와 북부 사령부의 대체 사령센터(the NORAD and USNORTHCOM Alternate Command Center)로 공식 지명됐다. 이는 이들 시설을 짧은 시간 내에 가동할 수 있는 상태로 유지하되 상시 운영은 하지 않는 곳으로 바꾼 것이다.

이상 둘러 본 많은 핵벙커들의 공통점이 있다. 바로 입지다. 뭣보다 알려지지 않은 곳, 그리고 폭격을 받았을 때 타격을 최소화 할 수 있는 지형이 있는 입지가 중요하다. 이에 못지않은 게 하나 더 있다. 가능하면 워싱턴에서 멀지 않은 곳에 있어야 한다는 것이다. 또 벙커들 상호간에 통신이 밀접하게 이뤄져야 할 것이다.

그래서 생긴 게 이른바 '원호형 연방 핵벙커 밀집지대'(Federal Relocation Arc)개념이다. 이 같은 조건을 맞추기 위해 핵벙커들이 수도권을 중심으로, 원호(Arc)를 그리듯이 밀집해 있다는 것이다. 워싱턴 근교에서 펜실베이니아, 메릴랜드, 웨스트버지니아, 버지니아, 그리고 노스캐롤라이나 주 등에 벙커들이 군도(群島)모양으로 모여 있으며, 이들의 위치를 이으면 원호를 그리게 된다는 것이다. 실제로 현존 연방 핵벙커들은 대부분 워싱턴에서 최단 50km미터 내외에서부터 최장 500km내외의 거리에 90~100개 정도 건설된 것으로 알려져 있다. 또 연방 정부용 핵벙커 외에도 각 지역별로 필요에 의해 건설된 것들은 전국에 300여개소나 되는 것으로 추산되고 있다. 연방 핵벙커들의 경우, 그린 브라이어처럼 자급자족형 벙커들이다. 외부공기를 빨아들여 오염된 방사능 낙진을 겨우 몇 마이크론 단위로 여과해서, 사용할 수 있도록 하는 장치라든지, 지하 발전 시설 등 생존 시설들이 다 갖춰져 있는 것이다.

부시, 사상 최초 "그림자 정부" (Shadow Government) 시행

핵전쟁을 포함해 국가비상상황을 대비한 또 다른 미국의 카드는 이른바, '그림자 정부'(Shadow Government)로 알려져 있다. 이는 영국의 '그림자 내각'(Shadow Cabinet)과는 전혀 다른 제도다. 영국의 '그림자 내각'은 야당이 정권 획득에 대비해 미리 짜 둔 내각이다. 총리 이하 각 각료를 다 임명해 두는데 실제 정권을 잡으면 이 멤버가 그대로 내각이 되는 경우가 많았다. 그래서 그림자 내각은 당 운영의 중추다.

그러나 미국의 '그림자 정부'는 현 정부가 위기에 대비해 짜 놓은 가상의 '제 2선 정부'다. 그러니까 핵전쟁이나 911 같은 거대 테러로 내각이 모두 화를 당했을 경우, 이들을 대신해 주요 정책결정을 해내며 정부의 역할을 이어가는 예비 정부다. 이는 대통령의 행정 명령으로 이뤄진다. 해당 부처의 특정 관리들이 유사시 책임을 맡도록 지정하는 것이다. 이 그림자 정부의 대통령 역할은 미국 법에 정해진 대로 하게 된다. 이는 1792년 이후 정착된 대통령 유고시 승계 순서다. 가장 최근의 관련 입법은 1947년 개정된 대통령 권한 승계 법이다. 부통령-하원 의장-상원 다수당의 대표-이하 의회가 정한 선임 각료 순이다. 이에 따라 '그림자 정부'의 대통령이 될 최선임자는 부통령. 따라서 부통령은 '그림자 정부'가 가동되면, 제일 먼저 핵벙커로 이동하게 된다.

911직후, 이른바, '지하 펜타곤'이라는 핵벙커 '사이트 알'에 제니 낭시 부통령이 급거 들어왔다는 언론 보도가 신빙성을 갖는 것도 바로 이 때문이다. 실제로 체니 당시 부통령은 911 직후 '모처'로 종적을 감췄다. 체니 당시 부통령은 상당 기간 상황에 따라 자취를 감췄다가 나타나곤 하기를 수차례 반복했다. 훗날 부시 대통령은 아이오와 주에서 기자들과 만나, "대통령인 나와 내 정부는, 누군가가 워싱턴을 공격했을 때라도, 정부는 계속 가동될 수 있도록 조처를 취할 대 국민 의무가 있습니다. 부통령이 기밀지역으로 갔던 것도 그런 이유 중 하나입니다"라며 이를 시인했다. 이 제도는, 냉전이 극에 이르렀던 1950년대 수립된 비상계획, '정부 기능의 지속 계획'(Continuity of Operation Plan)에 근거한 것이다. '정부의 기능의 지속' 계획은 핵벙커 대피를 한 축으로 하고 있는데, 또 다른 한 축이 '그림자 정부' 구성이다. 아이러니는 이 비상계획이 정작 당시에도 이행되지 않았다는 것이다. 이후에도 결코 시행된 적이 없었다. 그런데 이 계획이 사상 처음으로 시행됐다. 부시 대통령 임기 초반인 2001년이다. 바로 911 때문이다. 부시 정부는 911 사태 직후 즉시 이 계획의 가동을 선언했다. 미 정부 고위 관리는 이 비상계획에 따른 조처가 911 테러 불과 수시간 뒤에 즉각 취해 졌다고 미 언론에 밝혔다.

워싱턴 포스트와 미 CBS 방송 등 미 주요 언론들이 보도한 '그림자 정부' 의 당시 실시 내용은 다음과 같다: "부시 정부는 연방 각 부처와 유관 기관 에서 75명~150명쯤 되는 '고위 관계자'들을 차출했다. 이들은 두 팀으로 나뉘어졌다. 그 중 한 팀이 먼저 동부 지역에 있는 두 개의 안전 벙커중 하 나로 투입됐다. 핵벙커 근무 90일이 지나면 먼저 들어간 팀들은 집으로 보 내지고, 대기 중인 다른 팀이 또 다른 벙커로 들어가 근무하는 식이었다. 이들의 임무는 테러리스트의 공격으로 수도 워싱턴의 기능이 마비됐을 경 우, 미국 정부의 필수 기능을 수행하도록 하는 것이었다. 식량과 물의 공급 이 왜곡되지 않도록 통제하고, 교통망과 에너지, 통신망, 공중 보건과 법질 서가 교란되지 않도록 막는 게 일차 목표였다. 일단 이 같은 목표가 이뤄지 면, 이를 바탕으로 정부를 다시 구성하는 작업을 하게 된다는 것이다.

'그림자 정부' 계획이 실시된 건, 911 발생 한두 달 정도 뒤인 2001년 10월 말 또는 11월초 즈음이라고 미 고위 관계자가 밝혔다. 그림자 정부에 차출 되는 이들은 유사시 실전 상황에서도 가족들을 동반할 수 없다. 또 누구에 게도 그들의 행선지를 알릴 수 없다." 그들이 벙커에 머무는 동안 동료들 이나 친구는 물론, 가족들까지도 이들과 접촉하기가 쉽지 않았다. 외부인 에게는 통화가 통제되는 자동응답기를 통하는 수밖에 없었던 것으로 알려 졌다.

워싱턴 포스트 지는 그림자 정부로 차출된 관료들은 '고위급'이라고 보도

했다. 한 관계자는 백악관을 예로 들면서, 역시 '고위급'이 차출됐다고 말했다. 그러나 각료급인 백악관 비서실장이나 당시 백악관 안보 보좌관이었던 콘돌리자 라이스(Condoleeza Rice) 보다는 한창 아래 직급이라고 덧붙였다. 이런 정황들로 볼 때, 유사시 그림자 정부를 이룰 관료들은 주로 차관보급이나 부차관보급 내외가 아닌가 추측된다. 미 법무부와 재무부 등 여러 부처들은 유사시 법적 권한을 이들에게 이양할 수 있는 계획을 완성했던 것으로 전해졌다.

다음 해인 2002년 3월 부시 정부는 이 계획의 가동을 공식적으로 인정했다. 911 이후, 국토 안보부가 신설되면서, 이 비상계획에 근거해 각종 훈련들이 실시됐다. 첫 훈련은 2004년 3월 이틀간 이뤄졌다. 40개 이상의 정부 부처가 참여한 '계속되는 도전 2004'(Forwarding Challenge '04)라는 것이었다. 두 번째는 2005년 6월로 닷새간으로 늘어났다. '첨탑'(Pinacle)이란 훈련이었다. 이때는 가상 테러를 포함해 다양한 위기 상황을 제시하고, 그 대응능력을 시험했다. 2006년 6월에는 '계속되는 도전 2006'(Forwarding Challenge '06)가 실시됐고, 4천여 명이 동원됐다.

미국은 여전히 핵 전시대비 국가?

핵벙커와 '그림자 정부' 등은 1950년대 냉전의 최고점에서 수립된 전략이다. 핵 전시 국가체제를 상정한 것들이다. 냉전이 끝난 지 한참이 지난 지금 이 같은 전략이 그대로 가동되고 있다는 건 어떻게 해석해야 할까? 아직도 수많은 핵벙커가 존재하는 것으로 여겨지는 미국. 국가 비상사태 때는 '그림자 정부'까지 가동하는 미국. 유일

초강국으로서의 지위에도 불구하고, 미국에게 핵전쟁은 여전히 현존하는 위협인 것이다. 특히 911 이후 국가 비상사태의 범위도 넓어졌다. 테러 세력의 급습은 핵전쟁 못지 않은 위기 사태다. 물론 이에 대해 시대착오적이라는 지적도 적지 않다. 우선 핵벙커만 해도, 현대의 핵무기 성능이나 전략 추세로 볼 때 맞지 않다는 것이다. 강력한 핵융합 폭탄은 물론, 전자기파 만으로 인명을 살상하는 중성자 탄 등이 나온 지 오래다. 핵무기의 종류와 위력이 냉전 시대와 비교할 수 없이 증강된 상황에서 벙커의 의미는 없다는 것이다. 또 정밀 타격 능력을 갖춘 장거리 미사일이 출현한 지는 이미 오래다. 게다가, 이들 핵벙커의 제 1 조건인 보안은 이제 장담할 수 없게 됐다. 미국 정부가 그토록 보안을 유지해 온 주요 벙커들의 위치는 수십 년 간의 입소문을 통해 공공연하게 알려져 있는 상황이다. 특히 구글 어스(Google Earth)가 위성 지도로 족집게 집어내듯 위치를 확인해 주는 시대다. 이 정도면 앞서 말한 현대식 정밀 유도 장거리 미사일 등의 먹잇감 밖에 되지 않을 것이라는 분석이다. 때문에 정밀 유도 무기 등의 공격으로 벙커 자체가 붕괴돼 미국 정부가 기능을 지속하지 못하는 경우까지도 함께 대비해야 할 것이라는 지적도 나오고 있다. 또, 벙커 내에서 전염병이 돈다든지, 생물학적 공격, 전자 자기장 공격 등을 받는 경우도 고려해야 한다는 것이다. 비단 핵전쟁 뿐 아니라 미국이 최근 그토록 두려워하는 테러에 대해서도 벙커는 그다지 미덥지 못하다는 비판이 적지 않다.

911 테러 때 드러난 교훈이 하나 있다. 테러가 일어났을 때 가장 절실한 건 정보라는 것이었다. 즉각적이고, 정확하며 여과되지 않은 생생한 정보다. 그러나 휴대전화 등 개인 통신 기기조차 갖고 들어가지 못하는 벙커 안에서

어떻게 이 같은 생생한 정보를 얻을 수 있단 말인가? 요즘 같은 정보시대에는 기밀 분류가 된 정부 정보보다 차라리 방송이나 인터넷 등을 통해 흐르는 정보가 더 유용할 수 있다는 것이다.

벙커 못지 않게 그림자 정부 계획이란 것도 실전에서는 매우 허구적이라는 지적도 나오고 있다. 유사시 실제 계획대로 그림자 정부 요원들이 대피할 수 있을지에 대해 아직도 확신을 할 수 없는 상황이라는 것이다. 특히, 국가 안보를 책임질 일부 소수의 최고 지도부만이 아니라, 모든 정부 부처들로까지 대피의무가 확대됐다. 위기 경고 발령 12시간 이내에 벙커에 들어가, 30일 정도는 기능을 지속해 나갈 수 있도록 해야 한다. 911 테러 때 이 체제는 첫 시험대에 올랐다. 그러나 결과는 실패였다는 평가가 적지 않다. 물론 체니 당시 부통령 등 국가 안보 책임자들의 비상 대피는 성공적이었다. 그러나 허다한 수도 워싱턴의 일반 시민들이 그랬듯이, 여타 정부 부서들의 관료들은 어디로 가서 뭘 할지, 누구에게 보고할지 등 비상사태 대응에 혼선을 겪었다는 것이다. 이 때문에 부시 정부는 유사시 '정부의 지속성' 계획을 재편하도록 했다. 유사시 정부 기관의 직위 승계 순서까지 정했다. 또 각 연방 정부 부처와 기관들에 대해서는 비상시 맡아야 할 임무를 지정했다.

연방 재난 관리청(FEMA)은 새 '대비지침'(Preparedness Guidlines)를 내고 훈련을 감독했다. 이른바, '수도권 정부 지속 계획 실무 그룹'(National Capital Region Continuity Working Group)의 활동도 눈에 띄기 시작했다. 이미 1999년에 구성된 이 조직은 백악관에서 6개 그룹, 15개 연방 부처, 61개 연방 정부기관들로 이뤄져 있다. 언급한 2004년 이후의 각종 국가 위기 대비 훈련도 이 때문에 나온 것이다. 그럼에도 전문가들 사이에서는 아직 신뢰감이 크지 않은 것 같다. 훈련은 훈련일 뿐이라는 것이다. 미리 다 예고된 상태에서 한 훈련과 예고 없이 찾아오는 위기 때 맞닥뜨릴 실제 상황은 전혀 다른 것이라는 지적이다. 핵무기가 폭발해 온통 불바다가 된 거리를 뚫고 어떻게 수십 킬로나 떨어진 벙커로 갈 것인지? 또 그런 아비규환 상황에서 가족을 내버려 두고 과연 갈 수 있을는지 등……. 때문에 미국의 한 정부 부처는 2004년 훈련을 마치고 낸 자체 보고서에서, "도시 전체를 소개시키는 엄중한 실제 상황에 맞도록 시나리오를 짜야 하며, 연방 기관들이 각자의 벙커에 들어가는 현실적 능력을 테스트 할 방안을 고안해 내야 한다." 고 평했던 것으로 알려졌다.

모든 걸 종합해 볼 때, 미국에게 있어 핵전쟁이란 아직도 가능성이 존재하는 주제라 볼 수 있다. 냉전 시절이 끝났다지만 핵전쟁의 위험은 그 시절 보다 더 높아졌다는 판단 때문이다. 냉전 시절에는 눈에 보이는 적이 있었다. 옛 소련 또는 공산권이라는 확실한 주적이었다. 그러나 이제는 눈에 보이지 않는 적이 미국을 노리고 있다. 알 카에다와 탈레반, 게다가 그들로부터 인터넷 등을 통해 '영감' 을 얻은 많은 자생적 반미 테러 세력들이 그들이다. 그들에게 911 테러는 서막에 불과했다. 이후 세계 전역에서 이뤄진 허다한 자발적 테러는 미국을 압박해 왔다. 여기에 이란과 북한 등 통제 불가능한 불량 국가(Rogue Regimes)들까지 출현해, 핵을 무기화하고 있다. 이들은 필요하면 이들 국제 테러 세력과도 손잡을 수 있는 성향이다.

이런 측면에서 보면 미국은 아직도 핵 전시 대비 국가 체제라 볼 수 있다.

미국이 최근까지도 핵벙커를 계속 유지하고 있는 것, 또 위기 상황에 대한 대비와 대응 수위가 낮아지지 않고 있는 것, 이 모든 것에는 이유가 있었던 것이다.

5장. 숨겨진 예술, 미국의
정권인수

미국 대통령들의 정권인수 작업이 우리와 구분되는 점은
철저한 사전 준비다. 오바마도 그랬고, 레이건도 그랬듯이
인수 작업은 후보 때부터 시작된다

미국인들도 모르는
미국 속 이야기

미국 속의 총

미국 속에 감춰진 비행 군단

미국 속의 한국 다루기

미국 속의 핵

미국 속의 정권인수

미국 속의 독도

미국 속의 조선

"워싱턴에 사는 배리(Barry)라는 청취자의 전화가 와 있네요, 연결하겠습니다.……." 크리스마스를 사흘 앞둔 2009년 12월 22일이었다. 미국 수도 워싱턴의 한 지역 라디오에 청취자가 전화를 걸어 왔다. '주지사에게 묻는다.'(Ask the Governmor)라는 방송에서였다. 그날은 워싱턴 인접 수도권 주인 버지니아 주 지사가 출연하는 날이었다. 교통 문제 등 민원 현안들에 대한 질문을 받고, 답하는 중이었다.

당시 버지니아 주지사는 팀 케인(Tim Kaine), 이제 막 퇴임을 앞둔 상황이었다. 매주 한 번꼴로 하는 이 프로그램도 그로서는 마지막 날이었다. 배리라는 청취자는 전화가 연결되자, 북 버지니아 주의 악명 높은 교통 정체 현상에 대해 불평을 늘어놓았다. 그러더니 갑자기, "지사님 실은, 저… 미국 대통령입니다."라고 말했다. 케인 주지사는 "오 맙소사, 말도 안 돼!"라며 놀랐다. 배리(Barry)는 오바마의 이름인 버락(Barrack)의 어릴 적 애칭이었다. 오바마 대통령이 이날 깜짝 전화를 한 건, 자신이 신뢰해 오던 케인 주지사의 마지막 방송을 축하하기 위해서였다. 한 해 전 2008년 대선에서 오바마는 '케인 부통령' 카드를 고려했을 정도로 막역한 관계로 알려져 있다. 오바마 대통령은 전화 통화에서 "당신의 노고에 대해 우리가 얼마나 자랑스럽게 생각하는지 말하고 싶었다."면서 그의 노고를 치하했다. 또, "당신이나 나나 훨씬 더 나은 사람(부인)과 결혼한 만큼 우리는 함께 서로 뭉쳐야 한다."는 농담도 나눈 뒤 성탄절 축하인사를 전했다.

2009년 연말 이 '깜짝' 방송이 나간 라디오는 WTOP라는 미국 수도권 교통 방송이다. 미국 사람들은 출퇴근하면서 교통 방송을 많이 듣는다. 특히 워싱턴과 인접 버지니아 주, 메릴랜드 주 등 수도권 지역에서는 더욱 그렇다. 911 사태 이후, 국가 안보 관련 부처와 방산업체 등이 집중되면서, 이 지역의 교통 정체가 심각해졌기 때문이다. 대통령이 깜짝 출연한 것도 이 같은 만만찮은 영향력을 계산해서였을지도 모른다.

사실 이 '만만찮은 영향력의' WTOP 방송은, '배리의 출연'이 있기 1년 전쯤에도 깜짝 방송을 한 적이 있다. 다만, '배리'의 출연 만큼 많은 사람들의 시선을 끌지 못했을 뿐이다. 그러나 나 같은 사람에게는 '배리'의 출연 보다 더 귀가 번쩍 뜨이는 깜짝 방송이었다. 최초의 흑인 미 대통령 당선자 오바마 측을 어떻게든 취재해 보려던 참이었기 때문이다. 2008년 11월 27일, WTOP의 낮 뉴스였다. 앵커의 멘트가 참 특이했다. "대선이 끝난 불과 사흘 뒤인 오늘, 차기 오바마 정부는 벌써부터 수도 워싱턴의 교통에 영향을 미치고 있습니다." 이어진 기사가 귓가를 때렸다. "오바마 당선자의 정권 인수위원회 본부가 워싱턴 시 6가 451호에 입주했기 때문입니다. 대통령 취임식이 아직 두 달여 이상 남아있지만 운전자들은 이 인수위 본부 근처에 삼엄하게 펼쳐진 운전 제한 규칙들에 신경을 써서 적응해 가야 할 것 같습니다."라고 이어갔다.

오바마 정권 인수위의 암행
본부, 워싱턴 본부

6가라……. 미 의회 의사당에서 조금 더 서쪽으로 내려온 곳 아닌가. 워싱턴 생활 3년차, 의회 주변은 눈감고도 다닐 정도가 됐다. 감이 잡힌다 싶었다. 그런데 막상 가보니 그게 아니었다. 찾기가 쉽지 않았다. 워싱턴 중심부이긴 하지만, 지방 법원에다 각종 연방

주변 도로는 이처럼 아예 차단벽으로 출입을 막아 놓기도 했다.

정부 사무실 등이 복잡하게 들어서 있는 곳이었다. 바둑판 같은 워싱턴 길 거리와는 구조가 달랐다. 길거리가 서로 얽혀 있어, 6가인지 5가인지 구분 하기도 힘들었다. 그런데, 눈에 확 들어오는 건물이 있었다. 주변 출입구가 테러 방지용 콘크리트 차폐 벽들로 둘러싸여 있었기 때문이다. 건물 옆 노 상 주차 공간들이 모두 막혀 있는 것도 심상치 않았다. 그리고 보니 주변의 작은 길들 일부는 아예 차량 통행이 금지돼 있었다. 차선이 부자연스레 1개 로 줄어든 도로들도 보이기 시작했다. 일부러 차량 소통량을 줄였다는 느낌 이 분명했다. 눈대중으로 재 봤다. 한 11층쯤 될 듯한 전형적인 관공서 건물 이었다. 주변에는 눈에 띄지 않게 경비가 삼엄했다.

오바마의 워싱턴 인수위 본부 건물 전경.

나중에 안 일이지만 이 건물은 주소도 두 개였다. 건물이 5가와 6가에 걸쳐 있는 탓일까? "6가 451호"는 6가 쪽 주소였고, 5가 쪽에는 "5가 450호"라는 다른 주소가 하나 더 있었다. 이름은 '리버티 스퀘어'(Liberty Square). 11층 건물로 1982년 완공됐고, 대선 2년 전인 2006년에 리모델링했다. 이 건물에는 미 증권거래위원회 투자자 정보 지원 파트가 들어 있고, 또 행정 청원 관련 부처도 입주해 있었다. 좁은 길 하나를 두고 워싱턴 시청 청사와 법무부 별관 건물, 미 군 항소법원과 워싱턴 지방 고등법원 등이 빽빽히 들어서 있었다. 주변 사람들에게 물어보니, 대선 직후부터 이곳의 교통흐름이 갑자기 달라졌다고 했다. 결과적으로 정확한 말이었다. 이 사무실 문이 열린 게 바로 대선 다음 날이었다. 정확히 2008년 11월 5일 미 연방 총무청

(GSA: General Services Administration)은 오바마 당선자 측에 정권 인수위 워싱턴 본부 사무실 열쇠를 넘겨줬다. '대통령직 인수법'(Presidential Transition Act)에 따른 조처였다.

이 오바마 인수위 워싱턴 본부는 특급 보안 구역이었다. 출입문마다 검색대가 설치돼 출입자들을 철저히 감시했다. 미 연방 총무청은 언론 브리핑을 하면서도 위치에 대해서는 함구했다. 그저 "지난 2000년 부시 대통령의 인수위가 쓰던 곳과는 다른 곳"이라고만 했다. 그래도 이곳은 금방 노출됐다. 매일같이 이곳을 지나는 워싱턴 시민들에게 갑자기 생겨난 콘크리트 자폐 벽은 너무나 튀는 것이었다. 또 출퇴근 길 직장인들에게 갑자기 줄어든 차선과 차단된 도로 등은 궁금증을 일으키기에 충분했다.

인수위 워싱턴 본부는 리버티 스퀘어 빌딩의 3개 층을 쓰고 있었다. 연 면적만 1,000㎡, 국민주택규모 아파트 110채를 틔운 규모의 넓은 사무 공간이었다. 인터넷과 블랙베리(무선 인터넷 접속과 이메일 송수신 등이 다 되는 스마트폰), 전화 등 모든 통신 시설들이 완비돼, 540명까지 일할 수 있었다. 브리핑 룸도 만들었는데, 연단과 좌석을 합해 100명 정도의 언론인들이 들어올 수 있는 공간이었다. "이 워싱턴 인수위 본부를 완성하는 데 2년 동안 공을 들였다."는 게 미 총무청 측의 말이었다. 이 워싱턴 인수위 본부와 함께 문을 연 인수위 본부가 하나 더 있었다. 시카고 인수위 본부다. 시카고 중심가의 클루친스키 연방 건물(The Kluczynski Federal Building)에 만들어졌다. 사실 워싱턴 인수위 본부보다 시카고 인수위 본부가 유명세는 더 탔다. 오바마가 의도적으로 취임 전에는 워싱턴을 가지 않았기 때문이다.

"워싱턴 하늘 아래엔 단 한 명의 대통령이 있을 뿐"이라는 불문율 탓이기도 하지만, 정권이양의 중심이 자신에게 있다는 걸 보여주는 상징적 행동이기도 했다. 자연히 당선자 오바마의 초기 주요 활동은 시카고 인수위 본부 중심으로 이뤄졌다. 오바마 인수위 하면, 으레 시카고 인수위 본부였다.

시카고 본부와 달리, 워싱턴 본부는 철저히 실무 역할을 맡았다. 그래서 어떤 면에서는 비중이 더 컸다. 실제 정권 인수 작업이 이뤄지는 곳이었기 때문이다. 한 마디로 정권 인수 실무 본부였다. 언론에 노출되는 시카고 본부에 비해, 삼엄한 보안 속에 철저히 가려진 데는 이유가 있었던 것이다. 특히 이곳은 오바마 인수위의 야전부대라 할 수 있는 이른바, "정부부처 인수 실사팀(Agency Review Team)'이 집결하는 곳이었다. 이들은 현 정부의 각 부처를 다니면서 실제 정권 인수를 하는 실무 전문가 팀이다. 이들 실무 전문가 팀에 대한 사전 브리핑도 이곳에서 이뤄졌다. 그래서 현 정부의 각 부처 실무 책임자들도 워싱턴 인수위 본부에 살다 시피 했다. 오바마 정권 인수위원회의 소리 없는 암행 본부인 셈이다.

후보 때부터 시작되는 미국의 정권 인수

오바마는 대선 후보 때부터 정권 인수 준비를 시작했다. 대선 캠페인이 본격 시작될 때쯤에는 비공식 정권 인수위원회의 얼개까지 구성했다. 대선을 석 달 남겨둔 2008년 8월, 오바마는 존 포데스타(John Podesta)를 불러, 정권 인수 준비를 지시했다. 존 포데스타는 워싱턴의 진보주의 싱크탱크인 미국 진보 센터(CAP: Center for American Progress)의 소장으로 오바마 당선 후 자연스럽게 정권 인수위 공동위원장이 된다. 오바마는 또 선거 약 2주 전에는 제임스 존스(James Jones) 나토 전 사령관을 면담하고, 백악관 안보보좌관 자리를 일찌감치 제안했다.

물론 경쟁자인 공화당 매케인(John McCain) 후보도 이 시기에 정권 인수 준비를 시작했다. 매케인은 워싱턴의 오랜 로비스트 출신인 윌리엄 티몬스(William Timmons)가 정권 인수 준비 작업을 조율하도록 한 것으로 전해진다. 미국 언론들은 매케인이 승리하면 레이건 시절 해군 장관 출신인 존 리먼(John Lehman)을 인수위원장으로 임명할 것이라고 보도했다.

'아들' 부시 전 대통령은 이들보다 훨씬 일찍 시작했다. 1999년 3월 그러니까, 대선이 있기 1년 반 전부터 소수의 팀을 구성해 새 행정부의 조각안을 세우는 등 인수 준비 작업에 들어갔다. 어떻게 보면 '김칫국부터 마시는 격'이지만 이게 미국의 정치 전통이다. 선거의 결과를 전혀 예측할 수 없어도, 정권교체기의 불안정성을 최소화하기 위해 미리 준비해야 한다는 것이다. 대통령 당선이 확정되고 나서야 인수위원회 구성에 들어가는 우리와는 확연히 다르다. 대선 후보 때부터 정권 인수 준비를 시작함으로써 얻는 이득은 크다. 단순 공약보다는 실천 가능한 정책으로서의 공약을 차분히 준비할 수 있다. 신정부의 내각 디자인도 보다 탄탄하게 할 수 있다. 시간을 들인 만큼 하자 없고, 보다 확실한 인물을 물색할 수 있다는 것이다.

이 같은 조기 정권 인수 준비 덕에, 오바마는 당선 다음 날 비서실장을, 그리고 취임 이전에 백악관 참모와 주요 각료를 거의 다 지명했다. 미국발 세계 경제 위기라는 비상 상황에서 큰 효과를 봤다. 물론 당선자만 서두른다고 정권 인수가 순풍에 돛단 듯 이뤄지는 게 아니다. 현직 대통령의 협조는 필수다. 이런 측면에서 '아들' 부시 전 대통령은 만점을 받을 만하다. 부시 당시 대통령은 대선 캠페인이 최고조에 이른 2008년 10월 중순이 되자, 후임 정부 정권 인계 작업을 준비시켰다. 우선 당선자의 인수팀에 대해 업무 브리핑과 공조를 할 14인 위원회(14-member Council)를 소집했다. 백악관의 참모들은 매케인과 오바마 두 후보 진영의 정권 인수 사전 준비 팀과 접촉했다. 당시 백악관의 토니 프라토(Tony Fratto) 부대변인은, "부시 대통령은 정권 인계 준비를 조기에 시작했습니다. 그 계획도 예전 정권에 비해, 광범위하게 세웠죠. 법률 전문가의 자문도 받았습니다. 테러리스트의 위협으로부터 국민을 보호해야 하는 전시인데다, 세계적 경제 위기를 다뤄나가는 상황에서 정권 인계를 성공적으로 해내는 건 결정적으로 중요한 일이었습니다."라고 말했다. 부시 정부의 적극적 협조에 대해서는 오바마 정부의 참모는 물론, 전문가들도 찬사를 아끼지 않았다. 부시 정부는 차기 정부 관계자들이 신원조회를 신속히 통과해 인수 작업을 곧 바로 시작할 수 있도록 조처를 취했다. 특히 차기 국가 안보팀에 대해서는 부임 첫날부터 가능한 위기에 잘 대처할 수 있도록 세심한 부분까지 배려했다.

'나쁜 추억'에 상처받은 부시?
"정중하게 대하라"

부시 정부가 이처럼 적극적으로 협조하게 된 데는, 부시 스스로 겪었던 '나쁜 추억'이 크게 작용했다. 2000년 선거에서 플로리다 개표에 시비가 생겼다. 선거가 끝나고 사흘 후인 11월 7일이었다. 당시 클린턴 정부의 존 포데스타 백악관 비서실장은 "선거 결과가 불투명해, 정부 지원을 받을 수 있는 대통령 당선자가 확정되지 않았다"고 발표했다. 20일 후 연방 총무청도, 최종 결과가 여전히 불투명하다며, 어느 후보 진영에도 정권 인수를 위한 지원을 할 수 없다고 선언했다. 정권 인수 자금은 물론, 정권 인수위 사무 공간도 제공받지 못한 것이다. 부시는 러닝메이트인 체니 부통령 후보의 사무실을 정권 인수 본부로 삼았다. 체니는 부시의 정권 인수 작업이 민간 헌금으로 추진될 것이라고 밝혔다. 상대인 앨 고어(Al Gore) 민주당 후보가 패배를 인정하고 나서야 부시는 인수위 사무실에 입주할 수 있었다. 투표가 끝난 지 한 달 아흐레 만이었다. 정권 인수 기간의 절반이 지나가 버린 시점이었다. 이는 부시 정부가 출범하는 데 악영향을 미쳤다. 이처럼 고생 끝에 백악관에 입성한 부시 정부에게 또 다른 시련이 기다리고 있었다. 전임자가 남겨놓고 간 '재앙에 가까운' 백악관 환경이었다. 부시는 취임 첫 날, 백악관 비서실 거의 모든 컴퓨터의 키보드에 'W' 단추가 없다는 '보고'를 받아야 했다. 'W'는 부시 대통령의 가운데 이름인 '워커(Walker)'의 머리글자다. 흔히 부시 대통령을 뜻하는 알파벳으로 통해왔던 터였다. 미국 언론은 "클린턴 비서진 일부가 짓궂은 장난을 한 것"이라며 "예의가 아니다"라고 준엄하게 꾸짖었다. 이 뿐 아니라, 낙서와 기물 파괴 등, 부시에겐 '나쁜 추억'이 된 고약한 장난들이 백악관 곳곳에 입을 벌리고 있었다. 부시 대통령은 오바마의 당선이 확정된 이틀 후인 2008년 11월 6일 연방 정부 고위직들을 백악관 뒤뜰에 '집합' 시켰다. 부시 대통령은 일일이 이들과 악수하며 자신이 직간접적으로 임명한 정부 관리들과 마지막 인사를 했다. 간단히 연설 몇 마디를 시작한 부시 대통령은, 이 날 '집합' 의 중요한 이유를 불쑥 밝혔다.

"정권 이양을 최대한 원활히 하는 게 남은 임기의 최우선 순위입니다" 뭣보다, "예의범절"을 강조했다. 마치 집착하듯 유난히, 그리고 여러 차례였다. "여러분이 지금까지 그랬던 것처럼 정중하게 행동하고 프로정신을 보여 달라"는 것이었다. 취임 첫 날의 나쁜 추억이 부시 대통령의 맘에 '상처'로 오래 남아 있었음을 엿보게 하는 대목이다. 그러나 그 '상처'가 "만점짜리 정권이양" 평을 받게 한 긍정적 동력이 된 셈이다.

부시 대통령은 이후에도 정권 인계 작업을 제대로 하도록 여러 번 지시했다. 대통령이 하도 강조하니, 미 중앙 정보국장이 요원들에게, "두 고객을 잘 모시자"라는 편지를 보냈다는 말까지 나올 정도였다. 두 고객이란 물론, 현재의 고객인 부시 대통령과 미래의 고객인 오바마 당선자를 일컫는 말이다. 미 국방부의 경우, 별도 사무 공간까지 마련했다. 정권 인수 현장 실무팀인 '정부 부처 인수 실사팀(Agency Review Team)'을 위한 것이었다. 국방 분야의 부처 인수 실사팀 수를 50명으로 예상해, 규모에 맞게 컴퓨터와 전화는 물론 인터넷과 책상 등 집기까지 갖췄다. 연방수사국 FBI는 오바마 행정부에서 일할 인물들에 대한 신속한 검증을 약속했다. 당선확정 이틀 후부터 FBI는 오바마에 업무 브리핑을 시작했다. FBI 뿐 아니라, 미국 정보기관의 수장인 국가 정보국장(DNI: Director of National Intelligence) 존 매코넬(John McConnell)과 CIA 마이클 헤이든(Michael Hayden) 국장도 첫 기밀 브리핑을 시작했다. DNI는 16개 미국 정보기관을 총괄 관장하는 최고 정보기관이다. 이 날부터 오바마 당선자에게 시작된 DNI의 브리핑은 당시 현직 대통령 부시가 받는 것과 동일한 것이었다. 당선 엿새 후인 11월 10일 오바마는 백악관까지 구경한다.

부시 대통령의 초청이었다. 로라 여사가 당선자 부인 미셸과 만나 백악관을 도는 동안 부시 대통령과 정권 인수 문제를 논의했다. 오바마는 이 자리에서 부시 대통령에게 구체적인 정책 제안까지 했다. 자신의 취임이후 최대 현안인 경제 위기 타파를 위해 현직 대통령으로서 역할을 주문한 것이다. 구체적으로는 자신의 취임 전에 의회에서 경기 부양안을 통과시키는 시도를 해 달라는 것이었다. 또 파산 위기를 맞은 미 자동차 산업을 구제하도록 250억 달러 규모의 구제책을 실시해 달라고 했다. 두 가지 모두 공화당 정부와 의회에서는 별로 하고 싶지 않은 일이었다. 그러나 이 자리를 통해 전, 후임자 간 의사소통이 이뤄졌다는 것 자체가 긍정적인 일이었다. 이처럼 오바마가 적극적으로 제안하자, 부시 대통령은 세계 경제 위기 타개를 위한 정상회의 자리에 오바마를 초청했다. 닷새 후인 11월 15일부터 열리는 세계 주요 20개국, 즉, G-20 회의였다. 물론 오바마는 이 같은 호의에 대해 겸양으로 답했다. 자신이 직접 가지 않고, 대신 공화당 출신 짐 리치(Jim Leach) 전 하원의원과 올브라이트(Madelene Albright) 전 국무장관을 보냈다. "미국에 대통령은 하나"라는 원칙을 지키겠다는 것이었다. 이 같은 부시 정부의 적극적 협조에 대해, 미국 대통령직 인수과정을 지켜봤거나 연구해 온 사람들은 하나같이 모범 사례로 지목하고 있다. "나는 이임하는 정부가 이처럼 해야 할 일을 열심히 해주는 경우를 본 적이 없습니다. 이건 정말로 기념비적인 일입니다." 아이젠하워 대통령 시절 백악관에 입성한 것을 시작으로, 닉슨과 포드, 카터 정부에도 관여한 바 있는 브루킹스 연구소의 스티픈 헤스(Stephen Hess) 명예 선임 연구원의 말이다.

정권 인수 비용 130억원, '속도전식 정권 인수'로 위기의 민심 잡기

사전 준비 작업의 저력은 그대로 드러났다. 2008년 11월 4일 당선이 확정되자, 오바마의 정권 인수는 일사천리로 진행되기 시작했다. 당장 다음 날 정권 인수위원회를 발표했다. 인수위원장은 세 명이 공동으로 맡았다. 이미 석 달 전부터 이 일을 준비해 온 존 포데스타, 오바마의 오랜 자문역이자 친구인 발레리 재릿(Valerie Jarrett), 그리고 톰 대슐(Tom Daschle) 전 상원의원의 비서실장이었다가, 상원의원 오바마의 비서실장으로 온 피터 라우즈(Peter Rouse)였다.

3명의 공동 인수위원장 아래에는 14명의 선임 참모들이 있었다. 백악관 대변인이 되는 로버트 깁스(Robert Gibbs)를 공보관으로 하는 언론, 홍보 담당이 3명이었다. 백악관 국내 정책·윤리 담당 비서에 임명되는 커샌드라 버츠(Cassandra Butts) 등 법률 담당이 2명이었다. 백악관 비서실 부실장이 되는 짐 메시나(Jim Messina) 등 인사 담당은 2명이었다. 백악관 국내 정책담당 보좌관이 된 멜로디 반스(Melody Barns) 등 정부 부처 인수 실사(Agency Review) 총괄이 2명이었다. 백악관 운영 행정 국장이 된 브래드 카일리(Brad Kiley) 등 인수위 운영담당이 2명, 그리고 의회담당과 대외 연락·부처간 협의 담당이 각각 1명이었다. 마지막으로 인수위원회 사무국장역이 있었는데, 백악관 내각 담당 비서가 되는 중국계 크리스 루(Chris Lu)였다.

여기에 12명의 자문위원단이 있었다. 또 공약을 신정부의 정책으로 개발하는 7개 정책 실무 팀에 99명의 정책 실무 위원들이 있었다. 각 정부부처를 돌아다니며 실제 정권 인수를 하는 부처 인수 실사팀도 누군가 현장 감독을 해야 했다. 주로 중량급 인사들인 이들 감독위원 수도 10여 명이나 됐다. 이런 식으로 계산해 보면 정권 인수위원회의 참모급 이상 인원만도 130여 명이 훨씬 넘었다. 이들의 손발 역할을 할 실무 인력들도 필요했다. 포데스타 인수팀장은 인수팀이 고용해야 할 인력을 450명으로 계산했다.

오바마 정권 인수위원회가 추산한 경비는 1,200만 달러였다. 우리 돈으로 약 130억 원이다. 미국의 정권 인수 비용인 셈이다. 이 가운데 520만 달러, 우리 돈 약 60억 원은 미국 정부가 냈다. 그러니 나머지는 오바마 당선자 측의 몫이었다. 오바마 당선자 측은 이를 개별적 모금으로 충당할 계획이었다. 개별 모금 상한은 1인당 5천 달러다. 정치단체나 로비스트의 기부는 받지 않았다.

인수위 구성이 끝나자, 곧 바로 백악관 비서실장 내정자를 지명했다. 또 경제팀을 시작으로 본격적인 각료 인선에 들어갔다. 오바마는 당선자로서 거의 매일 지명자들을 발표했다. 취임 한 달 전까지 내각과 백악관의 참모진 용이 사실상 다 갖춰졌다. 오바마의 정권 인수는 이른바 속도전이었다. 이 같은 신속한 정부 구성은 역대 미국 정권 인수 사례에 있어서도 드문 일로 평가되고 있다. 같은 민주당 대통령인 클린턴의 경우 1992년 취임 때 불과 5일 전까지도 내각이나 백악관의 진용을 내놓지 못했다. 플로리다 재개표 문제로 대통령이 될지조차 불안했던 부시 대통령은 대선 종료 후 한 달여가 지나도록 비서실장 하나만 달랑 정했을 뿐이었다.

오바마가 속도전식 정권 인수를 원했던 건, 미국발 세계 경제 위기라는 비상 시기였기 때문이었다. 당선자로서 그냥 취임식만을 기다리고 있을 만큼 상황이 녹록치 않았다. 매일 경제는 악화돼 갔고, 부시 행정부는 이미 레임덕에 들어간 지 오래였다. 그렇다고 당선자인 자신이 직접 나설 수도 없었다. 그렇다면, 신속한 내각 구성을 통해, 차기 정부, 즉 미래에 대한 기대감을 시장에 강하게 불러일으키는 게 필요했다. 어떤 식으로든 긍정적 신호를 전달하는 게 중요했다. 오바마의 속도전은 적중했다. 위기 진화에 대한 강한 의지 표명과 함께, 누가 앞으로 위기를 진화할 주역인지를 미리 보여줌으로써 불확실성을 제거했다. 풍부한 경험을 가진 인물들을 선정한 것도, 시장에 안도감을 줬다. 그리고, 힐러리의 국무장관 인선을 통해, 통합의 정치라는 경륜도 보여줬다. 비록 클린턴 정부의 재판이라는 비판을 듣기도 했지만, 초선 상원의원 출신 대통령에 대한 불안감을 일거에 잠재운 것이다. 결과적으로 가장 어려운 상황 속에 출범한 오바마 정부가 안정적으로 출발할 수 있는 힘이 됐다.

클린턴 인수위원회? vs. "모로 가도 서울만 가면 된다"

오바마 정권 인수위원회의 면면을 살펴보면 클린턴의 사람들이 다수다. 실제로 앞서 열거한 인수위원급 참모 130여명 가운데 80여명이 클린턴 행정부와 연관이 있는 인물들이다. 국무·국방·재무 등 3개 핵심 부처의 인수 실사팀을 감독하는 위원 전원이 클린턴 사람들로 임명했다.

국무부는 클린턴 정부에서 대북특사를 지냈던 웬디 셔먼(Wendy Sherman) 전 대북정책조정관과 토마스 도닐런(Thomas Donilon)

전 국무부 수석 대변인이 맡았다. 국방부는 존 화이트(John White) 전 국방부 부장관과 미셸 플로노이(Michele Flournoy) 전 국방부 부차관보가 위원이 됐다. 미국경제의 사령탑인 재무부 인수 실사팀 감독은 조슈아 고트바움(Joshua Gotbaum) 전 재무 차관보와 마이클 워런(Michael Warren) 전 대통령 직속 국가경제위원회 사무총장이 기용됐다. 둘 다 클린턴 정부 출신이다. 이밖에 인수위 자문위원에 임명된 윌리엄 데일리(William Daley) 전 상무장관과 페데리코 페냐(Federico Pena) 전 교통부 장관도 클린턴의 각료였다.

뭣보다도 정권 인수의 핵심인 존 포데스타 공동위원장 자체가 클린턴 가의 대표적 인물이다. 포데스타는 클린턴 전 대통령의 마지막 비서실장이다. 그래서 민주당 경선 과정에서는 당초 힐러리 클린턴을 위해 일했다. 그러나 일단 오바마로 대선후보가 확정된 후부터는 오바마의 사람이 됐다. 대선 과정에서 그는 풍부한 경험을 바탕으로 오바마 당선에 중요한 역할을 한 것으로 평가받고 있다. 포데스타가 오바마와 연결된 건 톰 대슐(Tom Daschle) 전 민주당 상원 원내대표가 창구였다. 대슐 전 대표는 오바마의 정치적 멘토고, 동시에 포데스타의 막역한 친구다. 대슐은 포데스타를 오바마에 필요한 사람으로 여겼던 것이다. 이밖에 오바마의 백악관 비서실장이 되는 이매뉴얼과, 인수위 공동대표 피터 라우즈도 중간 역할을 했다.

포데스타도 시카고 출신이다. 그러나 오바마와 특별히 알고 지내진 않았다. 오바마가 시카고로 오기 전 워싱턴으로 옮겼기 때문이다. 따라서 클린턴 가의 사람 포데스타가 오바마의 사람이 된 건 정치 전문가로서의 그의 능력 때문이다. 마른 체격에 냉철한 이미지의 포데스타는 "직설적이지만 정치적 노련함이 뛰어나다"는 평을 받고 있다. 또 "직구만 던지는 사람"으로 표현되기도 한다. 거칠게 행동하지만 그가 하는 걸 자세히 보면 현재 상황을 정확하게 알 수 있다는 것이다. 정치 전문가로서의 뛰어난 능력이 결국 클린턴 가와 오바마 양쪽에서 모두 신뢰를 얻을 수 있었던 것으로 해석된다.

이처럼 클린턴의 사람들이 오바마 인수위에 대거 영입된 건 이유가 있다. 카터 대통령 이후 민주당이 집권한 경우는 클린턴 정부가 유일했기 때문이다. 집권 경험이 있는 인재풀이 민주당 내에서조차 제한돼 있다는 얘기다. 이는 오바마 스스로가 밝힌 이유이기도 하다. 오바마는 클린턴 인사들의 요직 장악에 대해 질문을 받자, "클린턴은 최근 28년 동안 유일한 민주당 출신 대통령이었다."면서 클린턴 행정부와 연관 없는 인물을 중용할 방법이 물리적으로 불가능함을 분명히 했다. 게다가 오바마 자신의 정치적 배경이 일천했다. 초선의 상원의원, 그밖엔 주 상원의원, 인권 변호사와 지역 활동가가 이력의 전부다. 그런데 국가적 상황은 역사상 최악의 경제 위기였다. 취임 전부터 차기 정부에 답을 구하고 있는 상황이었다. 취임하자마자 뭔가를 보여줘야 할 형편이다. 클린턴 가와 손잡는 것 외에는 처음부터 대안이 없었던 셈이다. 클린턴 가와의 협력은 결과적으로 오바마에게 많은 득을 가져 왔다. 우선 정치적 이득이다. 탕평적 협력, 국민 통합적 협력이라는 이미지를 강하게 심었다. 가뜩이나 불안한 상황에서, 차기 정부에 대한 신뢰를 느끼게 하는 긍정적 이미지였다. 대외적 이득도 컸다. 미국의 지도력에 흔들림이 없다는 인상을 줬기 때문이다. 클린턴 가의 협력 효과는 실무적으로 더욱 빛을 발했다. 인수위원회에 들어온 클린턴 가의 인재들은 클린턴 행정부가 겪은 치명적 시행착오를 철저히 피해갔다. 클린턴 정부는 취임 전 각료 인선은 꿈도 꾸지 못했다. 때문에 각료 인선에 취임 초기 1년을 허비하고 말았다. 또 입법 우선순위를 결정하느라 취임 초기 우왕좌왕했다. 정권 인수를 사실상 취임 이후부터 시작한 셈이었다. 결국 클린턴 정부에 대한 중간 평가이기도 했던, 1994년 의회 중간 선거에서 민주당은 대패했다. 오바마 인수위원회의 속도전이 가능했던 건 이처럼 시행착오를 겪으며 경험을 쌓은 클린턴의 사람들 덕이었다. 오바마 정권 인수위원회가 아니라 클린턴 정권 인수위원회라는 비아냥거림과 캠프 내의 불만에도 불구하고, 오바마는 "서울만 가면 된다."는 실리적 판단을 택했다. 그리고 그 같은 판단은 인수 초기 적잖은 시너지 효과를 냈다.

오바마 3대 인맥-시카고 사단, 워싱턴 그룹, 크림즌 인맥

정권 인수와 국가 운영을 위해서 클린턴 가와의 '통 큰 제휴'를 했지만 오바마에게도 친위 인맥이 있다. 예를 들어, 대선 때 오바마의 자문역을 맡았고 당선 후에는 인수위 공동위원장을 맡은 발레리 재릿 변호사는 오바마 부부가 무명일 때부터 20년간 인연을 맺어온 오랜 동지다. 1991년 시카고 시장 부비서실장으로 있던 재릿은 당시 오바마의 약혼자였던 미셸을 시장 보좌역으로 채용해 인연을 맺었다. 미국 언론들은 그녀를 "오바마 집안의 오누이 같은 존재", "오바마 가족에 대한 '충성심'이 가장 강한 참모 중 한 명"으로 평했다.

백악관 선임고문이 되는 데이비드 액설로드(David Axcelrod)는 오바마 캠프의 선거구호인 'Yes We Can!'을 만든 오바마의 정치적 '장자방(張子房)'

시카고 인수위 본부에서 연설하는 오바마 당시 당선자

이다. 액설로드는 기자 출신이다. 시카고 트리뷴지에서 8년 간 일했다. 오
바마가 주 상원의원이 되기 전인 1992년부터 인연을 맺었다. 중요한 연설
문을 작성할 때마다 오바마는 그에게 물었다. 2004년 오바마가 상원의원
에 출마하면서 그는 본격 합류했다. 선거운동의 청사진 마련이 그의 몫이었
다. 2008 대선전의 밑그림을 그리는 핵심 역할도 당연히 그의 몫이었다.
액설로드와 함께 데이비드 플루프(David Plouffe)는 또 다른 일등 공신이
다. 그는 선거 본부장으로서 선거를 총괄 운영한 또 다른 전략가다. 그 역시
2004년 오바마의 연방 상원의원 선거전 때 활약했다. 당선자 확정 연설에
서 오바마가 가족과 바이든 부통령 당선자 이외에 거론한 이름은 액설로드
와 플루프 둘 뿐이었다. 오바마는 그를, "이번 선거전에서 드러나지 않은

영웅이었으며...미국 역사상 최고의 정치적 캠페인을 펼쳐낸 인물"("the unsung hero of this campaign, who built the... best political campaign, I think, in the history of the United States of America.") 이라고 극찬했다. 재릿과 액설로드, 그리고 플루프 이들 셋은 오바마 핵심 측근 3인방으로 불렸다.

인수위 3인 공동위원장 중 하나인 피터 라우즈 또한 오바마의 측근에서 빼놓을 수 없는 인물이다. 오바마의 정치적 스승인 대슐 전 상원 원내대표와 의회보좌관으로 함께 출발한 그는 진수인 대슐의 비서실장으로 변신했다. 대슐이 정치를 그만 두면서, 30년 워싱턴 정가 생활을 마무리 하려던 그를 오바마가 초빙했다. 2004년 갓 초선 상원의원이 된 오바마의 비서실장 자리였다. 그는 지독한 일벌레로 대중 앞에 나서길 꺼리는 성격으로 알려져 있다. 그러나 101번째 상원의원으로 불릴 만큼, 워싱턴 정가에서 그의 영향력은 강력하다. 하이야트 호텔 창업자의 손녀 페니 프리츠커(Penny Pritzker) 등도 오바마의 측근이다. 프리츠커는 오바마 선거 자금 조달에 혁혁한 공을 세웠다. 램 이매뉴얼(Rahm Emanuel) 비서실장은 클린턴과도 인연을 맺었지만 시카고 출신이다. 이들은 오바마의 정치적 거점인 시카고에서 오바마의 정치적 성장을 도우고 지원했던 협력자들이다. 이들이 이른바, '시카고 사단'으로 불리는 이유다. 이처럼 시카고 사단은 오바마 정부에 수혈된 클린턴 가 출신의 인재그룹들과는 구분되는 오바마의 원초적 인맥이라 할 수 있다.

오바마는 2004년 처음으로 워싱턴 정가에 입장했지만, 타고난 친화력으로

2008년 1월 뉴햄프셔 예비선거 현장. 이 때까지만 해도 힐러리와 오바마는 박빙의
당내 승부를 이어갔다.

짧은 시간에 많은 우호 세력을 만들었다. 오바마의 정치적 후견인은 누가
뭐래도 톰 대슐 전 민주당 상원 원내총무다. 그는 일찌감치 오바마의 인물
됨을 보고 대선 출마를 권유했다. "오바마 상원의원은 내가 젊은 시절 케네
디 형제와 마틴 루터 킹 목사에게서 영감을 받았듯이 젊은 세대에 영감을
불어넣는 사람"이라고 극찬했다. 2007년 2월 그는 오바마를 "미래 이 나라
민주당의 지도자 상을 보여주는 화신"("Obama personifies the future
of Democratic leadership in our country.")이라고 표현하며, 2008년
대선 민주당 후보로 지지하고 나섰다. 오랜 친구이자, 24년 간 자신의 비서
실장을 해 온 피터 라우즈를 오바마에 보낸 것도 그였다. 또 포데스타를 오
바마의 사람으로 만드는 데도 그가 개입했다. 또 오바마 선거 캠페인 전국

공동위원장으로서 핵심 자문역할을 했다. 한 마디로 그는 오바마의 정치적 스승이자 멘토다.

대술 못지 않은 민주당의 거물 존 케리(John Kerry) 상원의원도 오바마의 워싱턴 후견인 역할을 했다. 2004년 대선후보로서 선전했던 그는 당시 민주당 대선 후보를 확정하는 전당대회장에서 오바마가 조명을 받도록 배려했다. 초선 상원의원으로 워싱턴 정치 초년병에 불과한 그를 과감하게 연단에 세워 연설을 시킨 것이다. 또 2008년 대선에 출마하지 않을 것임을 한 해 전에 일찌감치 선언하고, 오바마가 당내 경선에 출마하사 신속하게 오바마 지지를 표명했다.

민주당의 또 다른 거물 에드워드 케네디(Edward Kennedy) 상원의원은 박빙의 승부로 가던 민주당 경선에서 사실상 오바마의 손을 들어줬다. 2008년 1월 28일이었다. 그는 오랜 친분이 있는 클린턴 부부의 절박한 호소에도 불구하고, "새로운 세대의 지도력이 필요한 때"라는 말과 함께 오바마 지지를 선언했다. 특히 오바마를 케네디 가문의 두 형들을 연상케하는 능력을 갖춘 이로 절찬했다. 이 같은 케네디의 지지 선언은 경선의 흐름을 완전히 바꿔 놓은 결정적인 대목으로 평가되고 있다. 선거 후 케네디는 세상을 떠났지만, 오바마를 도운 큰 정치적 후광 중 하나였다.

이밖에 상원 외교위원장을 지낸 리처드 루거(Richard Lugar) 의원과 척 헤이글(Chuck Hagel) 의원 등 당의 다른 중진 인물들까지 우호 세력이 됐다. 이 모두가 이른바 워싱턴 그룹이다. 정치적 배경이 일천한 오바마에게 이 같은 워싱턴 인맥들은 취임 초기부터 헤쳐 나가야 할 많은 입법 과정에 큰 울타리가 됐다.

오바마에겐 숨겨진 인맥이 하나 더 있다. 학연으로 이뤄진 인맥, 구체적으로는 하버드 대 로스쿨 인맥이다. 미국은 어떤 의미에서 한국보다 더 지독한 학연 사회다. 오바마에게 있어서도 하버드 대는 성공의 첫 징검다리였다. 그렇지만 선거 기간 동안 오바마는 이 학연을 별로 내세우지 않았다. 미국민의 정서도 우리 못지 않게 학벌 내세우는 걸 그리 좋아하지 않기 때문이다. 오바마가 당선하면서 하버드 대 로스쿨 출신들이 눈에 띄기 시작했다. 물론 그 이전 경선출마 선언 때부터 하버드 인맥은 움직이고 있었다. 인수위원회의 면면을 봐도 이들은 20여 명에 이른다. 숫자 면에서 미국 어느 대학 출신보다 많다. 미국 언론들은 이 하버드 대 로스쿨 인맥을, 진홍색을 뜻하는 '크림즌'(Creamson: 하버드의 상징색) 인맥이라고 작명했다.

인수팀의 법률 담당 선임참모 커샌드라 버츠, 크리스 루 사무국장, 인수팀 자문위의 줄리우스 게나초스키(Julius Genachowski), 마이클 프로먼(Michael Froman) 등 소장 핵심그룹들이 모두 하버드 대 로스쿨 인맥이다. 흑인 여성인 커샌드라 버츠는 로스쿨 동기생으로 포데스타가 이끄는 싱크탱크의 부소장이기도 했다. 경선 때부터 오바마를 돕기 시작한 버츠는 인수위원회에서는 고위직 인선 작업을 진두지휘했다. 크리스 루는 중국계로 오바마와 함께 강의를 들으며 친해진 사이다. 줄리우스 게나초스키는, 오바마 선거 운동의 신무기로 미 대선의 신기원을 연, 인터넷 캠페인의 주역이었다. 크림즌 인맥은 원초적 관계인 시카고 사단 못지 않게 오바마에겐 밀접한 존재들이다. 20년 넘게 이어온 개인적 인연들이기 때문이다. 특히 하버드 대 로스쿨 기간 중 오바마는 처음으로 미국 중앙 무대의 조명을 받았다. 흑인학생으로는 처음으로 하버드 법률 학회지 '하버드 로 리뷰' (Harvard Law Review)의 편집장으로 선출되면서였다. 뉴욕타임스 등 주요 언론들이 대서특필했고 그는 주목을 받았다. 오바마는 로스쿨 홈페이지 동영상에서도 "하버드대의 법학교육은 지역운동가였던 내게 권력의 지렛대를 알게 했고 미국이 어디로 가는지에 대한 통찰력을 얻을 수 있게 했다"고 말했다. 이처럼 오바마의 하버드 대 로스쿨 인맥은 하버드 대 학부를 나온 케네디 전 대통령의 인맥보다 나은 것으로 평가되기도 한다.

오바마의 집현전(集賢殿) 미국 진보
센터, 그리고 3대 싱크 탱크

오바마의 정권 인수 과정에서 영향력이 강력했던 그룹이 하나 더 있다. 그건 미국 진보 센터(CAP:Center for American Progress)라는 크지 않은 싱크탱크다. 공동 인수위원장인 존 포데스타가 2003년 조지 소로스(George Soros) 등 금융인들의 지원을 받아 세운 것이다. 이 싱크탱크는, 민주당의 정권 탈환에 정책적 기반을 제공했다. 오바마가 불러일으킨 바람, '변화'의 기저에는 미국 진보 센터가 있었다는 얘기다. 또 정권 인수 단계에서는 각종 정책의 나침반 역할을 했다. 미국 진보 센터는 말 그대로 진보(Progress)를 표방하며 세워진 기관이다. 헤리티지 재단(Heritage Foundation)이나 전략문제연구소(CSIS) 같은 대표적 워싱턴 싱크탱크들이 보수나 중도 보수를 표방하는 것과 대조적이다. 워싱턴의 싱크탱크들은 전통적으로 정치 철학이 같은 역대 정권들의 정책 젖줄 역할을 해 왔다. 예를 들어 공화당 정권 때는 헤리티지 재단이,

민주당 정권 때는 중도 진보 성향의 브루킹스 연구소(Brookings Institute) 가 그랬다.

워싱턴에만 300개가 넘는 싱크탱크의 주류는 역시 보수다. 보수 재단들의 적극적인 지원 덕분이다. 보수 성향 싱크탱크들은 정책 보고서를 만들고, 이를 언론에 마케팅 했다. 이들은 전문가라는 타이틀로 언론에 쉽게 접근했다. 언론 마케팅을 통해 정책 보고서는 사회적 이슈로 부각됐다. 이런 과정을 거쳐 자신들의 정책노선을 현실에 반영했다. 이들 보수 싱크탱크의 가장 큰 저력은 다음 세대 키우기였다. 싱크탱크들은 '사람이 정책'이라는 관점 하에 보수적 리더들을 키워냈다. 부시 정부만 봐도, 일레인 챠오(Elain Chao) 노동부장관 등 각료급 세 명이 헤리티지 재단에서 왔다. 딕 체니 부통령과 폴 오닐(Paul O'Neil) 재무장관에, UN 주재 미국대사 대리 존 볼튼(John Bolton) 등 6명의 중량급 인물들은 미국기업연구소(AEI)에서 활동하던 이들이다. 하나같이 보수 싱크탱크 출신이다. 이처럼 40여 년 간 보수 싱크탱크들은 영향력 면에서 우위를 점해왔다.

이 같은 긴 역사를 가진 보수 싱크 탱크들에 비해, 진보센터는 2008년 대선 당시 겨우 창립 5년에 불과했다. 레이건 시절 중요한 역할을 했던 헤리티지 재단을 모델로 이른바, 진보판 헤리티지 재단을 표방했다. 쉽게 읽고 이해할 수 있는 정책보고서, 의회와 정책 결정자들과 긴밀한 관계가 강점이다. 또, 온라인 소통이라는 신무기까지 갖췄다. 그 결과 창립 6년 만에 스태프 270여 명, 예산 30억 달러의 규모로 성장했다. 톰 대슐 전 의원을 비롯해 전 국방차관보 로렌스 코브(Lawrence Korb) 등 전직 관료와 의원, 하버드

대 데이비드 커틀러(David Cutler) 경제학 교수 등 다양한 분야의 전문가들이 함께 하고 있다. 진보 센터는 연방법상 비영리조직이다. 정치 활동을 할 수 없다는 얘기다. 정계는 이 기관의 아이디어를 빌릴 수 있을 뿐이다. 때문에 2008년 대선 때, 이 싱크탱크 출신 인재들은 개인적으로 병가나 휴가를 내고 대선에 참여했다. 진보 센터는 오바마 정권 인수위원회와 정부에 출신 정책 전문가들을 대거 배출했다. 소장인 존 포데스타 외에도, 부소장이었던 멜로디 반즈는 인수위를 거쳐, 백악관 국내정책담당 보좌관으로 임명됐다. 이밖에 재무부장관 자문위원, 국무부 기후변화특사 등 각 부처의 주요 실무 전문직에 진보 센터 연구원들이 속속 옮겨 갔다. 이런 식으로 70여 명이 백악관과 정부로 들어갔다. 한마디로 오바마 정부의 인재풀이다. 진보 센터는 기존의 언론을 활용하면서도 인터넷이라는 신무기 활용을 극대화했다. 2008 대선에서 오바마 캠프가 펼친 이른바, 인터넷 풀뿌리(internet grass root) 운동은 바로 진보 센터가 그동안 갈고 닦아 온 기술을 응용한 것이었다. 대선전에서 오바마 캠프는 인터넷 풀뿌리 운동으로 아래로부터의 자발적 정치참여를 이끌었다. 그 결과 수많은 네티즌들과 블로거들이 스스로 나서 투표 등록과 참여를 독려했다. 진보 성향 표의 결집을 이뤄낸 것이다. 또 이들은 온라인을 통해 자발적으로 정치자금 모금에 나섰다. 이는 오바마 캠프에 막강한 실탄으로 비축됐다.

오바마의 인수위가 출범한 지 불과 일주일 뒤, 진보 센터는 정책 제안서를 하나 내놓는다. '미국을 위한 변화'(Change for America)라는 657쪽 짜리 보고서였다. 이 제안서는 사실상 오바마 정부의 청사진이었다. 나올 때부터 세계적 이목을 끌었다. 특히 북핵 문제와 FTA 등 한국 관련 정보에 목말라 하던 워싱턴 특파원들에게 이 책은 양질의 참고서였다. 진보 센터는 또 200개가 넘는 부시 정부의 행정명령을 재검토했다. 폐기, 수정, 유지 등 세 가지 용도로 재분류해 신 정부의 정책 노선과 결합하는 작업이었다. 이처럼 진보 센터는 오바마의 두뇌집단인 이른바 3대 싱크탱크의 대표주자다. 또 다른 오바마의 정책 창고는 브루킹스 연구소다. 1916년에 설립된 미국의 대표적 싱크탱크인 이 연구소는 클린턴 시절 호기를 구가했다. 그래서인지 오바마와는 다소 거리를 두고 있는 듯 여겨지기도 했다. 정책 노선도 확실한 '진보'인 진보 센터와 달리, 중도 진보 정도다. 그러나 인수위가 출범하고 난 후 이 연구소 정문은 외교관 번호를 단 차량들과 관공서 차량들로 붐비기 시작했다. 2008년 11월 중순 G20 참석을 위해 미국을 방문했던 이명박 대통령도 이곳을 찾았다. 클린턴 정부에서 국무부 부장관을 지냈던 스트로브 탈보트(Straub Talbot) 소장 등 이 곳 연구진들을 면담하기 위해서였다. 브루킹스는 대선의 해인 2008년이 되자, 일찌감치 신 정부를 위한 정책 제안서를 내놓았다. "44대 대통령이 직면한 10대 과제"라는 보고서였다. 새 대통령은 금융위기 회복, 친환경적 성장 동력 마련, 미국의 이미지 회복 등을 특히 신경 써야 한다는 점을 짚었다. 결국 이 연구소의 선임연구원이던 수전 라이스(Suzanne Rice)는 인수위원회 외교정책 공동 실무팀장을 거쳐 유엔대사가 됐다. 또 제프 베이더(Jeff Bader) 선임연구원은 백악관 국가안보회의 동아시아 담당 선임 보좌관으로 진출한다.

세 번째는 신 미국 안보 센터(CNAS: Center for New American Security)다. 미국 대선 직전인 2007년에 설립됐고, 외교 안보문제에만 집중하는 작은 싱크탱크다. CNAS는 오바마 정부가 강력히 추진 의지를 밝힌 "핵 없는 세계"정책의 본산지라고 할 수 있다. 이른바, '피닉스 제안'(Phoenix Initiative) 보고서에서 러시아와의 협력 하에 미국의 핵무기를 1,000개 수준으로 줄이자는 제안을 했다.

이 연구소의 창설자인 미셸 플루노이(Michele Flournoy)는 인수위 국방부 실사팀장을 맡았고, 국방차관이 됐다. 또, 이 연구소의 커트 캠벨(Curt Campbell)소장은 국무부 동아태 담당 차관보로 오바마 정부에 합류했다. 미국도 정권 변화기에는 누가 실세이냐에 따라 세상 인심의 부침이 심하게 드러나곤 한다. 정치 도시인 워싱턴은 더욱 그렇다. 앞서 브루킹스 연구소에 많은 이들이 기웃거렸던 것처럼, 2008년 말부터 취임식 전까지 워싱턴에서는 신 정부의 실세가 예상되는 사람들의 주변에는 사람들이 몰리곤 했다. 커트 캠벨 당시 CNAS 소장의 경우 '쉽지 않은 정권 인수인계' (Difficult Transition)이라는 책을 공동 집필했다. 공저자는 공교롭게도 제임스 스타인버그(James Steinberg) 텍사스 주립 대 학장이었다. 스타인버그 학장은 전 백악관 국가안보회의 부보좌관 출신이다. 그러나 더욱 중요한 사실은 차기 국무부 부장관이 유력한 인물이었다는 것이다. 실제로 스타인버그는 국무부 부장관이 됐다. 그래서였을까? 결국 국무부 차기 실세 두 사람의 출간 기념 행사에는 많은 인사들이 몰린 것으로 보도됐다.

정권 인수의 룰, 오케스트라 같은 정권 인수 지원

정권 인수는 새 정부의 틀을 짜고 정책을 준비하는 것이다. 각료와 백악관의 참모를 인선하는 일, 그리고 공약을 실제 정책으로 만들어 나가는 작업이 바로 그것이다. 오바마 인수위의 7개 정책 실무 그룹이 이에 해당한다. 이들 정책 실무 그룹은 대통령에게 취임 후 시작해야 할 정책을 가르치는 가정교사다. 궁극적으로는 새 행정부 초기 100일 동안의 정책까지 수립한다.

그런데 미국의 정권 인수에는 또 다른 한 작업이 있다. 한 마디로 정부 부처 접수다. 실제 각 부처 단위로 인수위 사람들이 나가서, 현황과 살림을 파악하고 신 정부 출범 이후 실제 운영 준비를 하는 것이다. 앞서 여러 번 거론한 부처 실사(Agency Review)다. 정부 부처 실사는 각 부처별로 인수위원회에서 실사팀(Agency Review Team)을 파견해 이뤄진다. 이 팀은 각 행정기관의 예산과 정책 프로그램 그리고 운영에 대한 정보를 수집한다. 그 결과는 보고서로 펴낸다. 해당 부처 임명 대상자 요건까지 꼼꼼하게 기술한다. 이들은 새 기관장이 임명될 때까지 해당 부처에 머무른다. 이후 새 기관장이 이들을 중용할 수도 있고 해산되는 수도 있지만 이들의 비중은 크다. 이들이 작성한 보고서는 인수위의 정책 방향과 인선에까지 영향을 미치기 때문이다.

문제는 전통적으로 이 실사 과정에서 현 정부와 인수위 간의 갈등이 시작된다는 것이다. 인수위 실사팀은 좀 더 많은 걸 알아내려 한다. 반면, 현 정부 측은 아무리 차기 정부를 이끌 사람들이지만 공개할 정보에는 한계가 있다고 생각한다. 게다가 의욕 과잉이기 십상인 인수위 실사팀은 점령군 같은 느낌을 풍길 수도 있다. 정권이 바뀔 때마다 이 같은 갈등이 계속되자, 이를 예방하기 위한 관행이 만들어졌다. 이른바 정권 인수를 위한 룰이다. 물론 입법을 통해 만든 법전은 아니다. 들어오는 정부와 나가는 정부 간에 맺는 일종의 신사협정이다. 현 정부와 인수위 간에, 부처 실사는 어떤 식으로 할 것인지, 어느 선까지 정보를 요구할 것인지 세세한 내용을 서로 협의해 명문화하는 것이다. 통상 양해각서 형태로 만들어 서로 교환하고, 이를 근거로 인수 작업을 한다. 양해각서라는 기준이 있으니, 갈등의 소지도 그만큼 줄어들 것이다.

부시 정부는 인수위 출범 불과 사흘 후 오바마측과 만났다. 그 자리에서 백악관과 인수위 사이에 정권 인수 양해각서가 체결됐다. 이는 매우 신속한 조처였다. 타우슨 대(Towson University) 교수로, 백악관 정권 인수 프로젝트(White House Transition Project)라는 민간 연구 사업의 팀장인 마사 쿠마르(Martha Kumar)는, "이 양해각서에는 규칙이 세세하게 명시됐는데, 특정 부처를 방문한 인수팀에게 어떤 정보까지 허용하는지는 물론, 인수팀과 부처간 분쟁 해소 절차까지 있었습니다."라고 설명했다. 부시 정부는 이 같은 양해 각서 체결에 앞서 일찍부터 정부 입장을 정리했다. 대선 투표 4개월 전인 2008년 7월 '정권 인계 지침'을 입안해, 주요 부처에 배포했다. 백악관 예산국(OMB:Office of Management and Budget)이 만든 이 지침은 새 정부의 부처 실사팀이 요구하는 정보나 자료에 대해 어느 정도까지 제공해야 하는지 등 세부적인 것이었다.

이 정권 인계 지침에 따라 각 부처는 대선 캠페인 기간 중인 10월부터 준비를 시작했다. 예를 들어 대선 결과 해당 부처를 떠날 정무직 간부들의 대행자들을 지명했다. 또 각 부처별로 정권 인계 전담 책임자를 지명했다. 이들은 여러 차례 만나 후속조처 등을 상의하도록 했다.

대선 결과가 임박한 11월에는 부처별 국가 비상 계획인 '정부 기능의 지속 계획'(Continuity of Government Operation Plan)을 시험하는 등 종합 점검을 하도록 했다. 또 각 부처의 간략한 기본 조직이라든지 현재의 임무, 업무 목표와 주요 직원들을 보여주는 요약 브리핑 자료를 준비한다. 동시에 새 정부에서 보낼 수뇌부가 즉각 다뤄야 할 정책이나 내부 경영 문제, 법적, 구조적 현안들을 찾아내 요약하도록 했다. 신분증이나 컴퓨터, 보안 정보 접근이나 직무 윤리 브리핑, 또는 갖고 다닐 장비 등, 취임하는 간부들이 필요로 하는 것들과 정보 브리핑을 준비하게 했다.

미 정권 인수 지원 작업은 연방 총무청이 주관한다. 연방 총무청은 각 연방 기관들의 개관을 보여주는 정권 인수집(transition directory)를 발간한다. 새로 지명되는 정무직 임명자들에게는 오리엔테이션도 한다. 또 당선자가 정권 인수 활동 지원 자금을 쓸 수 있도록 승인한다. 앞서 오바마 정권 인수 위원회에게 지원되는 520만 달러의 정부 예산도 이곳에서 승인을 했다. 총무청은 국토안보부 소속인 비밀 경호국(Secret Service)과 연방 안전국 (Federal Protective Service) 등과 협력해, 정, 부통령 당선자와 인수팀 본부 건물의 보호에 나선다. 워싱턴 인수위 본부의 삼엄한 경비도 바로 이 같은 시스템 하에 이뤄진 것이다. 특히 앞 장에서 설명한 국가 비상계획, 즉, 정부기능의 지속(Continuity of Government Operation)계획에 따라, 인수 단계에서 사변이 일어날 경우에도 대비한다. 유사시 인수팀을 위한 대피시설과 업무공간까지 확정해 두는 것이다. 오마바 인수팀 지원을 담당했던 당시 미 총무청의 게일 러브리스(Gail Lovelace) 인력국장은, "국가가 취약한 상황에서 정권 인수가 이뤄질 수도 있음을 우리는 인식하고 있다"고 설명했다.

대통령직 인수 과정에 관여하는 또 다른 기관들은 백악관 예산국(OMB: Office of Management and Budget)과 연방 회계 감사원(GAO: Government Accountability Office)이다. 이들은 새 지도자가 신속히 정책의 우선 순위를 찾도록 돕는다. 클린턴 정부 때처럼, 채 정부가 다 꾸려지지 않은 채 출범하더라도 곧바로 일을 할 수 있도록 돕는다. "후임 정부가 취임식 이전에 연방 정부의 핵심 현안들을 장악해, 통치 준비가 다 되도록 하는 게 부시 정부의 목표였다" 이 일을 맡았던 클레이 존슨(Clay Johnson) 당시 백악관 예산국 부국장의 말이다. 백악관 예산국은 각 기관의 기존 수뇌부들이 정권 인계의 핵심적인 역할을 해야 한다고 봤다. 또 앞서 인수 지침에서도 나왔듯이, 각 기관마다 인계 작업을 조정하고 끌어갈 수 있는 전담자를 두게 하고, 이 자리에는 고위직을 지명하도록 했다. 대선 캠페인이 시작한 2008년 9월 하순에는 인계 업무를 담당하는 각 기관의 최고 책임자 회의를 소집하기도 했다. 물러가는 정부와 신 정부의 필요를 각 기관들이 잘 이해하고 있는 지를 확인하는 차원이었다. 또 정권 인수·인계 실무 모범 사례들을 소개했다. 존슨 부국장은, "(2009년 1월 21일 출범할) 차기 정부가 운영상의 현안들을 잘 다룰 수 있도록 하려면, 각 기관들은 2009 회계년도의 계획과 정책들을 취임식 전까지는 수립해 정책적 위험도를 줄여야 합니다."라고 강조했다. 2008년 9월 10일 미 상원 국토안보와 정부업무 위원회(Homeland Security & Governmental Affairs Committee)의 소위원회 청문회에 출석해 밝힌 내용이다. 이어, "새 정부는 전혀 다른 우선 순위를 갖고 들어와 실행하려 할 것이 거의 분명합니다.

그러나 그들은 단호하고 결단력 있게 만들어진 전 정부의 정책들도 물려받아야 할 겁니다. 그저 휑하니 빈 칠판이 아니라, 명확한 목표와 책임 소재, 그리고 전향적이고 구체적인 방안들로 가득 찬 정책 칠판을 물려받게 되는 것이죠"라고 말했다. 그러니까, 미국의 정권 인수는 들어올 정부의 일방적 인수 작업이 아니라, 현 정부의 세심한 조정과 협력이 조화된 일종의 오케스트라와 같은 작업이었다. 존슨 부국장은 특히 차기 정부가 정무직 인준을 신속히 받을 수 있도록 지원하는 것까지 신경을 썼다. "백악관 간부들은 주요 후보자들의 정권 인수 담당 대표들을 만나왔고, 과거의 경우보다 정권 인수 팀의 기능이 훨씬 신속하게 이뤄질 수 있도록 앞으로도 여러 번 만나 도울 겁니다. 차기 정부는 상원 인준을 거쳐야 할 정무직 인선자들을 신속히 지명해야 할 겁니다. 양 후보 측 모두 다 그 일에 진력하고 있으며, 가장 중요한 100개 정도의 자리에 대해 초점을 맞추고 있습니다. 우리의 적들이 정권 인수 기간을 취약하다고 볼 수 있기 때문이죠." 실제로 백악관 관계자들은 FBI와 접촉해 이전보다 신속하게 당선자 측 인물들의 신원 조회를 끝내도록 협의했다. 또 상원의 인준 관련 위원회들도 새 정부가 구성되면 어떤 사람들이 인준 대상 후보들로 제시될 것인지를 미리 파악하는 협의를 가졌다.

'정권 접수' 작업, 부처 실사 (Agency Review)

조지타운(George Town)은 워싱턴의 '북촌', 아니면 '한옥마을' 같은 곳이다. 17-8세기 고풍스런 집들이 빼곡히 들어서 있다. 당시 이곳은 아메리칸 드림을 이룬 '담배부자'들의 도시였다. 담배는 미국 건국 초기, 미국의 유일한 달러 박스였다. 요즘 우리로 치면 반도체쯤 된다고나 할까……. 신 대륙의 인디언이 피던 담배는 유럽의 고급 기호품으로 자리 잡기 시작했고 수요가 폭증했던 탓이다. 조지타운은 바로 이 '달러 박스' 담배를 수출하는 대표적인 항구였다. 담배로 번 돈으로 조지타운의 담배 부자들은 당시 유럽의 삶을 흉내 냈다. 18세기 중반 도시를 만들고, 유럽 최고의 나라 영국풍 집들을 짓기 시작했다. 조지타운이라는 도시 이름도 이 도시 건설을 주도한 두 인물의 공통된 이름에서 나왔다는 설이 있다.(물론, 당시 영국 왕 조지 2세의 이름을 땄다는 설도 있다)

미국 최초의 로마 가톨릭 대학인 명문 소시타운 대학교도 이 무렵 지어졌다. 그 때 지은 건물들이 아직도 고스란히 남아 있는 것이다. 역사라곤 일천한 미국 정부의 철저한 보존 노력 덕분이다. 특히 1930년의 대공황은 조지타운 보존에 큰 동력이 됐다. 뉴딜 정책으로 펼쳐진 대규모 공공사업의 하나가 조지타운 미화 작업이었다. 어쨌건, 조지타운은 마치 옛 유럽의 소도시를 걷는 느낌을 준다. 200여년을 거슬러 올라가는 도시 곳곳에 아스라한 미국의 옛 향기가 스며있다. 뭣보다 조용하고 차분한 맛이 일품인 곳이다. 워싱턴의 북촌, 한옥마을로 불러 손색이 없는 이유다. 그런데 2008년 12월 중순 들른 조지타운의 느낌은 평소와는 좀 달랐다. 첫 흑인 대통령 오바마의 탄생이라는 감동의 여운이 이곳에도 강하게 느껴졌다. 출범을 한 달 남짓 남겨둔 새 정부에 대한 기대는 약간의 들뜬 분위기까지 자아내고 있었다. 조지타운의 좁은 골목을 오가는 이들의 대화와 눈빛 속에서 엿듣고, 엿볼 수 있는 공통된 분위기였다.

마사 쿠마르 교수의 집도 이런 조지타운의 골목 속에 있었다. 그녀는 비당파적 기구로 새 정부에 관련 연구 결과를 제공하는 백악관 정권 인수 연구 사업팀(White House Transition Project)의 팀장이기도 하다. 한 마디로 미국 정권 인수 연구의 권위자다.

"지금은 부처 실사팀이 각 부처를 다니며 막바지 현장 정권 인수 작업 중입니다." 쿠마르 교수는 정권 인수가 이뤄지는 워싱턴의 지형을 꿰뚫고 있었다. 쿠마르 교수가 강조한 사람들은 부처 실사팀이었다. 100여 정부 부처와 기관에 파견돼 차기 정부에 필요한 자료를 수집하고, 분석하는 이들의 역할이 중요하다는 것이었다. 새 정부가 얼마나 안정적으로 출범하느냐는 이들의 활동이 결정적이라는 얘기다. 그래서 부처 실사팀 인선에 인수위는 신경을 쓴다. "부처 실사팀이라 불리는 이 팀은 해당 부처의 정책 업무에 통달한 전문가들로 구성돼 있죠." 오바마 당선자의 인수위원회도 그랬다. 예를 들어 국무부의 실사팀장은 웬디 셔먼(Wendy Sherman)과 토마스 도닐런(Thomas Donilon)이 함께 맡았다. 웬디 셔먼은 설명이 필요 없는 거물이다. 클린턴 정부 시절 대북 정책 조정관으로 북한에 가서 김정일 국방위원장을 만났다. 클린턴 정부 외교 거목인 매들린 올브라이트 당시 국무장관과 함께였다. 미국 외교가에서 웬디 셔먼은 올브라이트 전 장관의 후계자로 통한다. 미국의 대북정책에서 핵심적인 역할을 맡아 이른바, '지북파'(知北派)라 불린다. 토마스 도닐런은 클린턴 정부에서 국무부 수석 대변인과 국무장관 비서실장을 지낸 역시 외교통이다. 특히, 2008년 대선에서 오바마의 토론 책사로 일했고, 외교통인 부통령 조 바이든(Joseph Biden)과도 막역한 관계다. 오바마 당선자에게 최대 현안은 역시 경제 위기였다. 그 주무부처는 재무부였다. 천문학적인 공적자금 집행과 고장난 금융체제 수술을 집도할

주치의였기 때문이다. 조슈아 고트바움(Joshua Gotbaum)과 마이클 워런 (Michael Warren). 공동 실사팀장으로 선임된 이 두 사람들도 이 분야에서 거물급이었다. 조슈아 고트바움은 앞서도 잠시 설명했지만, 클린턴 정부에서 재무부 차관보를 지냈다. 그의 특장점은 투자 은행 출신으로 금융에 정통하다는 것이다. 또 기업 회생 업무에도 능하다. 게다가 클린턴 정부에서 국방부 차관보와 백악관 예산국장도 지내 정부 예산을 다루는 솜씨가 뛰어나다. 마이클 워런 역시 클린턴 시절 대통령 직속 국가경제위원회 사무총장을 지냈다. 그 또한 스톤 브릿지 인터내셔널 등 컨설팅 업체와 각종 기업에서 경험을 쌓은 전문가다. 국방부 실사팀장도 국방부 부장관 출신인 존 화이트(John P. White)와 신 미국 안보 센터(CNAS) 공동 창립자인 미셸 플루노이(Michele Flournoy) 전 국방부 부차관보 등 중량급 인사들에게 맡겼다. 이밖에 뉴욕 대 로스쿨 교수인 세스 해리스(Seth D. Harris)와 노동부 부장관 출신인 에드워드 몽고메리(Edward Montgomery)가 함께 노동, 교육, 교통부의 업무 인수를 감독했다. 이들 팀장들 외에도, 각 실사팀에는 경험이 풍부한 고문이 별도로 배정됐다.

135명에 10개 팀, '정권 접수 선발대'

2008년 12월, 각 정부 부처에 '손님'들이 본격적으로 몰려오기 시작했다. '손님'들은 노란색 배지를 단 10명 내외의 그룹들. 정부 부처 실사팀(Agency Review Team)이었다. 오바마 인수위의 '정권 접수 선발대'인 셈이다. 노란 배지는 실사 해당 부처의 직원들과 구분하기 위한 표식이었다. 국무부와 국방부 등 100여 개 부처의 실사는 그렇게 시작됐다. 해당 기관의 직원들은 노란 뱃지를 단 실사팀들이 도착하는 순간, 약간의 흥분과 초조감이 교차했다. 일부 직원들은 가장 허술했던 클린턴 정부의 실사팀처럼 되지는 않겠지 하는 생각도 했을 것이다. 역대 인수위 가운데 가장 준비가 안 된 경우 중 하나로 꼽히는 클린턴 인수위의 실사팀은 손발이 안 맞았던 것 같다. 해당 부처 직원들이 밤늦게까지 기다리기도 했던 것으로 알려졌다. 실사팀은 사전에 양자 간에 정리된 핵심 질문서를 들고 해당 부처의 정책들을 해부하려 했다. 반면, 해당 부처는 양자 간에 체결된 인수인계 양해 각서를 방패로 들고 나왔다. 실사팀에게 제공할 정보와 답변의 한계를 명확하게 구분한 룰이었다.

실사팀의 관심사는 오바마 정부의 출범 이후, 결정적 사안이 될 수도 있는 예산 문제라든지, 관련 현안 문서들이었다. 물론 나가는 정부와의 갈등은 최소화해야 했다. 그러나 오바마 인수위의 실사팀들로서는 최대한 꼼꼼히 볼 수밖에 없었다. 실제로 많은 전문가들이 오바마의 실사 작업이 매우 세밀하다고 평가했다. 대선일 수개월 전에 이미 예비 실사 계획을 세워뒀을 정도였으니 오죽했을까. 포데스타 공동 인수위원장도 "각 부처 실사팀들은 '명확한 역할과 임무'를 받아 해당 부처에 갔다."고 자신 있게 말했다. 실사팀의 질문은 공격적이었다. "맘대로 막 나가는 부서가 어딘가요? 아니면, 예산이 언제나 모자라는 부서는요? 우리 정부가 출범한 첫 날 당장 해야 할 일은 어떤 건가요? 오바마 정부의 우선 순위에 맞춰 일을 하는데 필요한 건 뭡니까?" 같은 것이었다. 물론 실사팀이 이처럼 열심히 들여다볼수록, 부시 정부 소속 공직자들은 짜증스러워질 수밖에 없는 일이었다. 실사팀은 모두 10개 팀, 135명에 이르렀고, 열의는 수그러들지 않았다. 실사팀의 구성원들은 골수 민주당원들로 고위직에 중용되기를 기대하던 인물들과 전문가들이 많았다. 분야도 국방체계에서부터 의료 시스템까지 다양했다.

오바마 인수위는 이처럼 부처 실사 작업에서도 역대 정권에 비해 매우 빨랐다. 2008년 12월 중순까지 실사 결과를 취합해 보고서를 내기로 했기 때문이다. 이는 취임을 한 달이나 남겨둔 시점이다. 덕분에 백악관과 내각의 인선 후보들, 그리고 고위 관계자들은 어느 정권 때 보다 신속히 업무 파악을 할 수 있었다.

예리한 실사팀, 노련한 관료
조직

실사팀의 팀원들은, 캠페인 기간부터 오바마의 비공식 자문을 하던 사람들이었다. 하버드 대 출신 인권 전문가로 인수위원회 안보정책 실무그룹 위원이었던 새러 시월(Sarah Sewell) 같은 이가 대표적이다. 해당 기관의 고위 관계자 출신들도 많았다. 인수위 실사팀 총괄 역인 멜로디 반스(Melody Barns)는, "실사팀의 분위기는 그랬죠. 정치 현안 뿐 아니라 관료로서의 행정 현안들도 그들은 잘 알고 있었습니다."라고 말했다. 반스는 백악관 국내 정책 자문회의 국장이 된다. 이 때문에 어떤 팀의 경우 해당부처 수장이 직접 만나 주기도 했다. 국무부에서는 콘돌리자 라이스(Condoleezza Rice) 당시 국무장관이 안보 분야 실사 공동팀장들인 톰 도닐런과 웬디 셔먼을 만난 것으로 보도 되기도 했다. 국방 분야 공동 실사팀장들인 존 화이트와 미셸 플루노이에게는 네 명의 국방부 고위 당국자들이 찾아와 수일 간 면담해 주기도 했다. 게이츠 국방장관은 국방부 인계 지원팀장까지 만들고, 자신의 특보인 로버트 랭글(Robert Rangel)을 지명했다. 랭글로 하여금 이들 실사팀들과 함께 일하도록 한 것이다. 물론 게이츠는 이미 오바마 정부에서 일하도록 지명돼 있는 상황이었지만, 인수 인계는 철저히 했다.

환경 보호청(Environmental Protection Agency)의 실사는 매우 전형적인 스타일이었다. 뉴저지 주 환경 보호청의 집행관인 리사 잭슨(Lisa Jackson)과 클린턴 행정부의 관료 출신으로 변호사이자 미국 진보 센터 소속인 로버트 서스먼(Robert Sussman)이 이끄는 팀이 갔다. 두 사람 다 차기 고위 관료 후보 1순위자들이었다.(잭슨은 환경 보호청장, 서스먼은 부청장 물망이었고, 실제 그대로 됐다.) 그만큼 이 실사팀은 현업에 정통했다. 어느 월요일 오전 11시 두 사람은 환경 보호청에 도착해 고위 간부회의 자리에 참석했다. 그들은 이곳에서 일한 노련한 경험자들이었기 때문에 금방 업무를 파악했다. 복잡한 환경 관련 약어도 이들에겐 전혀 장애물이 아니었다. 이들이 이끈 실사팀과 면담했던 직원들이나 관계자들에 따르면, 그들의 질문은 매우 구체적이고, 상당수의 현안에 대해 매우 정통한 사람들이었다. 그들의 가장 큰 관심은 기후 변화 문제였다. 부시 정부와 달리, 오바마 정부는 그동안 소극적이던 기후 변화 문제에 대해 미국이 주도권을 쥐고 나서야 한다고 생각하고 있었기 때문이다. 그들은 환경 오염 범칙자들에게 사법 당국이 벌금을 얼마나 매기는지까지 꼼꼼하게 챙겨가며 질문했다. 그러나 이들은 국무부나 국방부에 나간 실사팀들처럼 융숭한 대접을 받지 못한 느낌이다. 이들의 능숙한 실사 활동에 대해, 관료 조직은 노련하게 대응하며 예봉을 피해 나갔기 때문이다. 실사팀은 보고서를 작성하기 위해 100명 정도의 직원들을 면담하기를 원했다. 그러나 환경 보호청은 이른바, "교전 규칙"

으로 불리는 자체 자문 변호사들의 내규를 내세운 것으로 알려졌다. 이 내규는 고위 간부들이 실사팀의 질문에 답하는 건 허용했지만 이들과 수다를 떠는 건 피하도록 했다. 실제로 실사팀들과 면담을 하면서 일부 직원들은 업무상 지식을 나누는 이상의 대화를 하는 경우가 과거 종종 있었던 것 같다. 특히, 자금 마련에 애를 먹었던 정책이나 맘에 안 드는 상사에 대한 한 맺힌 애환을 털어놓을 수도 있었다. 포데스타 등 인수위원회 측은 앞서 백악관과 체결한 양해각서에서 세 가지 유형의 비공개 정보들에 대해서는 질문하지 않겠다고 약속해둔 터였다. 개인 인사 정보, 현안인 규제관련 법적 검토 사안이나 내부 토의 내용 등이다.

환경 보호청 뿐 아니라 다른 부처나 기관의 관료들도 노회하기는 마찬가지였다. 일부 부처의 간부들은 아주 대놓고 기본 수칙을 언급했다. 교통부산하 한 기관은, 실사팀들이 와서 질문을 하면 해당 직원들이 고위 정책 담당 간부에게 즉시 알리도록 지시한 것으로 알려졌다. 그 질문에 대해 직원이 준비한 답변이 옳은 것인지, 또 공개해도 괜찮은 것인지 간부진의 확인을 받으라는 것이었다.

국토 안보부의 법률 자문대행은 직원들에게 메모를 통해, "인수팀에서 온 '손님'들에게 얘기 할 때는 매우 주의 깊게 생각하라"고 요구한 것으로 전해졌다. 또 "백악관과 관련된 사안에 대해서는 사전 상의 없이는 얘기하지 말도록" 강조했다는 보도도 나왔다.

오바마의 실사팀 활동에 대한 각 기관의 평점은 우호적이었다. 노동부 노조 측은 조심스레 낙관했다. 클린턴 인수팀들과 달리 매우 구체적으로 질문하고 있다는 게 그 근거였다. "정부 입성 전에 어느 정도 기초공사를 마무리할 것 같네요. 그저 별일 없기를 바라는 맘으로 취임 첫 날을 맞지는 않을 거구요"라고 덧붙였다.

미 관료들의 정권인계, '副' 자 붙은 관료가 핵심

각 기관의 국장급 이상 고위 직업 관료群(Career Executive Officers)들은 선거일 5개월 전쯤부터 차기 정권에 대한 인계 준비를 시작한다. 따지고 보면 이들은 새 정부가 임명한 기관장들이 올 때까지 사실상 해당 기관들을 운영할 인물들이다. 취임 이후 1년 정도까지도 채워지지 않는 주요 정부 기관장 또는 이에 준하는 중앙 부처 고위직 자리가 많기 때문이다. 정무직인 이들이 상원 인준 청문회 등을 거치자면 그 정도 시간은 어쩔 수 없다는 계산이다. 따라서 '副' 자 붙은 직업 관료들이 상당기간 대행을 하게 된다. 이들이 차기 정권을 위한 인계 주역이 될 수밖에 없는 이유다.

에너지부는 2008년 초, 그러니까 대선 11개월 전부터 정권 인수 작업을 개시했다. 직업 공무원인 리타 프랭클린(Rita Franklin) 인력 담당 부차관보가 중심이 됐다. "그게 합당한 일이죠. 차기에 들어 올 분을 위해 우리는 준비를 해야 하니까요. 앞으로 몇 개월 동안, 내 시간의 4분의 1은 정권 인수 지원 작업이 될 것 같아요. 대선일에 가까워질수록 그리고 그 이후에는 절반에서 3분의 2 정도를 정권 인수 업무에 할애하게 될 겁니다."라고 한 인터뷰에서 말했다. 프랭클린 부차관보는, 정무직인 전 정권의 차관보가 물러나는 순간부터 사실상 차관보 역할을 맡게 됐다. 이는 다른 어느 부서도 마찬가지다. "규정에 적혀있는 내 임무는 적임자가 공백인 경우, 대행을 하는 것이라고 돼 있죠, 나는 차관보가 오실 때까지 기존 에너지부 인력실에서 세워놓은 정책 우선 순위에 따라 일을 할 겁니다." 라고 프랭클린 부차관보는 밝혔다.

부시 정부 백악관의 예산국 연방 조달 정책담당 롭 버튼(Rob Burton) 부국장은 "일반적으로 직업 관료들은 취임하는 정무직 지명자들을 위한 가교 역할을 합니다. 모든 정부 부처의 머릿돌과 같은 존재죠. 그들이 제공하는 업무의 가치는 쉽게 계량화할 수 있는 게 아닙니다. 그들이 그곳에 있는 것만으로 정부 기능이 지속됩니다. 또 그들은 전문 지식을 제공하는 존재들입니다. 정무직 임명자들의 성패는 이들의 능력에 좌우됩니다. 그런데 어떤 정무직 임명자들은 이걸 잘 모릅니다. 정무직 임명자들에게는 직업 관료에게 의존하는 건 약점을 보이는 거라고 생각하는 경향이 있어요."라고 얘기한다. 버튼은 "그러나 진실은 그 반대랍니다. 직업 관료들은 한 분야에 있어 전문가들이거든요. 그들은 어디에 문제가 있는지 잘 압니다. 과거의 성패가 어디에서 기인한 것인지 알고, 다시는 그런 일을 되풀이하지 않으려면 뭘 해야 하는지 알죠."라고 말한다.

그래서 인수 기간 중 새 정부 정무직 인선자들은 현 관료조직에 대한 이해를 하는 게 중요하다. 정무직들은 해당 기관에 대한 의욕과 신선한 시각이 있다. 그리고, 관료들은 앞서 버튼이 말한 경험과 지식이 있다. 언제나 정부가 바뀌고 새 정무직이 오면 두 세력 간에는 다소의 긴장관계가 형성된다. 그러나 넓게 봐서 직업 관료와 정무직은 공생관계다. 특히 새로 임명받은 정무직은 직업 관료를 필요로 한다. 또 직업 관료들도 정무직을 필요로 한다. 각자가 성공하기 위해 서로 의지하는 것이다. 이런 관점에서 '부'(副)자 붙은 직업 관료들의 정권 인계 작업은 실무적이다. 예를 들어 재정 운영 분야라면, 새로 부임할 기관장을 위해 그동안의 재정 운용 상황과 재정 조달 정보를 준비한다. 정무직들이 자신들만의 정책 의제를 구성하도록 정책 맥락을 함께 설명하는 건 기본이다. 또 인수 기간 동안 기존에 진행되던 정책을 계속 이어나가는 건 부책임자의 몫이다. 그러나 일단 정무직이 보임되면, 가장 자연스레 그들과 융화해 나가야 한다.

이 때 중요한 건, 정무직과 직업 관료간의 허심탄회하고 솔직한 대화다. 첫인상도 중요하다. 총무청의 데이비드 빕(David Bib) 총무청장 대행은, "솔직하게 뭐가 진행되고 있고, 뭐가 안 되고 있는지를 다 말해줘야 한다."고 말했다. "궁합이 서로 맞으면 좋지만, 누구나 그럴 수야 있습니까? 그렇다고 그게 재앙은 아닙니다. 물론 좀 힘들긴 하지만요. 그래도 공통적인 점들을 찾으려고 노력을 한 번 해보세요. 때로는 자연스레 그걸 찾아내기도 하지만 그러려고 노력해야만 하는 경우도 많죠." 사람 사는 곳은 다 비슷하구나 하는 생각을 갖게 하는 부분이다. 이처럼 각 부처의 실무적 기능과 정책이 안정적으로 넘겨진다는 건 미국 정권 인수 체계의 강점이다. 특히 정무직 임명자들을 '부'(副)자 붙은 직업 관료들이 임기 초반에 철저히 '교육' 하는 시스템은 이를 가능하게 하는 주요 요소다.

예를 들어, 재무부의 경우, 재정 담당 부차관보는 정무직 인선자를 위해 기본 정책 방침을 개발하고, 새 정부 첫 90일 간의 정책 캘린더 작성까지

했다. 재무부의 조달 부서는 정무직 임명자가 도착하면, 첫 두 달 간 전 부서의 부책임자들과 공조해 브리핑을 계속한다. 이 같은 브리핑은 성공적인 인수 여부를 결정짓는 열쇠다. 국무부도 정무직 임명자들이 부처의 분위기에 잘 적응하고 관료 조직의 작동 원리를 조기에 익힐 수 있도록 직업 관료 출신 부책임자들이 돕는다.

더욱이 이 같은 매끄러운 정권 인수를 위해 정부 부처 간 많은 회의와 교육이 이뤄진다. 대선이 7개월이나 남은 2008년 4월, 미국 각 부처의 인수 담당 책임자들이 모였다. "인수 인계"라는 제복의 성부 부서 간 회의였다. 그날의 연사는 부시 정부의 최장수 백악관 비서실장이었던 앤드류 카드(Andrew Card)였다. 카드 전 실장은, "각 기관의 고위 직업 관료들은 해당 기관의 중요성과 역할을 새로 오는 기관장들에게 가르치는 독자적인 기회를 갖게 된다. 정무직 기관장은 물론 비현실적인 기대감을 갖고 올지도 모른다. 그러나 그들의 생각을 현실적으로 만드는 건 바로 직업 관료들의 몫이다."라고 말했다.

8천여 개 자리 새 정권 손에, 지원자 33만 명 몰려

미국에서 정권이 바뀌면, 새 정권이 채울 수 있는 자리는 7-8천여 개 정도다. 물론 정권마다 다소 간의 차이가 있긴 하다. 우선 '최고 행정직급'(Executive Schedule)으로 불리는 정무직 가운데는, 최고 행정 '1직급'(Executive Schedule I) 인 장관급들이 있다.

오바마는 당선자 단계에서 경제 각료를 비롯해, 신속한 내각과 참모 인선으로 안정적 출범의 기틀을 잡았다.

미 무역 대표부(USTR) 대표(Representative)를 포함한 16개 부처 장관과 미국의 중앙은행장 격인 연방 준비제도 이사회 의장(Chairman of FRB: Federal Reserve Board), 정보기관 총수인 국가 정보국장(DNI: Director of National Intelligence) 같은 장관급 기관장 5명 등, 모두 21명이다. 이들의 연봉은 2010년 기준으로 19만 9,700달러, 우리 돈 2억 4천만~2억 5천만 원 정도다. 최고 행정 '2직급'(Executive Schedule II)은 부장관급이다. 모두 46개 자리가 있는데, 이 가운데 전 재무 장관 출신으로 오바마 정부의 브레인 역할을 하고 있는 로렌스 서머스(Lawrence Summers)의 자리, 즉, 국가 경제자문회의 의장(Chairman of National Economic Council)이나 CIA 국장, 미 항공우주국(NASA) 국장, 그리고 연방 준비 위원회(FRB)의 위원(Board Members)들도 여기에 속한다. 연봉은 1직급보다 2만 달러 정도 적다. 최고 행정 '3직급' 은 차관급으로, 127개다. 주요 부처의 차관들은 물론, 청급 주요 독립 기관장들이 여기에 속한다. 또 연방 통신위원회 (FCC:Federal Communications Commission)나 연방 무역위원회(FTC: Federal Trade Commission) 같은 막강 위원회의 위원장급들이 여기에 속하는데, 연봉은 '2직급' 보다 1만 2,000달러 정도 적다. 이밖에 '4직급' 은 차관보급, '5직급' 은 작은 청 단위 기관장급으로 각각 1만 달러 정도 연봉에 차이가 난다. 이들 최고 행정 1~5직급만 해도 400명이 훨씬 넘는다. 여기에 연방 법원 판사와 외교관, 장성급 군인, 각종 위원회 간부 등을 더하면 중량급 보직만 3,000~4,000개에 이른다. 또 선임 관리 직급(Senior Executive Service)이라고 해서 국방부의 경우, 장성급에 해당하는 민간 공무원 등 전문 분야의 실력을 높이 사 초빙한 고위 전문 공무원들이 있다. 연봉 2만 5,000달러~15만 달러 사이인, 이른바, C 직렬 보직(Schedule C Positions)도 일부 있다. 우리나라의 중앙 인사위원회 격인 인사 관리처 (Office of Personnel Management) 처장이나 대통령이 기밀업무 취급이나 정책 결정을 위해 필요하다고 판단하면 뽑을 수 있는 자리다. 같은 필요에 따라, 일반 공무원 중 고위 호봉인 이른바, GS(General Schedule) 14급 이상(연봉 9만 5,000달러~14만 5,000달러 이상)자들을 뽑을 수도 있다.

그래서 미국 의회는 아예 이런 자리를 소개하는 공식 책자를 발간한다. 이른바, 플럼북(Plum Book)이다. 4년에 한 번, 대통령 선거 직후에 낸다. 형식은 일종의 인명록인데, 정식 명칭은 미 정부 정책과 지원 업무직(The United States Government Policy and Supporting Positions)'이다.

200페이지 내외로 다양한 공직의 연봉과 현 보임자 정보까지 담겨있다. 이 책은 1952년 아이젠하워 당선자 이후 나오게 됐다. 임명권을 행사할 수 있는 연방 정부 관료직 명단을 달라는 요구에 대한 대안이었다. 매 4년마다 미 상원 국토안보위원회와 하원 정부개혁위원회가 번갈아 내는데, 오바마 당선 직후 발간된 2008년 플럼북은 상원에서 펴냈다. 2008년 판에는 부시 재선 직후 나온 2004년 판보다 자리가 약 천여 개 더 늘어나, 8,000개 정도였다. 그러나 2년 후, 2010년 온라인 판에는 천 개가 더 업데이트돼 9,000개가 됐다.

문제는 오바마 정부에서 일하려는 구직자가 엄청났다는 것이다. 플럼북 발간 첫 날 350여 부가 팔릴 정도였다. 취임을 한 달 내외 남겨둔 시점에서, 오바마 행정부 취업을 희망하는 구직자는 벌써 33만 명을 넘어섰다. 전임자인 부시 전 대통령이 정권 인수를 하던 2000년 말~2001년 1월 시기에 4만 4,000명, 클린턴 전 대통령의 1992-1993년 인수 때 13만 5,000명에 비하면 최소 2.5배에서 최대 9배 가까이 많은 숫자였다. 금융 위기로 월가 등에 있던 고급 인력들이 대거 내몰린 것도 이유였다. 그러나 8년 간 공화당 집권이 계속돼, 민주당 지지자들이 연방 정부에서 일할 기회가 거의 없었다는 점도 큰 이유였다. 오바마 정권 인수위가 홈페이지에서 간편하게 원서를 접수한 것도 영향이 컸다. 인터넷 선거를 통해 많은 지지층을 얻은 오바마 정부로서는 정권 인수의 투명성과 자유로운 정책 아이디어의 확보를 위해 내놓은 방법이었다. 그러나 과도한 지원 폭주는 오바마 당선자에게 적잖은 부담이 됐을 것이다.

미국의 정권 인수, 그 수난의 역사

미국의 대통령직 정권 인수 제도가 지금처럼 정착하는 데는 시간이 많이 걸렸다. 어처구니없는 시행착오도 많았다. 정착이 된 최근까지도 '불상사' 들은 일어나곤 했다.

멀리 갈 것도 없이 2000~2001년 '아들' 부시의 정권 인수 결과를 보자. 앞서도 잠시 기술했듯이, 2001년 1월 취임식을 마치고 백악관에 들어온 부시 정권은 컴퓨터의 키보드에서 W자 자판이 모조리 부셔져 있는 걸 발견했다. 무려 60대였다. 게다가 문고리에서부터 대통령 인장까지 분실(또는 절도라고 주장할 수 있을 정도)되는 등 상황이 너무 나빴다. 사무실 벽에는 음란한 낙서가 도배 되다시피 했고, 전화선은 끊어진 채였다. 미 회계 감사원(GAO)이 1년 간 조사에 나설 정도가 됐다. 조사 결과 피해 액수는 1만 3,000~1만 4,000 달러에 이르렀다. 보고서는 215쪽이나 됐는데, 이런 상황은 "범죄 행위에 해당 한다"고 규정했다. 미 시사 주간지 뉴스위크는 미 역대 정권 인수사에 있어 10대 악몽 중 하나로 꼽았다.

백악관 기물이 없어지거나 파손된 건 이번이 처음이 아니었다. 200년 전인 1797년 취임한 제 2대 존 애덤스(John Adams) 대통령의 경우도 그랬다. 물론 이 때는 백악관이 아니라 필라델피아에 있던 임시 대통령 관저(President's House)였다. 취임 선서를 하고 2주 뒤 대통령 관저로 이사해 와 보니, 은수저와 도자기는 물론 변변한 가구조차 없는 텅 빈 집이었다. 알고 봤더니 전임자 조지 워싱턴(George Washington) 대통령이 아랫사람들에게 인수 인계를 맡긴 게 문제였다. 주인 없는 대통령 관저에서, 이들은 평소 해보고 싶은 걸 다 해본 것이다. 거의 매일 밤 파티였다. 가구가 파손되고 은 식기와 도자기는 사라졌다. 워싱턴이 이사 나가고 애덤스가 입주하기까지 공백 기간은 무려 2주일이었다. 온전한 것이 남아 있는 게 이상했다. 애덤스 대통령이 취임 18일 후 아내(Abigail Adams)에게 보낸 편지가 인상적이다. "가구들 상태가 참 기가 찰 노릇이오. 앉아 있을 의자 하나가 없소. 침대와 이불은 위험 수위에 다다랐다오. 이 집은 하인들이 벌여 놓은 온갖 추잡한 음주와 무질서의 현장이었던 것 같소. 내가 일찍감치 들어 본 적이 없는 상황이라오."("the furniture... is in a deplorable condition...There is not a chair fit to sit in. The beds and bedding are in a woeful pickle...This house has been a scene of the most scandalous drinking and disorder among the servants that I ever heard of.")

그러나 역시 정권 인수에 있어 가장 큰 수난은 나가는 대통령과 들어설 대통령 간의 갈등이 그대로 드러난 경우다. 이는 기물 파손이나 도난 정도로 끝나지 않기 때문이다. 정권 인수에 차질을 빚어, 국가 기능에 심대한 위기를 초래할 수가 있는 대형 사고다. 대표적인 경우가 프랭클린 루스벨트(Franklin Roosevelt) 대통령과 전임자 후버(Herbert Hoover) 대통령 간의 갈등이었다. 대공황이라는 위기를 물려받은 채 취임해야 했던 루스벨트 대통령은, 당선자 시절부터 전임자에 대해 좋은 감정을 가질 수가 없었다. 1928년 대통령 선거에서 압승을 거두며 후버가 취임할 때만 해도 후버에 대한 국민들의 기대는 대단한 것이었다. 그는 취임사에서 "모든 차고에는 자가용을! 모든 냄비에는 닭고기를!"이라 선언했을 정도였다. 공화당인 그의 경제 철학은 당시 주류였던 자유방임이었다. 그러나 취임 7개월 만에 대공황이 터졌다. 후버 대통령 재임 중 미국인의 총소득은 절반 이하로 떨어지고, 무역액은 3분의 1 이하로 줄었다. 공식적인 실업률은 25%였지만 실질 실업률은 40% 이상일 것으로 추정됐다. 후버는 자유방임적 낙관론을 버리지 않았고, 사태는 더욱 악화됐다. 1932년 후반 후버 대통령은 이미 레임덕에 빠졌다. 후버 대통령과 달리 루스벨트의 경제 철학은, 케인즈 경제학이 표방한, 적극적 정부 개입과 부양책이었다. 현직 대통령 후버와의 대결이었던 1932년 대선도 이 같은 상반된 두 경제 해법 간의 대결이었다. 대선 승리 후에도 경제 정책을 둘러싼 후버와의 갈등은 심해졌고, 루스벨트는 관계를 아예 단절해 버렸다. 문제는 1932년 가을 전국적인 은행 파산 사태가 일어난 것이다. 이는 미국 경제를 뿌리 채 흔드는 위기였다. 루스벨트가 취임할 때까지, 은행 파산 사태는 미국 38개 주까지 확산될 정도로 빠르게 진행됐다. 루스벨트와의 갈등에다, 대공황의 원흉으로 지목받는데 화가 난 후버 대통령은 루스벨트의 관여 없이는 어떤 조처도 취하지 않겠다고 버텼다. 그럼에도 루스벨트는 취임 이전에는 관여치 않겠다는 입장을 고수했다. 후버 대통령은 퇴임 다음 해인 1934년 출간한 "자유에의 도전"이란 책에서 루스벨트와 각료들을 사회주의자라고 비판했다. 두 사람의 갈등이 어느 정도였는지 짐작하게 하는 부분이다. 문제는 그 갈등 때문에 미국 경제가 대공황이라는 위기 속에 수개월이나 방치됐다는 점이다. 게다가 당시 미 대통령 취임일은 지금보다 한 달 10여 일이나 늦은 3월 4일이었다. (이 때문에 루스벨트 대통령은 취임한 해에 헌법을 개정해 가며, 미국 대통령 취임일을 현재의 1월 20일로 바꾼다.)

미국의 정권 인수 체계, 케네디 이후에야 태동

　　지금처럼 제도화된 정권 인수가 시작된 건 그리 오래되지 않았다. 1963년 이전까지, 미국 대통령의 정권 인수는 관례에 따라 이뤄졌다. 그런데 1963년 당선된 케네디가 새 모델을 제시했다. 케네디는 인수위원회란 걸 정식으로 만들고, 조직적으로 정권 인수를 시작했다. 인수위 운영비용은 민주당 전국 위원회(Democratic National Committee)의 지원과 사재를 합해 조달했다. 당시 돈으로 30만 달러 정도였는데, 인력은 자원봉사자로 해결했다. 이를 계기로 정권 인수의 제도화에 대한 관심이 일어났다. 역설적인 말이지만, 미국 대통령의 영향력이 가장 큰 시기는 당선 이후부터 취임식까지다. 취임하고 나면 그 때부터 임기가 줄기 시작하는 거고, 대통령의 영향력도 줄기 시작하는 것이다. 대통령 취임 후 2년 쯤 되면 의회 선거까지 있다. 대통령 입장에서는 일종의 중간평가다. 자칫 여당이 지기라도 한다면 대통령은 곧바로 레임덕에 빠질 수 있다. 새 대통령은 취임과 동시에 실전에 맞닥뜨리게 된다. 그러나 국정 경험이 부족하고, 정책 능력은 아직 미숙한 상태다. 아직도 선거 승리의 여운에서 못헤어난 상태라면 문제는 더욱 심각하다. 그렇다고 새 대통령이 능숙해질 때까지, 상황이 기다려 주지 않는다. 빠른 국정 장악과 정책 추진은 애초부터 필수다. 이를 갖춰야 하는 마감 시한이 바로 정권 인수 시점이다. 케네디가 처음 보여준 조직적 정권 인수는, 미국 대통령직 정권 인수를 지금처럼 제도화하는 데 중요한 전환점이 됐다. 정권 인수시기에 해야 할 일은 정책적 우선 순위를 정하는 것이다. 많은 선거 공약과 의제가 있지만, 다 정책화할 수는 없는 노릇이다. 인수 시기에 교통정리를 해 놓아야 한다.

최근에는 취임 후 100일 간의 통치 일정과 정책 프로그램까지 준비하는 경향이 강하다.

인재들을 인선해, 새 정부의 틀을 짜는 일도 인수 시기의 중요 과제다. 이는 하루아침에 이뤄지기 어렵다. 결국, 최근에는 정권 인수 시점에 대한 인식도 달라지고 있다. '당선 이후~취임 이전'의 기간이 아니라, '당선 이전부터'라고 봐야 한다는 것이다. 정권 인수 단계에 들어가기 전에, 철저한 사전 준비가 필수라는 것이다. 결국 1963년 대통령직 인수인계법(Presidential Transition Act)이 제정됐다. 당선자는 11주 동안의 정권 인수 작업에 전폭적인 지원을 받게 됐다. 사무실 공간에서부터 비품, 설비는 물론 인건비와 공무원 파견까지 국가가 지원하기 시작했다. 오케스트라 연주처럼 세밀하게 배려되고 지원되는 현재의 정권 인수 제도가 태동한 것이다. 2000년에는 미 의회가 새로운 관련 입법을 추가했다. 새로 임명돼 들어오는 새 정부 고위 정무직들을, 직업 관료들이 제대로 가르쳐야 한다는 것이다. 이른바, 업무 오리엔테이션을 의무화 한 것이다.

잘 준비한 카터와 레이건, 결과는 정반대

정권 인수를 제도화한 이후 처음으로 체계적인 인수 기획을 선보인 사람은 카터(Jimmy Carter)다. 카터는 당선되기 전부터 인수 기획을 했다. 민주당 후보로 확정된 1976년 6월부터다. 선거본부와 별도로 정권 인수를 전담할 '인수 사전 준비팀'을 짰다. 이들의 활동비는 선거본부 재정에서 댔다.

인수 사전 준비팀의 규모는 50명. 카터의 집권 후반부에 비서실장이 되는 잭 왓슨(Jack Watson)이 팀장이었다. 이들은 정권 인수기에 해야 할 일들을 계획했다. 또 정책들을 준비했다. 주목되는 작업은 이른바, TIP(Talent Inventory Program) 작성이었다. 우리말로 번역하자면 '인재 목록' 쯤 될까? 집권 후 요직에 인선할 인물 후보군과 개인 정보 목록이다. 선거 이후 카터가 이를 참조할 수 있도록 책으로 만드는 것이다. 이 사전 준비팀은 선거 조직과 철저히 분리 운영했다. 선거 양상에 방해받지 않고, 차분하게 청사진을 만들라는 것이었다. 당선 이전부터 시작된 사전 준비팀의 작업은 나중에 힘을 발휘했다. 뭣보다도 당선 후 즉각 정권 인수위원회를 조직할 수 있었다. 인수위원장은 사전 준비팀장이었던 잭 왓슨이 맡았고 규모는 300명 정도였다. 인선팀과 정책 자문팀, 부처 실사팀의 세 부문으로 일사분란하게 나뉘어졌다. 사전 준비팀이 만든 TIP 덕택에, 인선도 부담이 없는 상태였다.

그러나 사전 준비팀의 긍정적 효과는 여기까지였다. 시간이 지나면서 예상치 못한 문제가 일어났다. 당선의 공신(功臣) 격인 선거 본부 조직과 갈등이 시작됐다. 정권 인수 단계에 들면서 사전 준비팀이 주역이 된 때문이다. 한마디로 논공행상 문제였다. 결정적 계기는 백악관 참모 인선이었다. 선거 조직의 우두머리인 해밀턴 조던(Hamilton Jordan), 정권 인수 사전 팀장 잭 왓슨(Jack Watson)이 두 조직 간 갈등의 진원지였다. 결국 치열한 권력투쟁으로 비화됐다. 조직의 갈등을 막는 방법은 몇 가지가 있다. 우선 선거 본부장이나 정권 인수 사전 준비팀장 등이 정부에서 어떤 벼슬도 하지 않는다고 선포하는 것이다. 아니면, 선거 후 인수 작업의 주축이 될 사전 준비팀장을, 선거 조직에까지 영향력을 갖는 거물로 뽑는 것이다. 물론 대통령의 측근이라면 완벽할 것이다.

이는 대통령이 될 사람이, 후보자 또는 당선자 단계에서 가르마를 타 줬어야 하는 문제다. 그러나 카터는 어떠한 개입이나 조정 노력도 하지 않았다. 권력투쟁 결과 선거 본부 측이 이겼고, 상위직을 선점했다. 이때부터 카터의 정권 인수위원회는 혼선을 빚으며 제 기능을 다하지 못했다. 뭣보다 정책 수립이라는 핵심 과제를 이행하지 못했다. 사전준비가 철저했지만 정작 그 열매를 얻지 못한 셈이다. 뿐 아니라 살등이 십권 후에까지도 이어졌다.

카터의 내각 인선은 상대적으로 안정적이었다. 그러나 공보비서를 제외한 백악관 참모진 인사는 정권 인수 마지막 주까지 지연됐다. 이런 상황에서 카터는 또 다른 패착을 둔다. 백악관 비서실장을 임명하지 않은 것이다. 백악관 내에 강력한 실세가 생길 여지를 주지 않겠다는 것이었다. 스스로가 비서실장 역할을 수행하면서 정책 조정을 하려는 생각이었다. 케네디와 루즈벨트가 그랬던 것처럼 자신이 백악관 업무의 중심이 되길 원했다. 백악관 참모진들이 자신에게만 보고해야 한다고 생각했다. 비서실장이 없으니, 카터는 자연스레 내각에 의존하게 됐다. 장관들에게 인사권도 대폭 강화해 줬다. 장관들은 만족했지만, 백악관 참모진들은 불만이었다. 백악관 참모진과 내각의 갈등이 일어났다. 집권 중반기인 1979년 쯤에는 이 같은 갈등이 정부 기능에 이상을 주는 정도까지 확대됐다. 하는 수 없이 1979년 7월, 비서실장을 처음으로 임명했다. 위기 극복책이었다. 재미있는 건, 인수 단계에서 갈등을 겪었던 선거조직과 사전 준비팀의 리더들이 사이좋게 비서실장을 했다는 것이다. 초대 비서실장은 선거본부를 이끌었던 해밀턴 조던이, 그 후임에는 인수 사전 준비팀장이었던 잭 왓슨이었다.

이런 점에서 레이건은 카터와 전혀 달랐다. 정권 인수 사전 준비팀을 선거본부의 한 조직으로 운영했다. 정권 인수 사전 준비 작업도 훨씬 일찍 시작했다. 공화당 후보로 선출되기도 전인 1980년 4월이었다. 대선 7개월 전이었다. 정권 인수 사전 계획을 위해 중량급 인사들을 만났다. 키신저 전 국무장관, 포드 전 대통령, 헤이그 전 백악관 비서실장, 나중에 국방장관이 되는 와인버거, 암스트롱 전 대사 등이었다. 당시로서는 파격적으로 헤드헌터와 접촉을 시작했다. 당선 이후 인선 청사진을 위해서였다. 대신 '사전팀' 내 인사 조직 만큼은 선거본부와 분리했다. 잡음이 나지 않도록 하기 위해서였다. 덕분에 인선 정보의 사전 보안이 잘 이뤄져 내부 갈등의 요소가 크게 줄어들었다. 뭣 보다, 당선 전에 자격을 갖춘 많은 인재풀을 안정적으로 확보했다. 정권 인수 사전 준비팀은, 레이건의 오른팔인 에드윈 미즈(Edwin Meese) 공동 선거본부장이 총괄했다. 그래도 별도의 팀장은 뒀다. 나중에 백악관 안보보좌관이 되는 외교 안보통 리처드 알렌(Ricahrd Allen)이었다. 레이건의 사전 준비팀은 추후 만들어지게 되는 인수위원회의 축소판이었다. 규모는, 카터 사전준비팀의 9배가 넘는 460여 명이었다. 특히 정책 개발에 중점을 뒀다. 23개 태스크 포스 329명으로, 사전 준비팀 인력의 70% 이상을 배치했다. 레이건은 3개월 후 공화당 전당대회에서 후보로 선출되자, 이 사전준비 팀에 예령을 걸었다. 23개 정책 태스크 포스들이 취임 전까지 보고서를 준비하라는 것이었다. 대선까지는 4개월이나 남아 있는 시점이었다.

대통령에 당선되자, 레이건은 이틀 뒤 정권 인수 위원회를 발족했다. 레이건이 가장 신중을 기한 건, 카터의 인수위처럼 내부 분란이 나지 않도록 한다는 것이었다. 선거운동본부에서 활동하던 사람들을 인수위원회에 그대로 기용한 것도 이 때문이었다. 고생한 선거 조직에 대한 일종의 보상이었다. 대신 인수위원회에 별도의 상부 조직을 뒀다. 미즈를 비롯해 5명의 공동 집행위원회였다. 카터 때처럼 단독 선임자를 임명하면 권력투쟁이 심화될 수 있다는 생각에서였다.

정권 인수위원회는 자원봉사자를 포함해 약 1,200명 규모였다. 역대 인수위 중에서도 대규모에 속한다. 그렇지만 유급직원은 300명 정도, 나머지는 1달러 짜리 토큰 하나를 받거나, 자원봉사자들이었다. 운영 경비는 175만 달러로 카터 인수위보다 3만 달러 적게 들었다. 헤드헌터들을 동원한 인선 작업은 빛을 발하기 시작했다. 후보자 목록과 정보가 컴퓨터에 입력돼 신속하게 인선이 시작된 것이다. 장관 이하 직급의 인선은 취임 전까지 거의 다 윤곽이 드러났다. 사전 준비 단계에서부터 중시해 온 정책개발은 인수위에서도 마찬가지였다. 사전 준비팀이 수개 월 간 만든 정책 대안에 선거공약 등을 조합해 '레이건식 정책'의 틀을 만들었다. 여기에 정부 고위직들이 제시한 정책 브리핑과 전문가의 정책 자문을 가미해 우선 순위도 정리했다. 각 부처의 정책이 레이건의 우선 순위와 일치하지 않는 경우 집행을 중지시키는 등 조정까지 해냈다. 레이건은 비서실장을 비롯한 백악관의 주요 비서진을 정권 인수 2주 안에 다 채웠다. 장관의 임명도 취임 1-2주 전에 거의 다 마쳤다. 다른 대통령에 비교해 볼 때, 매우 빠른 속도였다.

레이건은 비서실을 삼각 체제로 끌고 갔다. 일단 비서실장은 제임스 베이커(James Baker)를 임명했지만, 대통령에 대한 보고와 정보의 흐름을 통제하는 고유 업무에 집중하도록 했다. 대신 선거운동을 끌고 온 실세 미즈를 대통령 자문(Counsellor to the President)으로 배치해 정책과 내각을 전담하도록 했다. 대통령의 스케줄과 해외출장, 대통령의 언론 매체 이미지 형성 작업 등 내부 살림은 마이클 디버(Michael Deaver) 부실장을 맡겼다. 기능적으로 잘 분리돼 원활히 돌아가는 이들 세 명을 두고, 워싱턴 정가에선 '백악관 트로이카'(Troika) 체제라고 불렀다. 카터와 달리, 레이건은 예산과 인사권을 장관들에게 위임하지 않았다. 내각의 예산과 임명권, 입법 의제는 백악관을 통해 면밀히 통제했다. 예외는 국방 예산정도였다. 이처럼 내각에 대한 통제가 가능했던 건, 정권 인수기에 비서실장과 백악관 참모진을 신속히 임명했기 때문이다. 정권 인수기에 만들어진 초기 정책 의제도 백악관 비서실 중심 운영체제를 전제로 한 것이었다. 예를 들면 정부 예산 정책이나, 레이거노믹스의 한 축인 세금 감면 정책 같은 것도 백악관 예산 국장이 기획을 하고, 입법화 절차는 정책과 내각 조정을 담당하는 미즈가 맡아 추진하는 식이었다.

레이건과 카터 모두 정권 인수를 위해 철저히 사전 준비를 했다. 그러나 그 열매는 달랐다. 선거 조직과 사전 인수 준비 조직을 별도로 관리해 조직의 균열이 잠재했던 카터의 인수팀은 내분이 일어났다. 게다가 '실세'의 부작용을 두려워 한 카터가 비서실장을 임명하지 않아 집권 후에도 문제가 생겼다. 백악관 참모진의 역할이 축소되고 내각의존도가 높아지면서, 두 세력 간 갈등이 빚어진 것이다. 준비는 잘 했지만, 관리가 안 돼 결과를 얻지 못한 경우다. 반면 레이건은 선거 조직 속에 사전 준비 조직을 통합 운영해 분란의 소지를 없앴다. 특히 인수위로 전환하는 과정에서, 선거 조직원들을 대부분 인수위에 보임 시키는 것으로 선거조직의 불만 소지를 없애는, 일종의 보상을 했다. 대신 선거 조직출신의 정부 참여에 대해서는 분명히 선을 그었다.

인수단계에서는 사전 준비 조직이 만든 틀에 따라 일사분란하게 인선과 정책 입안을 마쳤다. 또 비서실장과 참모진을 신속히 임명해, 정부를 움직일 '수족'을 조기에 갖췄나. 또, 선서 공신들인 이들 '수족' 간의 권한을 분명히 나누고 안배했다. 이는 시너지 효과를 불러와, 출범 초기부터 안정적인 정부 운영이 가능해졌다. 이 같은 매끄러운 운영으로 통상 6개월이라는 언론과의 허니문을 14개월까지 끌고 갔다. 레이건의 정권 인수는 역대 가장 모범 사례로 회자되고 있다.

알고도 못 피한 '지옥의 정권 인수'

카터와 레이건의 사례를 지켜본 클린턴 대통령은, 정권 인수 사전 준비팀을 서둘러 발족했다. 카터처럼 워싱턴 경험이 없을 뿐 아니라, 그렇다고 레이건처럼 조직화와 관리에 능숙하지도 않았기 때문이다. 경선 후보로 뽑히기도 전인 1992년 여름부터였다. 6명으로 구성된 사전 준비팀이었다. 팀장은 나중에 미 무역대표부(USTR) 대표와 상무 장관을 거치는 미키 캔터(Mickey Kantor)를 앉혔다. 그러나 선거도 하기 전에 김칫국부터 마신다는 상대 캠프의 공격이 나오자 주춤했다. 결국 민주당 대선 후보로 선출된 직후인 1992년 8월에야 본격적인 사전 준비팀을 꾸렸다. "클린턴-고어 사전 정권 인수 계획 재단"(The Clinton-Gore Pre-Transition Planning Foundation)이었다. 이 실무 준비팀에는 팀장인 미키 캔터 외에 국무 장관을 맡게 될 워런 크리스토퍼(Warren Christopher) 변호사 등 3명의 변호사 등이 주축이었다.

클린턴은 카터의 전철을 밟지 않으려 했지만 결국 같은 길을 갔다. 사전 준비 조직을 카터처럼 선거조직과 분리시켰다. 두 조직 간의 갈등은 일찌감치 시작됐다. 선거 기간 중 내내 갈등은 증폭됐고, 당선 이전에 했어야 할 일들이 제대로 되지 못했다. 이 같은 후유증으로 클린턴은 대통령에 당선된 뒤에 인수위 핵심 책임자들조차 발표하지 못했다. 이번에는 인수위를 누가 이끌지를 두고 분란이 벌어졌기 때문이다. 결국 워런 크리스토퍼 등을 공동위원장으로 했다. 선거운동본부 요원 300명 등 600명으로 뒤늦게 인수위를 구성했다. 그러나 각 부처에 파견된 부처 실사팀들이 제대로 업무 장악을 하지 못하는 등 실수투성이였다.

또 다른 문제는 클린턴이 자신의 근거지인 시골 리틀록(Little Rock:아칸소 州都)에 계속 상주했다는 점이다. 시카고에 머물렀던 오바마와 다를 바 없지만, 그곳이 인수 업무의 중심이 됐다는 점이 문제였다. 중량급 인사들도 당선자와 함께 리틀록에 남기를 원했다. 워싱턴에 있던 부처 실사팀, 인사 조직과 의사소통에 장애가 생기기 시작했다. 두 곳 사이에 정보 소통까지 지연되면서 문제가 곳곳에서 생겼지만, 정권 인수위의 고위직들은 당선자 얼굴만 바라봤다. 이런 가운데 내부 갈등은 계속됐다. 이런 사정 때문에 취임 2주 전까지도 인선 작업은 이뤄지지 못했다. 취임 1주 전에야 겨우 백악관 참모진을 임명했다. 클린턴은 내각의 인선을 중시했고, 인종과 성, 계층 등 다양성을 부여하려 했다. 가뜩이나 어려운 상황에서 인선 과정은 매우 지연되었다. 내각 가운데 경제 장관들이 가장 먼저 구성됐다. 취임 며칠 전에야 안보 장관들이 인선됐다. 백악관 참모진에는 워싱턴 내부인사를 배제했다. 그러다 보니 선거운동을 도왔던 사람을 중심으로 인선이 이뤄졌다. 비서실장마저 워싱턴 경험이 없는 클린턴의 어린 시절 친구 맥 맥크레어티(Mack Mclarty)를 지명했다. 이 같은 인선결과는 의회 등 워싱턴 정가와의 업무에 있어 큰 지장을 초래했고 정부 운영에 심대한 타격을 가져왔다. 결국 카터의 전철을 밟고 만 셈이 됐다. 게다가 일부 각료의 인준이 잇달아 문제가 돼 망신을 당했다. 클린턴의 대변인 디 디 마이어스(Dee Dee Myers)조차 인수 기간을 지옥으로 묘사했을 정도다.

예술 같은 미국의 대통령직 인수

2008년 11월 5일 대선 결과 확정 때부터, 2009년 1월 20일 취임식까지 77일. 현장에서 얼굴을 들이대고 지켜본 미국 대통령의 정권 인수 작업은 잘 짜인 한편의 예술작품 같았다. 바로 한 해 전, 우리나라의 정권 인수 과정을 바다 건너로 넘겨본 터여서 이 같은 느낌은 보다 더 강했을 지도 모른다.

앞서도 여러 차례 언급했지만, 미국 대통령들의 정권 인수 작업이 우리와 구분되는 점은 철저한 사전 준비다. 오바마도 그랬고, 레이건도 그랬듯이, 인수 작업은 후보 때부터 시작된다. 사전 준비는 크게 요약하면 세 가지다. 선거 조직과 함께 정권 인수를 미리 계획하고 전담하는 사전 준비팀을 조직한다. 이 팀을 통해 당선 후 비서실 조직과 내각의 인선을 준비한다. 이른바, 인재풀을 준비하고 이들에 대한 사전 검증까지 진행한다. 또 비서실과 내각의 관계를 정하고 역할 한계를 설계한다.

무엇보다 대통령 취임 이후 당선자의 국정운영 비전을 준비한다. 그 우선순위 결정까지 마친다. 특히 새 정부 출범 후 국민들에게 제시할 초기 정책에 대해서는 100일 정도의 임의 기간을 설정해, 시간계획표까지 짠다. 우리의 정권 인수 과정과는 상당히 비교되는 부분이다. 선거전 단계에서부터 정권 인수를 계획한다는 건 우리에겐 생각할 수도 없는 일이다. 그러다 보니, 인수위 단계에 와서야 허겁지겁 챙기기 시작한다. 당연히 많은 불협화음과 소음이 들리기 마련이다. 특히 새 정부의 정책과 관련해서는 그 정도가 심각하다. 사전 준비 조직을 통해 걸러지지 못한 온갖 '아이디어' 차원의 구상들이 '카더라' 식으로 쏟아진다. 이는 고스란히 주요 언론 매체를 통해 국민들의 안방에 전달된다. 찬반 여론은 비등하기 시작하고, 이는 정치 논쟁으로 비화한다. 아직 일도 시작하기 전에 당선자와 인수위는 정치적 상처와 부담을 안게 된다. 인선 문제는 더욱 심각한 문제다. 인수위 단계에서야 시작되는 한국의 새 정부 인선 방식은 너무 촉박하다. 미국처럼 폭넓은 인재 풀을 확보하기에는 애초에 시간이 없다. 그러다 보니 인선 시기는 턱없이 늦어질 수밖에 없다. 미국 백악관 참모에 해당하는 청와대 수석 비서관급 지명이나, 장관 내정이 취임식 거의 직전에서야 이뤄진다.

미국식 기준으로 보면, 모범 사례가 되지 못하는 클린턴이나, 카터급 인선 사례에 가깝다. 더욱 문제는 인재를 꼼꼼히 검증할 시간이 태부족이라는 것이다. 결국 일부 인사들은 인사 청문회 과정에서 낙마하는 등 새 대통령에게 힘을 실어 주기 보다는 부담만 주는 결과를 낳아 왔다. 케네디 대통령서부터 시작해 역대 미국 대통령들에게 정권 인수 관련 자문을 해 온 대통령학의 권위자 리처드 뉴스타트(Richard Neustadt)의 조언은 이렇다. "각료의 임명은 (취임 5주 전인) 12월 초까지는 미룰 수 있다. 그러나 너무 늦어져도 안 된다. 각료 지명자들이 신변 정리, 업무 개요 파악, 그리고 정책 마련까지 하는 데 남는 기간이 5주 밖에 안 될 것이기 때문이다. 각료 지명자들은 해당 부처의 업무 현황, 직원, 예산 등 모든 사항을 파악하는데 몰두해야 한다. 5주는 그러기에 충분한 시간이 아니다."

지난 1992년 클린턴이 당선됐을 때, 클린턴의 측근이었던 로버트 라이쉬(Robert Reich) 인수 위원에게 보낸 메모는 더욱 구체적이다. 각 부처 장관들을 12월 중순(취임 4주 전)까지는 임명하되, 수도 워싱턴에서 퇴임 장관이나 공무원들과 상견례를 시키라는 것이다. 신임 각료들이 하루라도 빨리업무를 파악하도록 하기 위해서다. 백악관 핵심 참모진의 경우, 당선 3주 이내에 인선하도록 자문했다. 대통령이 취임 후 처음 처리하거나 승인해야할 일을 이들에게 미리 준비시키라는 것이다. 또 이 과정에서 인선된 백악관 참모진들 스스로 업무를 익히도록 해줘야 한다는 설명을 덧붙였다. 또취임 20여 일 전에는 백악관 하위직 충원까지 마치라고 조언했다. 백악관참모진은 결국 선거 과정과 인수 사전 준비 과정, 그리고 인수위를 함께 한이들로 구성됐다.

그러나 우리의 경우, 청와대 참모진의 인사 자체가 늦을 뿐 아니라, 인수위 활동에조차 전혀 참여하지 않은 인원들이 보임되는 경우가 허다하다. 그것도 막바지에 허겁지겁 충원되는 모양새를 띄기도 했다. 인선된 이 스스로도 힘든 일이겠지만, 두 달 여의 인수과정에서 나오는 소중한 정보와 인적 네트워크가 사장되는 비효율이 될 수도 있다.

오바마의 정권 인수 과정을 보면서 느낀 또 다른 하나는, 인수 과정이 매우 조용하게 이뤄졌다는 것이다. 이는 철저한 사전 준비로 정책이나 인선에 논란이 생길 여지가 적기 때문만은 아니었다. 이유는 크게 두 가지였다. 하나는, 언론에 대응하는 방법도 철저히 사전에 연구가 돼 있었다는 얘기다. 또 다른 하나는, 인선된 이들에 대해서도 언론과의 관계를 어떻게 설정할지에 대한 지침이 분명히 교육됐기 때문이다.

케네디의 경우, 인수위 시절 언론 대응에 있어 성공한 사례로 꼽힌다. 케네디는 인수위 11주 기간 동안 내내 기자들을 몰고 다녔다. 이는 정권 인수 기간 동안 언론의 우호적 관심을 계속 받을 수 있는 발판이었다. 그는 기본적으로 기자들의 취향을 이해했다. 우선 그가 다닌 곳부터가 달랐다. 플로리다 팜비치(Palm Beach)에서 고풍스런 조지타운까지. 한 마디로 "기자들도 좋아할 만한 곳"들을 택했다. 그런 곳에서 '정리된' 말로, '정리된' 정책을 내놓았다.

뉴스타트는 케네디의 대척점에 카터를 놓았다. "카터는 기자들을 아메리쿠스(Americus: 카터 고향 조지아 주의 시골 마을)의 한 모텔에 묶어둔 채, 조지아 주의 대평원에서만 지냈다."는 것이다. "대통령 당선자를 취재할 때, 기자들이 편의를 제공받아서는 물론 안 된다. 그러나 기자들의 취향을 배려하지 않을 경우, 언론 관계를 원활하게 유지하기가 어렵다." 뉴스타트의 짧은 촌평대로 미국 정권 인수의 '보이지 않는 한 축'은, 언론에 어떻게 대응하느냐 하는 문제였다. 케네디 이후 제도화된 정권 인수를 8번 거치면서 미국은 이제 이 '보이지 않는 한 축'에 대해서도 어느 정도 적응이 된 느낌이다. 오바마의 경우, 성공적이었다. 그렇다면, 군사 정권이 끝나고 정상적인 정권 인수를 4번이나 거친 지금, 우리의 경우는 어떤지 곰곰 생각해 볼 일이다.

6장. 독도와 다케시마 사이

동해는 일본해로 표기돼 있다. CIA의 경우, 독도를
'분쟁지역'으로 묘사하고 있다. 독도가 아닌, 리앙쿠르 암 너머
멀찍이 떨어져 있는 나라가 미국인 것이다

미국인들도 모르는
미국 속 이야기

미국 속의 총

미국 속에 감춰진 비행 군단

미국 속의 한국 다루기

미국 속의 핵

미국 속의 정권인수

미국 속의 독도

미국 속의 조선

수도 워싱턴 서북 구역 C가 2201호. 워싱턴 특파원 생활을 하다 보면 가장 친숙해지는 미국 정부청사 중 하나다. 해리 트루먼(Harry S. Truman) 전 대통령의 이름을 따, 지난 2000년에 '해리 트루먼 빌딩'으로 새로 이름 붙여진 미국 국무부다.

원래는 현재 미 국방부의 전신인 '전쟁부'(Department of War) 청사로 짓기 시작했다. 1939년이었다. 그런데 2차대전을 치르면서 '전쟁부'는 규모가 급속히 팽창했다. 전쟁부는 현재의 펜타곤을 지어 들어가기로 계획이 바뀌었다. 결국 완공된 새 건물은 국무부 몫이 된 것이다. 국무부 건물은 수도 워싱턴의 정부 청사 가운데, 세 번째로 크다. 연건평 13만 8,800㎡가 넘고, 8층 건물에 엘리베이터는 43개, 형광등 개수만도 3만 4,000개다. 문들도 여러 개지만 워싱턴 특파원들이 주로 애용하는 문은 두 개다. 하나는 정문이고, 하나는 동문이다. 정문은 주로 국무부를 방문하는 주요 뉴스 메이커들을 지키는 길목이다. 뉴스에 자주 나오는 광경이기도 하다.

예를 들면, 북핵 한미일 3자 협의를 위해, 우리나라와 일본의 차관보급 대표들이 미 크리스토퍼 힐(Christopher Hill) 국무부 차관보를 만나러 온다 치자. 이 경우, 이들 인사들은 정문에서 국무부 의전 관계자들의 영접을 받고 들어간다. 특파원들은 이들이 도착하기에 앞서, 이른바, 포토 라인(photo line: 방송 카메라 등 취재 장비나 인원이 더 이상 넘지 않도록 약속한 경계선)을 만들어 기다린다. 물론 협의를 시작하기도 전에 언론과 접촉하는 건 외교 관례상 결례다. 그러나 이렇게 지나가는 길목에서 언론과 우연히 마주치는(?) 형식까지 탓할 수는 없을 것이다.

미 국무부 청사. 중앙 부분이 정문이다. 정문은 뉴스메이커와 언론 간의 비공식 접촉 안전지대다.

따라서 국무부의 정문은 특파원들과 뉴스 메이커들 간의 일종의 안전지대다. 기사 마감에 쫓기는 특파원들로서는 한 마디라도 더 들어 기사를 만들 수 있고, 뉴스 메이커들은 언론에 자기들의 구상을 미리 흘려 반응을 떠 볼 수 있다. 동문(East Entrance)은 정문과 성격이 좀 다르다. 국무부는 하루에도 최소 두 번씩 정례적으로 특파원들에게 문을 연다. 아침 10시에 하는 비공식 브리핑과 오후 2시에 하는 정례 브리핑이다. 또 비정기적이지만 주요 현안에 대해 특별 브리핑도 한다. 한미 외교장관 회담 등과 같은 특별한 때는, 공동 기자회견도 열린다. 동문은 이런 모든 소통의 현장으로 안내하는 입구다. 3년 간 미 국무부의 동문과 정문을 번갈아 출입해 가며 느낀 게 하나 있다. 국제 외교무대에서는 만국이 결코 평등하지 않다는 것이다.

마침 비공식 언론접촉을 위해 포토라인을 만들어 기자들이 기다리고 있다.

당연한 얘기라 할 수도 있겠지만, 취재 현장에서 피부로 느낀 진실의 무게는 너무나 컸다.

예를 들어 우리는 으레 미국을 혈맹, 또는 최고의 우방으로 부른다. 미국 또한 우리를 그렇게 부르기를 주저하지 않는다. 참 좋은 분위기다. 그러나 이건 어디까지나 한미 양자 관계일 때만의 얘기다. 이 때 일본을 하나 더 추가해 보자. 같은 분위기가 이어질까?

가라오케 외교, 1등 동맹

2006년 6월 29일 고이즈미 준이치로

(小泉純一郎) 당시 일본 총리가 미국에 이른바, '졸업여행'을 왔다. 그 해 9월 퇴임을 앞두고 '절친'인 부시 당시 미 대통령에 작별 인사차 오는 것이었다. 사실 '끈 떨어진 연' 신세인 고이즈미가 미국에게 그리 해줄 건 없는 상황이었다. 고이즈미 스스로도 취임 후 가장 부담 없는 방문이라고 했을 정도다. 냉정하게 보면, 고이즈미의 방미는 미국으로서는 별로 '영양가 없는' 외교 일정이었다.

그런데 미국 정부의 대응은 예상을 뒤엎는 것이었다. 최상급이라는 수식어를 넘어서는 파격적 예우였다. 우선 도착 당일 백악관에서 국빈대우의 공식 만찬을 베풀었다. 무려 150명이 참석한 초대형 만찬이었다. 국가 원수가 아니어서 국빈방문의 지위가 주어지지 않는 일본 총리를 위해 미국이 특별예우를 한 것이다. 바로 전 달 후진타오 중국 국가주석의 방문 때와는 극히 대조적이었다. 당시 중국은 고집스레 국빈만찬을 요구했지만, 미국은 그냥 오찬으로 갈음했다. 다음 날에는 고이즈미의 음악적 취향까지 배려했다. 엘비스 프레슬리 팬인 고이즈미를 위해, 테네시주 멤피스에 있는 프레슬리의 생가 방문 계획을 잡은 것이다. 물론 부시 대통령 내외가 동행했고, 미국 대통령 전용기 에어포스 원까지 제공됐다. 이 같은 미국의 환대에 고이즈미는 이른바, 가라오케 외교로 부응했다.

고이즈미는 그곳에서 엘비스가 즐겨 끼던 대형 선글래스를 끼고 엘비스 흉내를 내며 그의 히트 곡들을 불러댔다. 생일이 1월 8일로 엘비스와 같은 고이즈미는 엘비스 노래로 앨범까지 출반해 20만 장을 팔았던 사람이다.

'당신을 원해요 당신이 필요해요'(I Want You, I Need You) 등 10여곡의

메들리 행진이 이어졌다. 부시는 1950년대 미국식 가라오케라 할 수 있는 주크 박스(jukebox: 동전을 넣으면 음악이 나오는 기기)를 선물했다. 그 안에는 물론 엘비스 프레슬리의 노래가 실려 있었다.

'가라오케 외교'. 사흘 간의 고이즈미 방미를 미국 언론들은 이렇게 요약했다. 고이즈미는 방문 첫 날부터 '러브 미 텐더(Love me tender)' 가사를 인용했다. 정상회담 후 공동 기자회견 때였다. 미국민이 자신을 따뜻하게 대해 줘 고맙다는 뜻을 표현하는 대목이었다. 이를 시작으로 일본식 발음이지만 영어로 노래를 흥얼거리며 미국 언론에 접근했다. 미국 언론들은 이 같은 모습을 신선하게 받아들였다. 경직된 듯했던 기존의 아시아 지도자에게서는 찾아보기 어려운 파격적인 모습이라는 것이었다. 특히 보통 미국사람들의 눈높이로 다가와 친근미를 느꼈다는 것이다.

고이즈미는 엘비스 프레슬리 노래를 영어로 부르기 위해 특별 영어교습을 받았던 것으로 알려졌다. 첫 날 만찬사에서는 미국 보통 사람들에게 친근한 고전 서부극까지 인용했다. 서부극 단골 배우 게리 쿠퍼(Gary Cooper)가 주연한 '하이 눈'(High Noon)이었다.

"정의의 보안관 게리 쿠퍼는 악당과 고독한 싸움을 벌인다. 그러나 게리 쿠퍼와 오늘날의 미국과는 다른 점이 하나 있다. 언제나 악이 존재하는 이 세계에서 미국은 결코 혼자가 아니다. 미국의 친구이자 동맹인 일본은 항상 미국 편에 서 있을 것이다."는 메시지였다.

특히 "미국 편에 서 있을 것"이란 말이 압권이었다. 30초나 되는 긴 박수

갈채가 즉각 나왔다. 1952년 처음 상영된 하이 눈은 미국 역대 대통령들에게 인기 만점이었다. 33년 간이나 백악관의 영화 상영을 맡았던 폴 피셔 (Paul Fischer)의 기록 등에 따르면, 아이젠하워와 레이건, 클린턴 등 거의 모든 대통령들이 가장 좋아했던 영화다. 클린턴은 재임 중, "내 나이 53살이지만, 6살 때 봤던 하이 눈이 여전히 제일 좋다"고 했을 정도다.

영화의 주인공, 보안관 윌 케인(Will Kane)으로 연기한 게리 쿠퍼도 백악관에서 인기 넘버원 배우였다. 케네디, 존슨, 닉슨, 포드, 카터, 레이건, 클린턴... 전혀 다른 정치적 배경과 성격의 대통령들이 공통적으로 빠져든 데에는 뭔가 함께 느끼는 부분이 있다는 뜻이다. 영화 비평가인 리처드 쉬컬 (Richard Schiekel)은 게리 쿠퍼가 열연해 내는 영웅 이미지 때문이라고 풀이했다. 결정적인 순간 홀로 문제를 해결해내는 그 모습이다. 세계적 현안을 홀로 결정해야 하는 자신들과 동일시한다는 것이다. 고이즈미와 일본은 이 같은 사실을 파악하고 있었던 셈이다. 그 기초 자료는 폴 피셔의 기록에 근거해 2003년 만들어진 '모든 대통령들의 영화(All the Presidents' Movie)'라는 다큐멘터리였을 것이다. 이 다큐멘터리는 폴 피셔가 모셨던 케네디 이후 일곱 대통령들의 영화 취향을 구체적으로 보여 주고 있다.

미일 밀착관계는 고이즈미 이후에도 계속 이어져갔다. 10개월 후인 2007년 4월 방미한 후임 아베 신조(安倍晋三) 총리에겐 미국 대통령 별장인 캠프 데이비드(Camp David)가 제공됐다. 이 같은 밀착관계의 배경에는 잘 맞아 떨어진 양측의 이해관계가 있다. 자민당이 이끌던 일본은 미국이 필요했다. 21세기 일본의 국제 전략은 이른바 '미 · 일 동맹 일체화'였다. 아시아라는 국지적 한계를 벗어나, 전 세계를 상대로 해야 한다는 개념이 깔린 전략이었다. 미국에게 일본은 아시아에서 중국을 견제할 수 있는 유일한 강국이다. 게다가 미국이 진행 중인 이라크와 아프가니스탄전 등에서 미국을 도와 경제적 부담을 덜어줄 수 있는 나라다. 미국에게 일본은 '1등 동맹'이었다. 최근 들어 미일 두 나라 모두 국내 정치적 지형이 많이 달라졌다. '1등 동맹'을 지탱하던 양국의 집권 여당들이 모두 무너졌다. 두 나라 모두 과거의 정책을 상당히 부인하는 개혁적인 정부가 들어섰다. 그래서일까? 미군 기지 이전 문제 등을 놓고 삐걱거리기 시작하더니 예전의 밀착관계는 찾기 힘들게 됐다. 그러나 아시아에서 미국의 1등 동맹 후보는 여전히 일본이다. 일본을 필요로 하는 미국의 전략적 입장은 변하지 않았기 때문이다.

그러면 우리와 일본의 관계는 어떤가? 복잡하다. 미래지향적 관계를 말하지만, 개운하게 청산되지 않은 과거가 구속하고 있다. 과거사 문제, 종군 위안부 문제, 일제 강점기의 징용 문제 등 양측 누구도 양보하지 않는 현안들 앞에서 당연히 우리는 우리의 우방이자 혈맹인 미국의 도움을 구할 것이다. 그러나 한미일 3자 관계가 되면, 한미 간에 그토록 강하게 존재했던 절대적 혈맹과 우방 개념은 상대적인 것으로 변할 수밖에 없다. 한미 관계만 아니라 미일 관계도 있기 때문이다. 미국에게 일본이 여전히 '1등 동맹'의 대상이라면 더욱 그렇다.

리앙쿠르 암 (Liancourt Rocks), 그 너머 미국

미국 워싱턴 시간 2008년 7월 14일 오후. 한국 시간으로는 15일 오전이었다. 워싱턴 특파원들에게 이메일 하나가 급히 전달됐다. 원 발신인의 이름은 김하나씨. 캐나다 토론토 대학의 동아시아 도서관 한국학 책임 사서였다. 워싱턴 시각으로 바로 다음날 미 의회 도서관이 독도 명칭과 관련해, 중대한 결정을 준비 중이라는 것이다.

당시까지 미국 의회 도서관(LOC: Library Of Congress)은 독도의 영문 표제어를 말 그대로 '독도', 즉, Tok Island(Korea)로 표기해 왔다. 또 상위 표제어를 '한국의 섬'(Island, Korea)으로 해, 독도가 한국 섬임을 명백히 해왔다. 그런데 다음날 회의에서 '리앙쿠르 암(岩)', 즉, 'Liancourt Rocks'로 바꾸려 한다는 것이다. 게다가, 상위 표제어조차 '일본해에 있는 섬'(Island of Sea of Japan)으로 삽입할 것이라고 김하나 씨는 경고했다. '독도'를 '일본해에 있는 리앙쿠르 암이라는 섬'으로 뒤엎어 버리겠다는 것이다. 독도라는 우리 고유의 명칭을 빼앗기는 것도 문제지만, 얼핏 일본 소유의 섬처럼 돼 버리는 게 더 문제였다.

KBS와의 전화 인터뷰에서 김하나씨는, "장차 독도를 일본 영토로 만들려고 역사적 근거를 하나씩 만들어가려는 거죠. 일본의 교묘한 술책이라고 밖에 볼 수 없습니다."고 말했다. 독도를 당장 '다케시마'로 바꿀 수 없으니, 리앙쿠르 록스라는 어정쩡한 명칭으로 바꾸고, 대신 '일본해에 속한 섬'이라는 말로 오금을 박아 두겠다는 게 일본의 의도라는 것이다. 이는, 일본이 후대에 영유권 억지를 부릴 중요한 역사적 근거가 된다.

이 같은 논의는 그동안 아무도 모르고 있었다. 심지어 미국 의회 도서관의 한국학 사서들마저도 몰랐다는 게 김하나씨의 말이었다. "그 배후에는 일본 정부나 학계, 또는 일본 관련자들의 제안이 있지 않았을까 생각합니다."

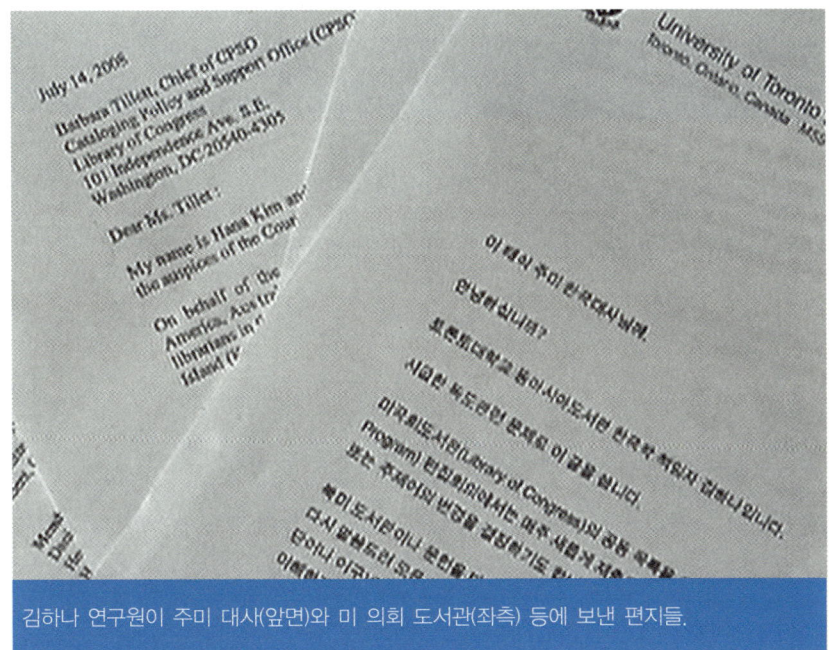

김하나 연구원이 주미 대사(앞면)와 미 의회 도서관(좌측) 등에 보낸 편지들.

고까지 말했다.

리앙쿠르. 19세기 말 프랑스 포경선의 이름이다. 프랑스 항구 르 아브르(Le Habre)에 있던 한 회사 소속으로 361톤급이었다. 1840년대부터 한 20년 간 서양의 포경선들은 동해 쪽에 고래잡이를 하러 많이 나타났다. 특히 1848년 무렵에는 동해 쪽 고래 출몰 빈도가 많았다.

이 때 프랑스 포경선은 8척이나 됐는데, 리앙쿠르 호도 그 중 하나였다. 1849년 이 리앙쿠르 호가 독도를 발견했다. 서양 선박으로는 처음이었던 셈이다. 독도는 수천 년 전부터 거기에 있었는데, 자신들이 봤다고 자기 배의 이름을 떡하니 붙여버렸다. 그리고 이 배의 선장은 1850년 보고서에서 리앙쿠르 암이라는 존재를 알렸다. 문제는 프랑스 해도국(海圖局)이 이를 바탕으로 수로지(水路誌)를 발간했다는 것이다. 바로 한 해 뒤 1851년 발간된 수로지에는 "일본해에서 포경선 리앙쿠르 호가 목격한 암석"이란 제목으로 독도를 소개하고 이름을 리앙쿠르 암으로 명명했다. 이후 세계 해도와 수로지, 항해 관련 자료에는 모두 리앙쿠르 암으로 따라 표시하게 됐다. 일본은 독도를 다케시마(竹島)로 바꾸기 위한 전 단계로서 그동안 이 명칭을 잘 활용해왔다. 이 명칭은, 독도가 주인 없는 섬 같은 인상을 주기 때문이다. 주인 없는 '무인도' 독도를 리앙쿠르 호가 발견했다는 느낌을 주고 있다. 이는 우리의 독도 영유권 주장을 무력화 시키기 좋은 무기다.

이런 측면에서 김하나 연구원의 경고는 타당했다. 문제는 시간이 불과 하루도 남지 않았다는 것이다. 바로 다음날 미 의회 도서관은 회의를 열어 이 문제를 논의하는데, 이미 '방향'까지 잡혀있는 듯 했다. 공교롭게도 김하나 씨의 제보 하루 전, 일본이 독도 문제로 우리를 강하게 도발했다. 일본 정부가 독도 영유권을 중학교 교과서 해설서에 명기하겠다고 천명한 것이다. 한일 간 외교 갈등이 시작돼, 우리는 일본 주재 대사 소환까지 했던 참이다. 우연일지 몰라도, 독도 주권에 대한 위협이 이틀 연속 이어진 셈이다. 심각한 상황이었다. 김하나씨의 제보는 그날 KBS 9시 뉴스의 중점 아이템이 됐다. 그렇다면, 도대체 독도에 대한 미국의 입장은 무엇인가? 일본이 중학교 교과서 해설서에 독도 영유권을 명기하겠다고 밝히면서 촉발된 한일 간 외교 갈등에 대해 미국은 냉정하게 말했다 "이는 양국(한일) 간의 문제"라는 것이다. 이처럼 미국은 독도 영유권에 관한 한 철저 중립을 표방한다. 게다가 독도를 분쟁 지역으로 보고 있다. 숀 매코맥(Sean McCormack) 당시 국무부 대변인은 정례 브리핑에서, "이 문제는 새로운 이슈가 아니다."면서 "3년 안팎 주기로 영토분쟁을 둘러싸고 특별히 제기되는 사안으로 생각한다."고 했다. 이어 "내가 이해하기에는 이 문제는 양국의 오랜 영토 분쟁과 관련이 있다."고 단언했다.

이게 독도에 대한 미국의 입장이다. 한국과 일본 모두 동맹이니, 어느 한 편의 역성을 들어 줄 수는 없다. "그래서 우린 중립이다."라는 것. 그러나 그 '중립'의 내용을 찬찬히 살펴보면 결코 중립적이지 않다는 느낌이 든다. 독도를 '오랜 영토 분쟁' 지역으로 본다면, 이미 일본의 주장에 동의한 것이다. 국무부와 CIA, 연방 항공청 등 미국 주요 기관들의 독도 호칭은 리앙쿠르 암이 대세다. 또 동해는 일본해로 표기돼 있다. CIA의 경우, 독도를 '분쟁지역'으로 묘사하고 있다. 독도가 아닌, 리앙쿠르 암 너머 멀찍이 떨어져 있는 나라가 미국인 것이다.

'리앙쿠르 암'을 가까스로 막다.

워싱턴에 2008년 7월 15일의 해가 떴다. 예정대로라면 오늘 미 의회 도서관은 독도의 표기법을 바꾸는 회의를 연다. 아침부터 우리 대사관과 미 의회 도서관 관계자들에게 전화를 돌렸다. 우리 대사관 측은 미 의회 도서관 측에 면담을 신청하는 등, 이미 대응에 들어간 것으로 확인됐다. 그러나 미 의회 도서관의 움직임은 정오가 다 돼 가도록 감지하기가 어려웠다.

우선 미 의회 도서관 담당자들과 연결하기가 하늘의 별따기였다. 한창 내용을 설명하고 질문을 하면, "죄송합니다. 듣고 보니 제 소관이 아니네요. 아무개가 담당일 것 같으니 바꿔 드릴 게요..."라며 돌린다. 이런 전화만 십여 통이었다. 가까스로 알아낸 건, 이 현안의 최고 책임자는 바바라 틸렛 (Barbara Tillet) 목록 정책국장(Cataloging Policy & Support Office)이라는 것. 그런데 계속 자리에 없다. 이럴 때는 별 수가 없다. 메시지를 남겨 놓고 그저 기다리는 것이다. 미국 사람들은 전화 메시지 녹음 장치를 애용한다. 자신이 받고 싶은 전화만 선별해서 받기 위해서다. 본인이 자리에 있으면서도 일부러 받지 않고 녹음으로 돌아가게 하는 일이 비일비재할 정도다. 특히, 공공 기관이나 기업체 사무실은, 전화를 하면 반 정도는 녹음으로 넘어간다고 봐도 그리 무리한 말이 아닐 정도다. 물론 휴대전화를 할 수도 있다. 그러나 사무실 전화가 잘 안 되다면 휴대전화도 음성 녹음으로 돌아갈 가능성이 높다. 워싱턴의 관료나 정부 기관 사람들 상당수가 휴대 전화 두 대를 갖고 다닌다. 하나는 해당 기관에서 주는 공적 휴대전화고, 하나는 순수한 개인용이다. 공적 휴대전화는 일반 전화와 사용방식이 거의 같다. 뜨는 전화번호를 보고 원하는 사람만 골라 받는다. 낯선 번호거나 선호하지 않는 사람이면, 일단 메시지를 남겨두게 해, 들어 보고 판단한다. 이들에게서 두 가지 휴대전화 번호를 다 얻으려면 상당한 관계가 돼야 한다. 믿을만한 사람이 돼야 하는 것이다. 공적 휴대전화 번호 하나만 얻기도 쉽지 않다. 초면에 휴대전화 번호를 달라고 하면, 보통 이메일 주소를 준다. 이메일로 보내면, 스마트 폰인 블랙베리 폰으로 다 들어오니, 보고 연락 주겠다는 것이다.

바바라 틸렛 국장을 찾아내기까지 십여 통 전화를 돌리면서 느낀 게 있다.

미 의회 도서관 측도 이 사안의 중대성을 이미 알고 대응 중인 것 같다는 느낌이었다. 우선 틸렛 국장이 전화를 받지 않는다는 것부터가 그랬다. 전화를 받지 않는다는 건, 자리를 비웠거나, 의도적으로 피한다는 것 둘 중 하나다. 틸렛 국장은 오늘 출근했고, 밖으로 나가지는 않았다. 틸렛 국장을 연결해 주는 부하 여직원에게 알아본 터다. 틸렛 국장이 이토록 오래 자리를 비웠다면, 오늘 최대 현안인 이 문제에 대한 대책 회의, 또는 우리 대사관 측과의 면담 등을 할 가능성이 높았다. 또 그저 내 전화를 피하는 것이라면, 이 사안과 관련돼 벌어지는 상황에 대해 적어도 충분히 인지하고 있으며, 대응책 마련 과정에 있다는 뜻이라는 느낌이었다. 하기야 한일 누 나라의 워싱턴 특파원들이 얼마나 전화를 해댔을까?

아침 뉴스용 기사는 워싱턴 시간으로 오후 5시까지는 취재돼야 했다. 그러나 이 시간이 되도록 바바라 틸렛 국장은 답을 해 오지 않았다. 답은 엉뚱한 데서 왔다. 틸렛 국장까지 연결하기 위해 거쳐 간 미 의회 공보국이었다. 미 의회 공보국 측은 지금 이메일을 보냈으니 열어보라고 전화를 해 왔다. 느낌이 왔다. 얼른 이메일을 열어 봤다. "오늘 결정할 예정이던 '리앙쿠르 암' 명칭 변경 의제를 빼기로(withdraw) 최종 결정했다."는 것이다. 틸렛 국장은 그날밤 보내온 별도의 이메일에서, "이 사안에 대해, 국제적 결의가 진전될 때까지 연기한다는 의미"라고 풀이했다. 이름을 밝힐 수 없는 미 의회 도서관 관계자도 전화 통화에서 잘라 말했다. "영구 조처가 아니죠. 미 지명 위원회(BGN: Board of Geographic Names)가 별도의 조처를 할 때까지 잠정 의제(tentative list)에서 뺀다는 얘기입니다."

이와 관련해 이태식 당시 대사는, 이 책을 발간하기 전에 필자와의 전화 통화에서 당시 상황에 대해 몇 가지를 추가했다. 김하나 씨의 서한은, 이미 2008년 7월 11일 쯤에 받았다는 것이다. 서한은 김하나 씨가 팩스로 보내 왔다고 말했다. 그리고 7월 13일 쯤에는 이미 의회 도서관 측과 이 문제에 대한 논의에 들어갔다고 말했다.

어쨌든 미 의회 도서관 측의 반응을 보면, 이 문제는 잠시 수면 아래로 내려간 정도에 불과하다. 시간이 되고 계기가 되면 언제든 다시 불거질 수 있는 사안으로 남았다. 그러나 절체절명의 순간에서 한 숨을 돌릴 수 있게 된 건 대단한 반전이었다. 그것도 며칠 남지 않은 시간에, 거의 다 정해진 일을 뒤집어 내는 것이란, 미국 같은 사회에서는 거의 기적에 가까운 일이었다. 그 배후에는 이름 없는 해외 동포들의 노고가 있었다.

주역은 이름 없는 해외의
한국인들

앞서 말한 김하나 씨도 그 중의 하나다. 김 씨는 한국교원 대를 졸업하고 캐나다 맥길 대(Mcgill University)에서 도서·정보학 석사 학위를 받은 뒤, 당시 5년째, 캐나다 토론토 대학 동아시아 도서관 한국학 책임자로 일하고 있었다. 독도 주제어 변경 회의가 있다는 걸 김씨가 알 게 된 건, 미 컬럼비아 대 도서관에서 매주 보내주는 사서정보 덕분이었다. 매주 한차례 일본계 사서가 보내는 이메일 정보다. 이날은, "직접적인 도서정보는 아니지만 사안의 중대성 때문에 알려 준다."는 말과 함께, 관련 회의 일정과 내용을 담아 보내왔다. 매주 오는 이메일이어서 심상하게 지나칠 수도 있었지만, 김 씨의 눈에 띈 것이다. 곧바로 북미와 호주, 뉴질랜드, 프랑스에 있는 한국계 사서들에게 이 사실을 알리고 의견을 모았다. 그리고 워싱턴 시각 2008년 7월 14일 미 의회 도서관에도 서한을 보냈다.

김 씨는 서한에서 "의회 도서관이 주제어를 변경하려는 이유가 중립적이라는 걸 이해하지만 현실에선 현재와 미래의 협상에 영향을 미치게 된다."며 "성급한 결정 대신 더 많은 연구가 필요하다"고 촉구했다. 김 씨는 또 주미 대사관 측에 이메일을 통해 사안의 긴급성을 알렸다. 조지 워싱턴 대학(George Washington University) 동아시아 어문학과(Department of East Asian Languages and Literatures)의 김영기(金榮起) 교수에게도 이를 알렸다. 워싱턴 특파원들에게 이메일이 전달된 것도 이런 과정을 통해서였다.

조지 워싱턴 대 김영기 교수는 소설가 한무숙(韓戊淑) 씨의 딸이다. 세계은행 출신 프랑스 경제학자 르노(Renaud) 박사와 유학 중 만나 결혼했고 미국에 정착했다. 어렸을 적 명륜장(明倫莊:서울 종로구 명륜동소재. 지금은 한무숙 문학관이 돼 있음)으로 불리던 집에서 어머니가 국내외 많은 이들과 교류하는 것을 지켜보며 자란 김 교수는 수도 워싱턴에서 한국 문화 알리기에 노력해온 주역이기도 했다. 김 교수는 민간 차원의 대응에 힘을 보탰다. 워싱턴 주재 특파원들과 현지 한국계 언론, 교민사회에 문제의 심각성을 전파한 것이다. 교민 단체들은 미 하원 외교위원회의 하워드 버먼(Howard Berman) 위원장, 에니 팔레오마베가(Eni Faleomavaega) 아태 소위원장 등, 외교위 소속 의원 48명 전원에게 팩스로 편지를 보내고 전화를 걸었다.

교민들은 직접 의회 도서관장과 지역구 의원에게도 팩스 편지를 보내기도 했다.

미국에서는 이 같은 유권자들의 풀뿌리 운동이 중요하다. 유권자들은 미국 의원들이 가장 강한 압박을 느끼는 존재들이기 때문이다. 때문에 이들의 움직임에 귀 기울이고 최소한 성의를 보이려는 노력을 하게 마련이다. 앞서 소개한 NRA의 파워도 결국 풀뿌리 유권자들인 NRA 회원들의 적극적 참여였다. 물론 우리 교민들의 이 같은 노력이 미 의회 도서관의 결정에 얼마나 직접적 영향을 미쳤는지는 정확히 잴 수 없다. 그러나 이 같은 노력이 합해져 결실을 이룬 것만은 분명해 보인다.

독도와 다케시마 사이의
미국

미 의회 도서관이 독도 명칭 변경을 잠정 철회하는 과정에서 새로운 사실이 드러났다. 독도 명칭을 이미 미 지명 위원회가 리앙쿠르 암으로 부르고 있다는 것이다. 미국 지명 위원회(Board of Geographical Names). 미국에서 지도의 공식 지명을 결정하는 주체다. 이 기관이 정하면 그대로 공식 지명이 된다. 그 영향력은 미국을 넘어 전 세계에 미친다. 다른 나라에서도 이 기관이 정한 지명을 거의 그대로 받아쓰기 때문이다. 미 의회 도서관 측의 설명은 간단하다. 독도 관련 문헌을 수집 정리하다 보니까, 미국 지명 위원회(BGN)가 독도를 이미 리앙쿠르 암으로 표기하고 있더라는 것. 그래서 미 의회 도서관도 이렇게 바꾸자는 제안이 나왔다는 것이다. 미 지명 위원회가 그렇게 표기하고 있다면, 미 의회 도서관은 이를 따를 수밖에 없는 일이었다. 미국 지명 위원회(BGN)의 지명 결정은 미국의 대외 정책 노선을 철저히 반영해 이뤄진다. 결론적으로 미국 정부는 독도와 다케시마 사이에서, 리앙쿠르 암을 택했다. 한국과 일본이라는 두 동맹 사이에서 애써 중립 지대를 택한 것이다.

그러나 과거 미국은 독도에 대한 입장을 여러 번 바꿨다. 그 때 그 때 한일 양국의 경중을 저울질 해가며 바꿨다는 느낌이다. 가장 중요한 시기인 2차대전 전후 처리 과정에서 이 같은 태도는 두드러진다. 독도가 한일 분쟁의 대상이 된 데는 미국도 책임이 있다는 말이 나오는 배경이다.

2차대전 직후, 전승국인 미국은 일본에 강제 병합됐던 한국 문제를 패전국 일본과 논의하기 시작했다. 처음에는 아무런 문제가 없었다. '독도는 한국 땅'으로 미국도 인정했다. 1946년 1월, 연합국 최고사령부(SCAP: Supreme Commander for the Allied Powers)가 내린 훈령 677호(SCAPIN 677: SCAP Instruction No. 677)를 보자.

"일본 (영토는) 제주도, 울릉도와 함께, 리앙쿠르 록스, 즉, 독도를 배제한 것으로 규정한다."(Japan is defined to.... excluding (a) Utsuryo 〈Ullung〉 Island, Liancourt Rocks 〈Take Island〉 and Kuelpart 〈Saishu or Cheju〉 Island,)고 밝히고 있다. 당시 함께 배포된 지도에도 독도는 한국령으로 표시돼 있다.

그러나 이 같은 미국의 입장은 전후처리를 논의하는 샌프란시스코 강화조약(San Francisco Peace Treaty)에서 바뀐다. 샌프란시스코 강화조약 5차 초안까지는 문제없었다. 독도는 한국령이었다. 그런데 미국은 6차 초안에서 갑자기 독도를 한국령에서 삭제했다. 7차와 8차, 9차 초안에서는 아예 일본령에 포함시켰다. 우리 정부가 항의하자, 독도를 일본 영토로 본다고 선언해 버렸다. 이른바, 러스크 문건(Rusk Documents)이었다. 러스크 문건은 1951년 8월 10일 당시 미 국무부 극동 담당 차관보인 딘 러스크(Dean Rusk)가 당시 양유찬(梁裕燦) 주미 대사에게 보낸 외교 문서다. 독도에 대한 미국 정부의 최종 입장 통보였다.

"사람이 정상적으로 거주하지 않는 암석 형태인 독도는 우리의 정보에 의하면 결코 한국의 일부로 취급된 적이 없다."(...this normally uninhabited rock formation was according to our information never treated as part of Korea)는 것이다.

그리고 "1905년 경부터는 일본 시마네(島根)현의 오키(隱岐)섬 관할 하에 있어 왔다. 이 섬은 한국에 의해 이전에도 영유권이 주장된 바가 없다."(and, since about 1905, has been under the jurisdiction of the Oki Islands Branch Office of Shimane Prefecture of Japan. The island does not appear ever before to have been claimed by Korea.)고 덧붙였다. 일본의 일방적인 주장을 그대로 인정한 것이다.

이 같은 미국의 태도에 대해 다행히 영국이 반발했다. 결국 샌프란시스코 강화조약은 독도에 대한 언급 자체를 하지 않는 것으로 마감됐다. 제주도와 거문도, 울릉도만 한국령으로 명시됐을 뿐 독도는 국제적 인정 대상에서 빠진 것이다.

동맹의 비중에 따라 달라진 입장?

한국동란 때 리지웨이(Matthew Ridgeway) 후임으로 유엔 사령관을 지냈고, 전쟁 중 공군 조종사 아들을 잃기도 했던 밴 플리트(James Alward Van Fleet)가 1954년 특사 자격으로 한국과 일본, 필리핀과 타이완 등을 순방했다.

아이젠하워 당시 미 대통령과 육사 동기생인 그는 순방 후, 이른바, '밴 플리드 극동 특사 보고서'(Report of Van Fleet mission to the Far East, 1954)를 내놓았다. 그동안 극비였다가 1986년 비밀 해제가 됐는데, 우리 언론에는 지난 2006년 일부가 공개됐다. 그 내용은 독도에 대한 미국의 속내를 여실히 보여주는 것이었다.

이 보고서는 "샌프란시스코 강화 협정 초안을 만들 때 미국은 독도가 일본 땅이라는 결론을 내렸고, 이에 따라 일본이 영유권을 포기하는 섬 가운데 독도가 포함되지 않았다."(When the Treaty of Peace with Japan was being drafted, the Republic of Korea asserted its claims to Dokto but the United States concluded that they remained under Japanese sovereignty and the Island was not included among the Islands that Japan released from its ownership under the Peace Treaty.)는 내용으로 시작했다.

또 "미국은 이 섬을 일본 영토라 여기지만 논란에 끼어들기를 피해 왔으며, 이 논쟁이 국제 사법 재판소에 회부(回附)되는 게 적절하다고 보고,

이 같은 입장을 한국에 비공식 전달했다."(Though the United States considers that the islands are Japanese territory, we have declined to interfere in the dispute. Our position has been that the dispute might properly be referred to the International Court of Justice and this suggestion has been informally conveyed to the Republic of Korea.)고 밝혀 놓았다.

여기서 눈에 띄는 건, 미국이 일본의 손을 들어 줬을 뿐 아니라, 독도를 국제 사법 재판소로 가져가려는 일본의 전략에까지 동조하고 있다는 점이다. 일본은 독도 영유권 주장을 위한 또 하나의 근거로 이 보고서를 이용하고 있다. 미국은 이 보고서를 기점으로, '중립'과 '불개입' 쪽으로 태도를 바꿨다. 그즈음부터 독도에 대한 우리의 실효적 지배가 굳어지기 시작한 것도 이유였다. 한일 협정 협상이 한창 진행 중이던 1965년, 미국은 엉뚱한 제의를 하기도 했다. 독도를 한일 두 나라가 공동 소유하라는 것이었다. 박정희 당시 대통령이 미국을 방문했을 때였다. 당시 린든 존슨(Lyndon Johnson) 미 대통령과의 정상회담 다음날 미 국무장관이 박정희 당시 대통령을 면담했다. 이 자리에서 당시 미 국무장관은 이 문제를 천천히 해결할 수 있도록 우선 한일 양국이 독도를 공유하는 게 어떠냐고 제안했다. 공동 운영 등대부터 세워보자는 아이디어까지 내놓았다. 당시 박 대통령은 '있을 수 없는 일(Just would not work)'이라고 단호히 거절했다. 이 제안을 한 당시 미 국무장관은 '러스크 문건'의 그 러스크였다. 그렇다면 미국은 독도가 한국 고유의 땅이라는 것을 몰랐을까? 러스크가 문건에서 표현한 대로, "독도가 한국의 일부였던 적이 결코 없었다."라고 알고 있었을까? 그래서 밴플리트 보고서도 "미국은 독도가 일본 땅이라고 생각한다."고 밝힌 것일까?

1952년 10월 3일 도쿄 주재 미국 대사관이 미 국무부에 보낸 외교 메모는 이를 정면으로 부인하고 있다. "바다표범들이 번식하고 있는 비옥한 토양의 이 암석들(독도)은 한 때 대한제국의 일부였다."(The rocks, which are fertile seal breeding grounds, were at one time part of the Kingdom of Korea.)란 말로 시작하고 있다.

또 "일제가 한국을 합방할 당시 이 암석들도 함께 병합됐다."(They were, of course, annexed together with the remaining territory of Korea when Japan extended its Empire over the former Korean State.)고 분명히 했다.

특히 "독도의 이 같은 역사적 사실을 미 국무부가 수차례 검토해 더 이상 재고할 여지가 없는 일"임을(The history of this rocks has been reviewed more than once by the Department, and does not need extensive recounting here.) 강조하고 있다.

그러니까, 미국은 독도가 한국 땅임을 이미 다 파악하고 있었던 것이다. 다 알고 있으면서 결국 정치적 판단을 한 것으로 보인다. 우리의 독도 영유권을 처음으로 삭제한 샌프란시스코 강화조약 6차 초안의 경우를 생각해 보자. 주목해야 할 건 그 시기다. 1949년 12월 29일이었다. 중공(中共), 즉, 중국 공산당이 중국을 막 장악한 직후 시점이었다. 미국으로서는 동아시아에 중국을 견제할 보루가 필요해진 시점이다. 그 필요에 가장 맞아 떨어진 게 바로 일본이었다. 자본주의 진영의 보루인 일본, 망하긴 했지만 기술력을 바탕으로 언제든 부활할 수 있는 일본. 일본과의 동맹 강화는 미국에겐 절실했다. 반면 식민지 출신 빈국인 신생 한국은 미국에게 그리 매력적인 나라가 아니었다. 미국으로서는 당연히 일본 편을 들 수밖에... 이런 눈치도 모르고 성가시게(?) 독도의 영유권을 주장하는 한국에 대해, 미국은 러스크의 외교 문서를 통해 따끔하게(?) 일침까지 놓은 것이다. 이런 정치적 판단 외에도 독도는 현실적으로 미국에게도 필요했던 것 같다. 러스크 문건을 보낸 바로 다음 해인 1952년 미군은 미-일 행정협정에 근거해 독도를 폭격 훈련장으로 지정했고, 일본 외무성이 이를 고시했다. 그러니까 미국에게는 폭격 훈련장이라는 군사 시설로서 독도가 필요했고 일본과의 협력을 통해 이를 쉽게 이용할 수 있을 것으로 본 것 같다. 이런 시각에서 보면 미국이 1965년 독도 공동 이용 제안을 한 배경도 이해가 된다. 당시 미국은 주한 미군 유지비가 부담이었다. 한일 협정이 하루라도 빨리 타결돼, 일본의 배상금이 한국에 들어오고, 조금이라도 미국의 부담이 덜어지기를 기대했을 것이다. 그런데, 독도 문제가 한일 협정 타결에 장애물로 대두한 것이다.

미국이 결정적으로 독도 '중립' 입장을 정한 계기는 한국 동란이다. 냉전이 본격화되면서, 한미 동맹의 비중이 미일 동맹과 비교해도 무시할 수 없는 상황이 된 것이다. 결론적으로 독도에 대한 미국의 입장은 미일, 한미 관계에 따라 변화해왔음을 알 수 있다. 미-일 관계가 더 중요해지면 미국의 독도 정책은 일본 쪽으로 기울었다. 한국 전쟁 이후, 60~70년대 남북 관계 악화, 냉전 가속화로 공산권 봉쇄 기지로서 한국의 중요성이 커지자, 중립적 태도로 돌아섰다.

2000년대 '아들' 조지 부시 행정부 들어서면서 상황이 또 바뀐다. 미일 간에는 긴 밀월관계가 형성됐다. 반면, 한미 간에는 노무현 정부를 거치며 불편한 관계가 됐다. 동아시아에서 미-일 동맹이 주도권을 잡는 상황이 됐다. 미 의회 도서관의 독도 명칭 변경 시도는 이 같은 상황에서 터진 것이었다.

미국정부 1977년에 독도 명칭 변경

미 의회 도서관 문제가 일단락됐지만, 궁금증은 더욱 증폭됐다. 그렇다면 미국이 언제부터 독도의 명칭을 공식적으로 리앙쿠르 암으로 정했는가 하는 문제였다. 해당 부서인 미국 지명 위원회에 전화와 이메일을 거듭했다. 그러나 미 지명 위원회는 미 의회 도서관과는 달랐다. '무응답'으로 일관했다. 해당 위원의 전화는 자동으로 메시지 모드로 돌아갔고, 메시지를 남겨도 답전이 오는 경우가 거의 없었다. 이메일도 비슷한 상황이었다.

그러다 워싱턴 시간으로 2008년 7월 23일 오전, 우연히 해당 관계자와 통화가 됐다. 아마도 실수로 전화를 받았던 것 같다. 너무나 곤혹스러워 하던 이 관계자는, "최소 30년 전, 좀 더 정확히 말하자면 6-70년대 어느 한 시점에 리앙쿠르 암으로 정한 것으로 판단된다."고 털어놓았다. 그러나 이 부분은 위원회에서 아직 결론을 못 내린 것이며, 현재 자료 조사 중이라고 덧붙였다.

우리 정부가 공식 조회를 해 둔 상황에서, 지명 위원회 측의 첫 답변이었다. 이 답변대로라면 미국이 독도 명칭을 리앙쿠르 암으로 바꾼 지 30년이

지나도록 우리는 알지 못한 채 지내왔다는 얘기가 되는 것이었다. 마침 아침 뉴스 마감 시간대였다. 급히 기사를 썼고, 그대로 보도했다.

바로 다음날, 미 지명 위원회는 공식 이메일을 보내 왔다. 정확한 변경 시점을 밝혔다. 1977년 7월 14일 독도 명칭을 리앙쿠르 암으로 정했다는 것이다. "미 지명 위원회(BGN)직원들이 조사를 벌인 결과, BGN 산하 외국 지명 위원회(Foreign Names Committee)가 1977년 7월 14일 승인했음을 확인한다."는 것이다. 미 지명위원회는, "이 결정 이후 리앙쿠르 암을 독도의 유일한 공식 지명으로 사용하도록 권고해 왔다."고 설명했다.

며칠 후 KBS 워싱턴 지국에서는, 당시 지명 위원회가 작성한 독도 명칭 변경 공문을 입수했다. 이른바, '외국 지명위 245호'(FNC 245) 문서로, '첨부 5'(Attachment 5) 부분이 주 내용이었다. '현재의 명칭'(Present Name)이라는 난에는 "독도(Tok-do)와 다케시마(Take-shima)"를, '권고 명칭'(Recommended Name)에는 리앙쿠르 암(Liancourt Rocks)을 표기했다.

그 아래 설명에는, "미국은 한국이나 일본의 영유권 주장을 인정하지 않으며, 이 경우 국무부는 관습적인 지명을 사용하도록 권고한다." (As the US does not recognize the claims of either Japan or Korea to the island, the Department of State recommends approval of the "conventional" name only at this time.)고 돼 있었다.

미국으로서는 한국 편도 일본 편도 들 수 없으니, 그동안 관습적으로 통용돼 온 '리앙쿠르 암'을 쓰도록 권고 한다는 것이다. 주목되는 건, 그 권고 주체가 미국 정부(문서상에서는 국무부)라는 것이다. 실제로 당시 이 결정을 위한 회의에는 국무부와 국방부, CIA 등 미국의 핵심 부처 관계자들이 참여했던 것으로 알려졌다. 독도 지명에 대한 미국 정부의 공식 조처였던 것이다.

또 다시 터진 독도, 이젠 "주권 미지정"

미 지명 위원회는 인터넷 홈페이지가 그 어느 기관보다 중요하다. 이 기관이 채택한 지명 표기법은 인터넷을 통해 전 세계에 공유되기 때문이다. 지명 검색 사이트에 해당 지명을 치면,

그 지명에 대한 모든 정보가 다 나온다. 독도 명칭 문제가 발생하면서 워싱턴 특파원들에겐 버릇이 하나 생겼다. 이 홈페이지에 들어가 보는 일이다. 그런데 KBS 워싱턴 지국에는 이 홈페이지를 들여다봐야 할 또 다른 이유가 있었다. 제보가 하나 들어온 때문이었다. 미 지명 위원회가 독도의 한국령 표기를 바꾸려 한다는 것이었다.

워싱턴 시간 2008년 7월 25일 주말 분위기가 무르익는 금요일이었다. 서울 시간으로는 다음날인 7월 26일이었다. 결국 일이 나고 말았다. 미 지명 위원회의 지명 검색 사이트에서, 독도의 한국령 표기가 고스란히 사라져 버린 것이다. 독도 명칭인 '리앙쿠르 암'을 치면, 이 섬이 바다(Ocean)에 속한다는 중립적 표기, 'Ocean'과 함께, 한국에 속한다는 'South Korea' 표기가 함께 나와 있었다. 그런데 이날은 이 표기가 삭제된 채 나타났다.

대신 그 자리에 '주권 미지정'(Undesignated Sovereignty)이라는 표기가 생겼다. 말 그대로 하면 독도는 누구의 주권도 미치지 않는 주인 없는 섬이 되고 만다. 독도를 분쟁지역으로 몰아가려는 일본의 주장을 고스란히 반영한 셈이 돼 버렸다. 어떤 의미에서는 그 보다 더 심각한 것이었다. '주인 없는 섬'으로 해석되면, 우리가 독도를 실효적으로 지배하고 있다는 사실 자체가 사라진다. 어떤 것이든 우리에겐 큰 디격이다.

리앙쿠르 암이라는 제 1명칭과 함께 병기되던 제 2명칭들, 즉, 독도와 다케시마의 위치도 불리하게 바뀌었다. 이전에는 독도가 먼저 나오고, 다케시마가 뒤에 나왔다. 그런데 다케시마가 먼저 나오도록 바뀌었다.

KBS 워싱턴 지국에서는 미 지명 위원회에 전화와 이메일을 통해, 변경 이유를 확인하려 했다. 주말을 앞둔 금요일이어서였을까, 무응답이었다.

서울시간으로 2008년 7월 26일 KBS의 단독보도가 9시 뉴스에 나가면서, 파문이 크게 일기 시작했다. 외교부는 다음날 새벽 3시 45분에 홈페이지에 급히 관련 보도 자료를 냈다. 이 자료에서 외교부는, 주미 대사관을 통해 미 지명 위원회에 이의를 제기했다고 밝혔다. 그에 대한 지명위 측의 1차 답변도 소개했다. 리앙쿠르 암이라는 중립적 명칭에 맞게 데이터베이스를 정리했을 뿐이라는 것이었다.

그러나 이 1차 답변은 납득이 가지 않았다. 독도를 리앙쿠르 암으로 명칭 변경한 게 1977년의 일이다. 데이터베이스 정리를 하려면 당시에 했어야 했다. 물론 피치 못해 늦어질 수는 있다. 그렇다고 30년이 훨씬 지난 후에, 갑자기 했다는 건 상식적이지 않았다. 국제적 영토 분쟁중인 다른 섬들의 경우와 비교해 보면 이 같은 의혹은 더욱 강해진다.

예를 들어 일본이 러시아에게 반환을 요구하고 있는 쿠릴열도를 보자. 미 지명위원회는 이 섬 이름을 '쿠릴'(the Kuril Islands)이라는 러시아 명칭 그대로 쓰고 있다. 그리고 러시아 영토임을 분명히 하고 있다. 중국과 타이완 일본이 서로 다투고 있는 댜오위다오(釣魚島) 또는 일본명 센가쿠(尖角) 열도 역시 일본 명칭을 표준으로 하고, 일본령으로 적시하고 있다.

결론적으로, 분쟁이 있는 섬이고, 미국이 어느 편도 들지 않는 경우라 하더라도, 미 지명위원회는 일단 실효적 지배를 하고 있는 나라의 명칭과 영유권을 인정하고 있는 것이다. 그런데 유독 독도만 '주권 미지정'으로 하고 나선 것은 형평성에 있어서도 맞지 않는 것이었다.

불난 집에 부채질? 미 애매한 '중립', 일 은근한 '반격'

주말이 지나고 월요일이 됐다. 한일 양국 워싱턴 특파원들의 관심은 온통 국무부로 쏠렸다. 첫 정례 브리핑에서 미국이 무슨 말을 하는지가 중요했다. 이날 브리핑은 곤잘로 갈레고스(Gonzalo Gallegos) 부대변인이 했다. 스페인어 발음으로는 '곤살로 가예고스'가 되는 갈레고스의 정확한 직함은 대변인 대리(Acting Spokesman)

였다. 기사를 쓸 때 편의상 부대변인으로 통칭할 뿐이었다. 그가 브리핑을 맡는 건 다소 의외였다. 미 국무부의 정례 브리핑은 통상 국무부 대변인이 해왔기 때문이다. 국무부 대변인이 부재중이거나 피치 못할 일이 있을 경우에는, 부대변인(Deputy Spokesman)이 했다.

당시 국무부 대변인은 숀 매코맥(Sean McCormack). 공보 담당 차관보 (Assistant Secretary for Public Affairs)를 겸했다. 2005년 6월부터 일을 시작해, '아들' 부시 대통령 정부와 임기를 함께 마쳤다. 그는 경력이 다채롭다. 본래는 군축과 핵 비확산에 관련된, 한 민간 회사의 분석가였다. 1995년 이란어를 구사하는 터키 주재 미국 대사관 상무관으로 발탁된 게 국무부와의 첫 인연이다. 부시 정부가 들어서면서 백악관 국가안보회의에 들어가 일했다. 국무부로 오기 직전까지 대통령 특별비서(Special Assistant to the President)로서 백악관 국가안보회의 대변인(Spokesman for the National Security Council) 겸 백악관 외교 담당 부대변인(Deputy White House Press Secretary for Foreign Policy)을 맡았던 대 언론. 공보 분야 베테랑이었다. 이 같은 다채로운 경력이 말해주듯 그의 브리핑 방식은 노련했다. 가장 큰 장점은 진지하고 상대를 배려하는 태도였다. 민감한 사안이 많은 국무부 등 미국 정부 관계자들의 공통된 특성이 하나 있다. 상당히 공격적이라는 것이다. 예를 들어 답하기 곤란한 현안에 대해서는 말을 돌리며, 회피한다. 그래도 집요하게 계속 질문을 할 경우, 교묘한 방법으로 해당 기자를 면박을 준다든지 무안을 주는 식으로 방어한다. 때로는 이 때문에 기자와 설전이 벌어지기도 한다. 매코맥은 그런 '공격형'이 아니었다. "그 문제는 지금은 내가 잘 모르겠으니, 다시 가서 알아보고 다음에 답해

주겠다"는 식이었다. 곤란한 질문을 노련하게 피하면서도, 진지하게 상대를 배려하는 스타일이었다.

공보 담당 부차관보(Deputy Assistant Secretary for Public Affairs)를 겸직한 톰 케이시 부대변인은 숀 매코맥보다 1년 후에 자리를 맡았다. 1988년 국무부에 들어온 그 역시 미 법무부 경영 분석관 출신으로 외부 경력이 다양하다. 국무부 언론 담당 국장(Director of Press Relations)으로 일하다 이 자리에 왔는데, 상당히 친절하고 붙임성 있는 성격이었다. 그런 특성을 살려 그는 주로 '개글'(gaggle)로 불리는 비공식 기자 간담회를 맡았다.

'gaggle'은 원래 "거위 떼가 시끄럽게 떠드는 소리"라는 뜻의 단어다. 말 그대로 자유롭게 이런 저런 얘기들을 툭 터놓고 얘기하자는 것이다. 그래서 이 자리에는 카메라가 없다. 정례 브리핑에서 할 수 없는 배경 설명이나, 숨겨진 정보 등이 나오기도 한다. 기사를 쓸 때도 '국무부 소식통'(a source in the State Dept. circle)이나 '정부 관계자'(a government official) 등의 익명으로 처리하는 게 원칙이다. 국무부는 오후에는 정례 브리핑을, 오전에는 이 개글을 통해, 언론과 소통을 했다. 정례 브리핑은 정식 브리핑 실에서 격식을 갖춘 채, 개글은 작은 사무실에서 격식 없이 편안하게 이뤄졌다. 격식을 갖춘 정례 브리핑은 진지한 숀 매코맥 대변인이, 격식 없고 편안한 개글은 친절하고 붙임성 있는 케이시 부대변인이 맡는 식이었다.

이런 구도 속에서 갈레고스 대변인 대리의 역할은, 그야말로 '대리'에 가까웠다. 대변인 대리가 정례 브리핑을 하는 경우는, 여름 휴가철, 아니면 대통령의 장기 순방 등으로 정, 부 대변인들이 모두 부재 중인 때 정도였던 것으로 기억된다. 독도 같은 뜨거운 현안에 갈레고스 대변인 대리가 나온 건 고개를 갸우뚱하게 하는 측면이 있었다. 그러나 곰곰 다시 생각해 보니, 이 사안에 대한 미국의 입장을 시사한 강한 신호였다. 차관보급 대변인이나, 부 차관보급 대변인이 브리핑을 하는 것과 '대리'가 하는 브리핑과는 눈에 보이지 않지만 차이가 있다. 아무래도 질문에 대한 답변 재량권에 차이가 난다. 일반적으로 직급이 낮으면, 무슨 질문에도 똑같은 답을 하는 답답한 경우가 많다. 주어진 메시지 이외에 더 말을 할 권한이나 정보가 없기 때문일 것이다. 그래서 중요한 브리핑일수록 직급이 높아지는 것이다. 이는 한국이나 미국이나 같다.

그런데 이를 거꾸로 해석해 보자. 중요하지만 너무 민감한 사안일 경우, 정해진 메시지 외에는 더 이상 언급하는 게 위험할 수 있다. 그렇다면, 직급이 높은 사람을 연단에 세우기보다는 낮은 사람을 세워서, 사실상 일방적인 메시지 전달만 하는 게 유리할 수도 있다. 따라서 갈레고스 대변인 대리가 브리핑을 맡았다는 건, 독도 문제에 관한 한, 할 말은 정해져 있고, 그 이상은 언급을 하고 싶지 않다는 미국의 입장을 보여주는 것이기도 했다.

이 날 갈레고스 대변인 대리의 브리핑은 이 같은 예상대로 였다. 현안인 독도의 한국령 삭제 문제는 꺼내지도 않았다. 기자들이 질문을 하자, 그제야 응하는 형식을 취했다. 그러나 "그 질문을 해줘서 고맙습니다."란 말을 시작으로, 마치 질문을 기다렸다는 듯이 준비된 메시지를 술술 풀어나갔다. 우선 이 조처는 미국의 정책에 무슨 변화가 생겨서 된 게 아니라고 강조했다. 독도에 대한 미국의 정책노선은 예전과 같다는 것이다. "독도 영유권에 대해서는 어떤 입장도 취하지 않는다는 게 수십 년 된 미국의 정책이며, 이번 조처는 오히려 그 정책에 부합하도록 표준화를 하는 작업의 하나일 뿐"(...the U.S position for decades has been not to take a position regarding the sovereignty of the islands in question...but rather an action to ensure consistency with that policy.)이라고 말했다.

그러나 이번 조처를 취하기 전에 한일 두 나라와 협의를 했는지, 질문이 구체화되자, "말할 수 없다."며 회피했다. 그러면서도 미리 정해진 듯, 같은 메시지를 계속 반복했다.

그 와중에 한 가지 맘에 걸리는 메시지가 있었다. "이 문제는 (한일)양측 간 오래된 분쟁이며, 그동안 양측이 절제 있게 다뤄 온 만큼, 앞으로도 그런 태도로 문제를 다뤄 나가기를 기대한다." (This is a long-standing dispute which the two sides have handled with restraint in the past, and we expect that they will continue to do so)는 것이다. 한마디로 미국은 독도를 분쟁 지역으로 본다는 것이다. 미국은 이 분쟁에 끼어들지 않을 테니 둘이 알아서 잘 해 보라는 말이었다. '불난 집에 부채질' 이랄까? '중립'을 표방하면서도, 실상은 일본의 논리를 그대로 받아주고 있는 것이다.

게다가 미 지명 위원회의 독도 한국령 삭제 조처를 기정사실화 하고 있다. 이 브리핑에 이어, 백악관 국가안보회의 측도, 지도와 지리 전문가들이 정치적 고려가 아니라, 실무적 필요에 의해 이번 조처를 한 것이라고 강조했다. 원상 회복을 하기에는 너무 멀리 가 버린 것 같다는 감을 떨칠 수가 없었다.

이런 와중에 일본 언론과 정부도 슬그머니 '불난 집에 부채질'을 시작했다. 일본 언론들은 "미 지명 위원회가 독도를 주권 미지정의 섬으로 변경했다." 고 워싱턴 발로 일제히 보도했다. 토까지 달았다. '다음달 초순', 그러니까, 2008년 4월 초로 예정된 한미 정상 회담에도 영향을 줄 것으로 보인다는 것이다. 또 독도를 실효 지배하고 있는 한국이 미 지명 위원회의 변경에 대해 강하게 반발하고 있다고 보도했다. 아예 싸움까지 붙이는 듯했다.

독도 영유권 명기 해설서 파문 이후, 숨죽이고 있던 일본 정부도 힘을 얻은 듯 나섰다. 한승수 당시 총리가 독도를 방문한 데 대해 강한 유감을 표시했다. 일본 정부 대변인 격인 관방 장관이 기자 회견까지 열었다. "한승수 총리의 독도 방문은 적절치 못하다"는 것이다. 두 나라가 독도에 대한 입장이 다르지만, 한일 신 시대를 구축해 나가자는 기본적인 생각은 갖고 있는데, 독도를 한 총리가 방문한 건 양국 간 입장 차이를 부채질하는 듯한 행동이라고 사뭇 준엄하게 다그쳤다.

일본 언론은 이를 다시 받아서, "한 총리의 독도 방문은 미국에 대한 항의의 의미가 있는 것으로 보인다."며 다시 한 번 한미 간 싸움을 붙였다. 그러면서 미 지명 위원회의 조처는 "독도 영유권을 둘러싸고 대립하고 있다는 '객관적 사실'에 입각해 '중립적 조처'를 취한 것"이라고 찬사를 보냈다. "한국민은 이런 국제 사회의 중립적인 태도에 대해 극도로 반발하고 있다." 는 말로, 한국이 국제적 흐름까지 역행하고 있다는 식으로 은근슬쩍 몰아갔다. 일본 정부와 일본 언론 간의 공조는 듣던 대로 대단했다.

"이미 1년 전에 결론이 다 났던 일"

　　　　　　　　　　　　　　미 지명 위원회 취재는 참 어려웠다. 위원회 사무처의 전화와 이메일이 묵묵부답이라는 점도 있지만, 위원회의 위원들마저 개별 접촉이 사실상 막혀 있었다. 위원들의 소속부터 국무부와 국방부, CIA 뿐 아니라 산림청에 이르기까지 산재돼 있었다. 이들의 전화나 이메일을 구하기부터가 쉽지 않았다. 어렵사리 구한다 해도 또 다른 장벽이 가로 놓여 있었다. 위원들의 직급이 차관보나 부차관보 정도의 정무 직급이 아니라 그야말로 철저한 실무 직급들이었다. 미국에서 실무 직급들과의 접촉은 어렵다. 실무 직급들은 대외 언론 접촉에 있어 재량권이 없어, 언론을 피하기 때문이다.

이런 가운데, 운 좋게도 '언론 기피증'이 없는 몇몇 위원들과 통화가 됐다. 실무 직급들의 특징은 한번 통화하기가 어려워 그렇지, 취재를 시작하면 솔직하게 실무적인 얘기를 잘 해준다는 장점이 있다. 이들도 그랬다. 가장 궁금했던 의문이 하나 풀렸다. 미 지명 위원회가 언제 독도를 '주권 미지정'으로 결정했느냐는 것이었다.

대답은 "이미 한 해 전에 다 이뤄졌다."였다. 한 해 전이라면 2007년이었다. 주권이 확정되지 않은 곳이거나, 아니면, 영유권 분쟁지역들 가운데, 미국 정부가 입장을 정하지 않은 곳을 '주권 미지정'이라는 새 분류 코드로 묶기로 했다는 것이다. 이후 KBS가 별도로 사후에 입수한 자료에도, 주권 미지정 코드는 2007년에 신설된 것으로 나타났다. 독도를 주권 미지정으로 분류하는 결정도 이 때 이뤄졌다는 것이다. KBS와 통화한 한 지명위 관계자는 이 때 독도를 포함해 50여 개 지명에 대해 이 코드 분류가 결정됐다고 설명했다.

물론 50여 개 지명이라지만, 실제 지역 수로는 몇 개 되지 않을 것이다. 독도도, 무려 9개의 지명을 갖고 있기 때문이다. 우선 표준 지명인 '리앙쿠르 암'(Liancourt rocks)이 있고, 한국식인 '독도'의 영문 지명만 해도 'Tok-do, Tok Island, Dok-do...' 등이 있다. 일본식인 '다케시마'의 영문 지명도 'Take Island, Take Shima..." 하는 식으로 여러 가지다.

독도와 함께 주권 미지정 대상으로 분류된 곳이 어딘지는 다 확인되지 않았다. 중요한 건 '주권 미지정'으로 실제 바뀐 건 독도가 처음이자 유일하다는 것이었다. 러일 간의 쿠릴 열도나, 중-타이완-일본간의 센가쿠열도 등 명백한 분쟁 지역은 놔두고 왜 독도가 우선적으로 '주권 미지정'에 분류된 것인지 의혹이 더욱 강하게 일어났다.

잠잠하던 미 의회 도서관의 태도에도 변화가 보였다. 미 지명 위원회가 독도를 주권 미지정으로까지 분류한 정도가 됐으니, 리앙쿠르 암으로 독도 명칭을 바꾸는 건 당연하다는 것이었다. 다만, 한 바탕 홍역을 치렀기 때문에 상황을 두고 보겠다는 뜻을 밝혔다. 미 의회 도서관 핵심 관계자는, "상황이 진정되기를 기다리고 있다."고 표현했다. 그게 무슨 뜻이냐고 반문하자, KBS를 지칭하듯, "한국의 방송을 통해, 이 문제가 워낙 널리 알려졌잖아요? 이런 상황이 좀 진정돼야 한다는 거죠."라고 말했다.

그럼 상황이 진정되면, 다시 독도 명칭 변경을 하겠다는 뜻이냐고 물었더니,

"그래야만 해요." 라고 잘라 말했다. "미국 연방 법에 그리 돼 있다."고까지 강조했다. 다만 이 사안이 민감한 시기에 제기된 건 우연일 뿐이며 유감스럽다고 밝혔다.

여러 가자로 답답한 상황이었다. 다음 날 또 다른 지명위원회 관계자는, 독도를 한국령으로 되돌리기는 어려울 것이라고 단언했다. 미국이 영유권에 대해 중립을 지키고 있는 곳이 독도 외에도 많고, 그런 정책을 반영하자고 이 코드를 신설했는데, 이를 되돌린다는 건 보통 부담이 아니라는 것이다. 독도가 우선적으로 된 이유는 알 수 없지만, 전반적으로 관련 데이타 베이스 작업이 늦어져, 한꺼번에 이뤄지지 못해서 일 것이라고 말했다.

힐 차관보, "적절한 방안 검토 하겠다"

크리스토퍼 힐(Christopher Hill). 오바마 정부에 와서 이라크 대사로 옮겼지만, 그에게겐 미 국무부 동아태 담당 차관보(Assistant Secretary of State for East Asian & Pacific Affairs)라는 직책이 아직도 잘 어울린다. 이 직책을 달고 '아들' 부시 정권 들어 꽉 막혀 버린 북핵 문제를 맡았다. 6자 회담이라는 새로운 장치를 가동해, 북핵 해결의 숨통을 틔운 것도 이 직책을 통해서였다.

워싱턴 특파원 생활 3년 간 그와 관계 없는 일은 거의 없었다 해도 과언이 아니다. 그의 타이틀은 동아태 차관보였지만, 사실상 한반도 담당 차관보라 부르는 게 더 어울릴 정도로 우리의 현안들과 밀접한 인물이었다. 실제로 힐은 한국과 인연이 깊다. 1983년에 주한 미 대사관 경제 담당 서기관으로 부임해

2년을 근무했다. 이 때 둘째 딸 아멜리아 콘스탄스 힐(Amelia Constance Hill)도 났다. 그래서 힐은 종종 아멜리아를 "Made in Korea"로 부르곤 했다. 2004년에 힐은 주한 미국 대사로 다시 한국에 부임했다. 마침 미국에서 대학 3학년을 마친 아멜리아도 한국에 와, 이화여대 국제교육원에 들어가기도 했다. 주한 미 대사로서 힐은 임기가 8개월에 불과했다. 북핵 문제로 다급해진 부시 정부가 힐을 동아태 차관보로 전격 발탁했기 때문이다. 그러나 역대 어느 대사보다도 강한 인상을 남긴 것으로 평가 받고 있다. 한미 관계가 불편했던 노무현 정부 시절 미국 대사로서는 처음으로 광주 망월동 5.18 묘지를 참배했다. 미 대사관 인터넷 커뮤니티(cafe.daum.net/usembassy)를 만들어 한국 젊은이들과 소통하기도 했다.

1952년 외교관 아들로 태어난 힐은 능글맞다 싶을 정도로 유연하다. 답하기 곤란한 질문에 대해서는 언제나 적절한 유머를 동원해 핵심을 부드럽게 피해간다. 그러면서도 기자들을 결코 피하는 법이 없다. 오히려 미디어의 공세를 즐기는 듯하다. 북핵 협상가로서 협상 상대를 겨냥한 메시지의 통로로 언론을 활용하는 것 같았다. 잠시 정회 중인 미 의회 청문회장, 각종 세미나장 복도 모퉁이, 국무부 브리핑 후 연단 아래, 아니면 워싱턴 길거리 모퉁이, 어디서건 그는 기자들에게 둘러싸여 있었다. 중요한 건 그가 결코 실수를 하지 않는다는 것이다. 아무리 질문을 퍼부어도, 스스로 정해 둔 듯한 한계선을 넘지 않았다. 그래서 워싱턴의 각국 특파원들은, "말은 많이 하는 데 쓸 게 없다"("Many Words, No Story")며 그의 노회함을 은근히 꼬집기도 했다.

그런 힐도 독도 문제는 피해갈 수 없었다. 미 지명 위원회는 국무부의 정책 노선에 근거해 이 조처를 취한 만큼, 동아태국이 뒷짐만 지고 있을 수는 없었다. 그러나 국무부는 지명 위원회가 실무 차원에서 한 일이라면서 처음에는 한 발짝 뒤로 물러나 있었다. 힐 차관보도 침묵을 계속했다. 그랬던 그가 입을 열었다. 이태식(李泰植) 당시 주미 대사와 가진 한 모임에서였다. 독도 영유권 변경 조처를 원상 회복하는 것을 포함해 적절한 조치를 해달라는 이태식 당시 대사의 요청에 "적절한 방안을 검토하겠다."고 했다.

당시 미국도 이 문제의 심각성을 인식하고는 있었다. 노무현 정부와의 껄끄러운 관계를 끝내고 새로운 한미 동맹을 기대하는 와중에 돌출된 암초였다. 그러나 이 문제는, 그들 말마따나, 지극히 실무적이고 기술적인 일이었다. 하루 이틀도 아니고, 오랜 기간 절차를 밟아 이뤄진 것이어서, 개입하기가 쉽지 않았다 또 이 같은 실무적 의사 결정 과정은 국무부 뿐 아니라 국방부와 CIA 등 정부의 여러 부처가 관여돼 있었다. 미국 정부의 고민은 여기에 있었다. 따라서 힐 차관보의 '적절한 대응 검토' 발언을 어디까지 믿을지는 여전히 의문이었다.

'보도 참고 자료' 끝 단어에 숨겨진 특종, 독도 '대반전

힐의 발언은 그래도 뉴스였다. '중립'만 강조하며, 꿈쩍도 않을 것 같던 미국 측에서 그래도 처음으로 '적절한 대응 검토' 라는 변화를 보였기 때문이었다. 당연히 9시 뉴스에 채택됐다. 워싱턴에서 9시 뉴스 리포트를 하려면 새벽 4시쯤부터는 시작해야 한다. 새벽 4시면 한국 시간 저녁 6시. 국제 뉴스 사령탑인 국제팀장에게 최종 기사 감수를 받고, 기사를 읽어 보내기까지 모든 걸 다 마치려면, 거의 세 시간이 걸린다.

워싱턴도 2008년 7월 30일이 됐다. 서울로 기사를 다 읽어 보내고 나서 문득 시간을 봤다. 아침 6시 조금 넘었다. 한국 시간으로는 2008년 7월 30일 저녁 8시가 좀 넘은 시각. 평소보다 1시간 정도 일찍 일을 끝낸 셈이다. 피로감과 함께 졸음이 몰려 왔다. 그러나 그날 취재 일정을 챙겨야 했다. 이메일을 뒤지기 시작했다. 각 취재원들이 보낸 이메일들은 언제나처럼 수십 통에 이르렀다. 지울 건 지워가며, 찬찬히 들여다보는데, 주미 대사관에서 보낸 이메일이 눈에 띈다. '보도 참고 자료'다. 워싱턴 시각으로 당일 새벽에 들어왔다. 불과 몇 시간 전에 보낸 것이다. 주미 대사관의 업무 사이클로 봐서 새벽에 이메일을 보내는 건 좀 특이했다. 그것도 '보도 자료' 보다 한 등급 아래인 '보도 참고 자료' 아닌가? '보도 자료' 도 그저 참고 자료일 뿐이지만, 그래도 주요 일정 등, 혹간 건질 게 있다. 그러나 보도 참고 자료는 그야 말로 참고하라는 것이 대부분이다. 이미 지난 사안에 대한 '뒷북자료' 가 대부분이었다.

별 기대를 하지 않고 열어 봤다. 역시 별 게 없었다. 이미 취재해서 다 알고 있는 얘기였다. 9시 뉴스 송고까지 다 마친 힐 차관보와 이태식 대사간의 면담 결과였다. 완전 '뒷북' 자료다. 맨 마지막 줄 한 줄은 좀 다른 내용이었지만, 얼핏 보니 대사 동정 수준이었다. 한미 FTA 연내 비준 통과를 위해, 대사가 이러 이러한 모임에 참석했다는 것이다. 당시만 해도 부시 정부가 있을 때, FTA 비준을 시켜야 한다는 생각이 강했다. 연내 비준을 위해,

주미 대사는 이러 저러한 모임에 참석했다.

뭐 이런 걸 갖고 새벽에 이메일을 다 보내나 하고 웃었다. 다음 이메일로 넘어가려는데, 내 눈에 번쩍 띄는 단어가 하나 있었다. 잠시 전에 봤던 '대사 동정' 부분의 맨 마지막 줄에 있었다. 맨 마지막 줄의 내용은, "이태식 대사는 오늘 (7.29) 한.미 FTA 연내 비준 통과를 위한 백악관 고위 브리핑에서 미측 고위 인사를 만나, 적절한 조치를 강구해줄 것을 요망하였습니다. 끝."였다.

내 눈에 번쩍 띈 건, '미측 고위 인사'라는 익명 표기였다. 취재원을 보호하려고 쓰는 익명 표기는 다양하다. 소식통, 당국자, 관계자, 인사 등등이 그 예다. 이런 익명 표기법에는 나름의 법칙이 있다. 특정 익명 표기 형태가 특정 직급을 시사하는 경우가 많다는 것이다.

예를 들어, 소식통이나, 관계자, 당국자라는 표기는 중앙 부처 과장급에서부터 국장, 차관보, 장차관급까지 가능하다. 그러나 '고위'라는 단어가 일단 들어가면, 적어도 장관급 이상임을 암묵적으로 시사한다. 특히 '최고위'라는 표현은 거의 99.9% 정상급을 얘기한다. 이 법칙은 언론사들 뿐 아니라, 기자들에게 자료를 배포하는 '당국'들도 지킨다.

주미 대사관도 그동안 이런 법칙을 대체로 지키는 편이었다. 그러나 '고위'라는 표현은 거의 사용하지 않았다. 미국 정부 관계자를 지칭할 때는 더욱 그랬다. 주미 대사가 '미 고위급'을 만났다고 한다면, 국무장관 이상급이라는 건 누가 봐도 알 수 있는 일이다.

그런데 여기서 그 귀한(?) '고위'라는 표현이 나왔다. 그것도 '미 측 고위 인사'였다. 그렇다면 적어도 콘돌리자 라이스(Condoleeza Rice) 당시 국무장관 이상을 만났다는 얘기였다. 그리고 보도 참고 자료의 제목이 "독도 표기관련 미 정부 인사 면담 결과"였다. 그러니까, 이 '미 측 고위 인사'와 FTA가 아니라, 독도 관련 면담을 했다는 뜻이 된다.

이 사람이 누군지를 알려면, 만난 장소를 알아야 했다. 다시 한 번 맨 마지막 줄을 살펴봤다. '백악관 고위 브리핑'이란 단어가 새로 눈에 들어왔다. 장소는 백악관이었고 고위 인사가 브리핑을 빛았다는 말이다.

전날인 7월 29일 일정을 뒤져 봤다. 언론에 비공개 된 백악관 고위 행사가 마침 하나 있었다. '한미 자유무역협정(FTA) 연내 인준을 위한 행정부, 재계 합동 대책회의'였다. 미 상무 장관과 농무 장관, 미 무역 대표부 부대표 등 행정부 각료급과 재계 인사들이 참석대상이었다. 말 그대로 '미측 고위 인사'들이었다.

그런데 그 '미측 고위 인사'들은 독도와 무관한 사람들이었다. 갸우뚱했다. 적어도 콘돌리자 라이스 국무 장관 정도는 있어야 했다. 인터넷에서 이 행사에 대한 기사를 검색했다. 거의가 행사 기사로 짧게 처리된 단신들 뿐이었다. 그 가운데 "부시 대통령이 잠시 이 행사에 참석했다."라고 맨 끝에 한 줄 걸친 기사를 발견했다. "빙고!" 내 입에서 나도 모르게 탄성이 터져 나왔다.

이태식 대사가 만난 '미측 고위 인사'는 부시 대통령이었을 것 같다는 강한 확신이 들었다. '미측 최고위 인사'라고 익명 취재원 표기 문법(?)에 맞게 쓰지 않은 건 당연한 일이었다. 우리 대사가 부시 대통령을 직접 만나 독도 얘기를 했다면 그 자체가 큰 기사였다.

확인에 들어갔다. 이른 아침 시간이었지만, 한 '미국의 소식통'에게 전화를 했다. 이 소식통은 아침잠이 별로 없다. 고맙게도 짜증내지 않고 전화를 받아줬다. 단도직입적으로 물어봤다. 그랬더니 이 소식통의 말이 나를 '확 깨게' 한다. "이 대사가 부시 대통령에게 다가 와서 만났죠. 부시 대통령이 관계 부서에 지시한 것 같던데요" 부시 대통령과 만난 정도가 아니라, 부시 대통령이 독도 해법 지시까지 했다는 말이었다.

인사 할 새도 없이 급히 전화를 끊었다. 특종이었다. 9시 뉴스까지 40여 분 남짓 남아 있었다. 평소 같으면 포기해야 할 시간. 기사와 제목을 모두 고치고, 기사를 다시 읽어 보내고 나니 9시 뉴스 20분 전. 톱뉴스가 바뀐 것이다. 뉴스 맨 앞에 나가는 헤드라인도 싹 다시 만들어야 할텐데... 아마 서울 보도국은 불난 호떡집 같을 것이었다.

9시 뉴스가 나간 후 얼마 안 돼, 주미 대사관의 한 고위 관계자가 전화를 걸어왔다. "어떻게 알았냐?"며 집요하게 캐물었다. 워싱턴 특파원들에게 엄청나게 항의를 받은 듯 했다. 9시 뉴스 말미쯤 외교부 측에서 보도 자료를 내고 내 보도를 확인해 줬다.

부시 대통령은 그날 행사장에 오래 있지 않았다. 예고대로 잠시 들러 격려만 하고 돌아가려던 참이었다. 행사장은 백악관 본관 옆 별관(Old Executive Building). 부시 대통령은 별관에서 본관 쪽으로 걸어가고 있었다. 이 때

이 대사가 외교상 결례를 무릅쓰고 다가갔다. "의전상 결례인줄 알지만 화급한 문제여서 보고를 드려야겠다."고 양해를 구했다. 부시 대통령의 양해를 얻은 이 대사는, 독도 문제의 심각성을 설명하며 대책을 요청했다. 이 대사 스스로도 참 파격적인 일이었다고 회고했다. 이 대사는 "영어로 말하면 그야말로 부시 대통령을 'grab'(붙잡다)한 것이죠."라고 말했다.

이 대사의 말을 듣던 부시 대통령은 "지리적인 문제에 관한 것이죠?"라고 반문했다. "이미 들어서 잘 알고 있다"고 말하면서 "콘돌리자 라이스 국무장관에게 이 문제를 면밀히 검토(look into the matter)하라고 지시(instruct)했다"고 답했다. 독도 한국령 표기 삭제 파문시작 닷새 째 이뤄진 '대반전'의 순간이었다.

독도 대반전의 복기(復棋)

2008년 7월 28일. 미 지명 위원회가 독도를 '주권 미지정'으로 바꾼 사흘 후였다. 이태식 주미 대사는 백악관 국가안보회의 사무실에서 제임스 제프리(James Jeffrey) 부보좌관과 마주 앉았다. 다급한 면담이었다. 이 때까지만 해도 미국 정부 기류는 "독도는 물 건너 간 문제"라는 쪽이었다. 독도 표기 변경은 미국 정부 정책과는 무관하며 기술적 문제일 뿐이라고 못 박았던 갈레고스 국무부 대변인 대리의 브리핑도 이 날 있었다. 국내에서는 외교안보팀 전반에 대한 문책 여론이 빗발치고 있었다.

"수십 년 같이 산 내 아내를 다른 남자가 갑자기 나타나서 자기 첩이라고 우긴다면 용납할 수 있겠느냐?" 이 대사가 제프리 부보좌관에게 던진 질문이었다. 독도가 역사적, 지리적, 국제법적으로 분명한 한국 영토라는 것과 일본의 허구적 주장 등을 소상하게 설명했다. 그리고나서 "이렇게 민감한 한일 간의 문제를 왜 미국이 떠맡으려 나서느냐"고 경고했다.

이 대사는 특히, "미국이 이 문제에 대해, 한국과 일본에 2중 잣대(double standard)를 적용하고 있다."고 강하게 지적했다.

오랫동안 이 대사의 말을 들어주던 제프리 부보좌관이 입을 열었다. "최고위 당국자(the highest authority)에게 그대로 보고 하겠다."는 것이었다. '최고위 당국자' 라면, 앞서의 언론 문법을 적용하면, 부시 당시 미 대통령을 일컬음이었다. 꿈쩍도 않을 것 같던 상황에, 희망을 주는 작은 변화였다.

이 대사는 존 네그로폰테(John Negroponte) 국무부 부장관(Deputy Secretary of State)도 찾아갔다. 네그로폰테 부장관은 당시 국무 장관 대행의 역할을 하고 있었다. 네그로폰테 부장관은 "독도 문제가 지닌 정치 외교적 민감성에 대해 인식하고 있다"고 답했다. "특히 이번 조치가 시기적으로 적절치 못했던 점을 인정하며, 어떤 조치가 가능한지 파악해 보겠다"고 약속했다.

상당한 반전이었다. 실제로 네그로폰테 부장관은 면담 후, 힐 차관보가 있는 동아태국과 정보 조사국, 법률 사무실 등에 독도표기 변경에 대한 긴급 검토를 지시한 것으로 전해졌다. 이태식 당시 대사는 이 가운데 특히, 정보 조사국(INR: Bureau of Intelligence and Research)은 주무 부처였다고 말했다.

다음날 이뤄진 부시 대통령과의 극적 면담은 이 같은 기초 작업 끝에 이뤄진 일이었다. 최고위 당국자에게 그대로 보고하겠다는 제프리 부보좌관의 약속은 지켜진 셈이었다. "지리적인 문제지요. 내가 잘 알고 있습니다."며 부시 대통령이 직접 확인한 것이다.

"적절한 대응 방안을 검토하겠다."는 힐 차관보의 발언이 나온 자리도 이 대사가 요청했다고 한다. 필자와의 대화에서 이태식 당시 대사는, 출장에서 갓 돌아온 힐에게 지리 전문가들을 모아달라고 요청했다는 것이다. 요청대로 이 자리에는 미국 측 실무 전문가들이 대거 참석했다. 대표적 인물들로 국무부 소속 지리·지도 학자인 리오 딜런(Leo Dillon), 그리고 국경·주권 문제 담당관 레이 밀레프스키(Ray Milefsky) 등이 있었다. 이들은 바로 미 지명 위원회 위원들이다. 독도 관련 의사 결정에 참여한 이들과의 면담은 불과 하루 전만 해도 어려웠다. 그만큼 미국의 입장에 큰 변화가 생겼다는 얘기가 된다. 이 자리에서는 철저히 실무적인 토론이 벌어졌다. 우리 측은 러-일간 분쟁 도서인 쿠릴열도는 러시아령으로 표기하면서, 독도만 '주권 미지정'으로 한 건 형평성에서도 옳지 않음을 지적했고, 미국 측도 이를 인정한 것으로 전해졌다.

'부시 대통령의 독도 문제 재검토 지시' 특종 보도가 9시에 보도된 몇 시간 후, 부시 대통령이 백악관에서 KBS와 단독 인터뷰를 가졌다. 워싱턴 시간으로 2008년 7월 30일 오후였다. 이 자리에서 부시 대통령은 독도 표기의 원상 회복 결정을 공식 선언했다. "데이터 베이스를 1 주일 전 상태로 원상 회복 시키겠다."는 것이다. 주미 대사에게는 제프리 백악관 부보좌관이 통보했다. KBS의 "독도 한국령 표기 삭제" 특종 보도가 나간 지 닷새만의 대반전이었다.

부시 대통령의 전격적인 조처는 고도의 정치적 판단이 작용한 것으로 해석되고 있다. 뭣보다 당시 일주일 앞으로 다가온 한국 방문 일정이 부담을 줬을 것으로 보인다. 가뜩이나 한국은 미국 쇠고기 수입 문제로 큰 홍역을 치른 터였다. 게다가 노무현 정부 시절 껄끄러웠던 한미 관계의 여운은 한국 사회에 아직도 남아 있었다. 미 지명 위원회의 독도 표기 변경은 이 같은 상황을 더욱 악화시킬 수 있는 악재였다.

또 한국 내 미국 쇠고기 파동을 지켜본 부시 대통령은 이명박 대통령에게 '빚진 마음' 같은 걸 갖고 있었을 것으로도 보인다. 부시 대통령은 이 대통령이 한 때 맞았던 정치적 위기를 잘 알고 있었기 때문이다. 이와 함께 독도 문제를 미국이 떠맡아선 안 된다는 인식을 했다고 볼 수 있다. 결과적으로 한일 간 싸움에 미국이 끼어들어 일본의 손을 들어주는 모양새가 됐기 때문이다. 부시 대통령 스스로도 미 지명 위원회의 조처가 균형과 형평성을 잃었다는 것을 인식한 것으로 보인다. 정치적 고려 없이 '너무나 실무적으로 이뤄진' 결정에 대해 미국 정부 내에서도 내심 당혹스러운 표정이었다. 자칫 한미 관계는 물론 한미일 3국 관계에 악영향을 미칠 수 있는 후폭풍이 몰려 왔기 때문이었다.

독도 문제는 일단 수면 아래로 가라앉았다. 그러나 미국은 독도를 여전히 리앙쿠르 암으로 부르고 있다. 한국의 영유권 지역이 아닌 분쟁 지역으로 인식하고 있다. 독도를 분쟁 지역화해, 국제 재판소로 끌고 가려는 일본의 집요한 노력은 전 세계적으로 조용하면서도 조직적으로 이뤄지고 있다. 부시와 고이즈미 시대가 가고, 오바마와 하시모토 시대가 오면서 미일 관계가 다소 삐걱이고 있다. 노무현-부시 시대가 가고, 이명박-오바마 시대가 오면서 한미 관계는 다소 행복해지고 있다. 그러나 동맹의 비중에 따라 언제든 바뀔 수 있는 미국의 정책노선은 여전하다. 독도 문제는 아직도 이글거리는 분화구를 가진 활화산인 셈이다.

7장. 미국 속 숨겨진 조선

MOON SONG.

기가 막힌 일은 5년 후에 일어났다. 경술국치(庚戌國恥)
사흘 후였다. 이날 화성돈 공사관은 일본에게 공식적으로 늑탈 당했다
단 돈 5달러를 조선에 주고, 일본이 샀다는 것이다

미국인들도 모르는
미국 속 이야기

미국 속의 총

미국 속에 감춰진 비행 군단

미국 속의 한국 다루기

미국 속의 핵

미국 속의 정권인수

미국 속의 독도

미국 속의 조선

2007년 미국 건축학회가 '미국의 10대 인기 건축물'(America's Favorite Architecture)을 선정했는데, 6개가 수도 워싱턴에 있다. 백악관과 의회, 워싱턴 국립 성당(the Washington National Cathedral), 제퍼슨 기념관 (the Thomas Jefferson Memorial), 링컨 기념관(the Lincoln Memorial), 월남전 참전비(the Vietnam Veterans Memorial) 등이다. 가만히 보면, 워싱턴 관광 코스와 거의 일치한다.

그래서일까? 사람들은 미국 수도 워싱턴에 대해 한 가지 오해가 있는 듯하다. 백악관과 의회, 스미소니언 박물관 정도 해서 '반나절 코스'라는 생각이다. 건국 200여 년에 불과한 나라니 그 수도도 그 정도 아니겠느냐 하는 막연한 선입견 때문일 것이다. 그러나 워싱턴 특파원 생활 3년을 하고 나서 아직도 개인적으로 아쉬움으로 남는 게 하나 있다. 워싱턴에 있는 역사적인 건축물들을, 일에 쫓겨, 제대로 다 보지 못하고 왔다는 것이다. 건축과 예술에 문외한인 내가 보기에도 워싱턴은 근현대 건축물의 보고(寶庫) 같은 곳이다. 로마네스크(Romanesque), 조지왕조 풍(Georgian), 빅토리아 풍(Victorian), 신 고전주의(Neo-Classic), 복고풍 고딕(Gothic Revival), 연방주의풍(Federalist)에다 프랑스 제 2제국 양식(the French Second Empire style). 워싱턴에 있는 건축물들을 설명할 때 동원되는 복잡한 전문 용어들은 이렇게 많다. 그만큼 다양한 건축물들이 들어서 있다는 얘기가 된다.

그래서 나는 나름의 매우 간단하고 용감 무식한(?) 방식으로 워싱턴의 건축물과 길거리들을 이해하기로 했다. 우선 백악관과 의회를 축으로 보자.

여기는 각 연방 정부 청사가 들어서 있는 도심이다. 이들 건물들은 주로 수도 워싱턴의 밑그림이 그려진 19세기 초에서 20세기 초까지의 건축 양식들을 잘 보여 주고 있다.

앞 장에서 잠시 설명한 조지타운(George Town)이나 알렉산드리아(Alexandria)같은 곳은 수도 형성 이전에 번창한 곳이다. 당시 시대적 배경은 18세기였고 그 때의 전형적 건물들이 모여 있다. 도심 북쪽으로 올라가면, 미국이 부를 쌓고 발전하는 궤적을 보여주는 19세기 중순~20세기 초의 건물들로 그득하다.

워싱턴 건물 속 숨겨진 역사들

워싱턴 건물들을 보다가 깜짝 깜짝 놀랄 때가 적지 않다. 그냥 심상해 뵈는 건물 하나하나가 역사의 현장들인 경우가 많기 때문이다. "음, 우리 동작동 국립묘지 정도?" 싶은 알링턴 국립묘지(Arlington National Cemetery)만 해도 그렇다.

알링턴 묘지의 가장 전망 좋은 고지에 가면 저택이 하나 있다. 알링턴 하우스(Arlington House)다. 이 집은 남군의 총사령관 리 장군(General Robert Lee)의 저택이다. 리 장군은 미국 남부에선 아직도 추앙받고 있다. 미국 남부의 '이순신' 쯤 되는 대단한 영웅이다. 그러니까, 알링턴 국립묘지는 원래 리 장군의 저택과 농장이었던 것이다. 남북 전쟁에서 남군이 패퇴하면서 리 장군의 저택과 농장은 북군에 접수됐고, 우여곡절 끝에 국립묘지가 된 것이다.

알링턴 국립묘지의 역사는 여기서 끝나지 않는다. 미국의 국부(國父) 조지 워싱턴으로까지 거슬러 올라간다. 27살 총각 장교 조지 워싱턴은, 한 미망인에 반한다. 마사 커스티스(Martha Dandridge Custis), 워싱턴보다 연상으로, 전 남편 소생의 자녀 두 명까지 있었다. 그러나 워싱턴은 그녀와 결혼했고, 둘의 금슬은 소문날 정도였다.

워싱턴과 마사 둘 사이에는 자녀가 없었다. 워싱턴이 젊었을 적 앓은 결핵과 수두 합병증 때문이라는 등 다양한 설이 있다. 그래서인지는 몰라도, 워싱턴은 마사의 아이들을 진자식처럼 서두고 사랑했다. 그 중에 큰 아들인 존 파크 커스티스(John Parke Custis)는 3살짜리 아들과 그 아래 딸을 두고 사망한다. 워싱턴은 마사의 손자들인 이들까지 맡아 키운다. 그렇게 키운 큰 손자가 조지 워싱턴 파크 커스티스(George Washington Parke Custis)다. 알링턴 묘지는 바로 마사의 손자 조지 워싱턴 파크 커스티스 소유의 저택과 농장이었다. 마사의 손자는 자신을 친 손자 이상으로 키워준 워싱턴을 기리는 '생전(生前) 기념관' 형식으로 이 저택과 농장을 건설했다. 그리고 이 손자는 딸 하나만 낳았다. 메리 안나 랜돌프 커스티스(Mary Anna Randolph Custis)였다. 메리는 어릴 적 소꿉친구이자, 먼 친척과 결혼했다. 그가 바로 리 장군이었다. 한국식 촌수로 따지면, 알링턴 묘지는 조지 워싱턴의 증외손녀 부부 소유 저택과 농장이었다.

또 KBS 지국이 있는 내셔널 프레스 빌딩(National Press Building) 앞에는 호텔이 하나 있다. 윌러드 호텔(Willard Hotel)이다. 이 호텔 역시 외관은 심상하기 그지없다. 워싱턴 시내의 호텔 대부분이 그렇듯 주차 공간도 제대로 돼 있지 않다. 그렇다고 덩치가 크거나 웅장한 것도 아니다.

이 호텔이 다른 점이 있다면 한 달에 두 세 번 이상은 이 호텔 앞 좁은 도로가 차단된다는 것이다. 미국 비밀 경호국(Secret Service) 소속으로 보이는 경호원들과 경찰차들이 삼엄하게 경계를 펴고, 새까만 경호 차량들이 들락거린다.

물어 보면, 파키스탄, 아프가니스탄, 이라크 같은 곳의 정상들이 이곳에 묵고 갔단다. 이 누추한(?) 호텔이 뭐가 그리 대단하기에 싶은 생각이 취재 본능을 자극했다. 알고 보니 이 호텔은 결코 누추한 호텔이 아니었다. 흑백 차별 철폐 운동의 신호탄이 된, 킹목사의 "내겐 꿈이 있습니다"(I have a dream) 연설이 이곳에서 씌어졌다. 흑인 민권 운동가 마틴 루터 킹(Martin Luther King) 목사가 워싱턴 집회를 앞두고 이 호텔에 묵으면서 일필휘지 거침없이 써 내려갔다는 것이다.

미국의 대표적 작가 마크 트웨인(Mark Twain)도 이곳에서 2권의 책을 썼고, 시인 월트 휘트먼(Walt Whitman)은 그의 시에서 이 호텔을 언급할 정도였다. 1850년 피어서(Franklin Pierce) 14대 대통령과 링컨 대통령 등 10명의 미국 대통령들이 이곳에 머물렀다. 앞서 말했듯이 각국 정상들이 여전히 이곳을 숙소로 애용하고 있다. 명사들 가운데는 "크리스마스 캐럴"(A Christmas Carol)로 유명한 영국 작가 찰스 디킨스(Charles Dickens)와 영국 총리 로이드 조지(Lloyd Jones)등 부지기수다.

'큰 바위 얼굴'(The Great Stone Face and Other Tales of the White

Mountains)과 '주홍 글씨'(Scarlet Letter)로 유명한 미국의 작가 나다나엘 호돈(Nathaniel Hawthorn)도 한 마디 했다. "윌러드 호텔은 백악관이나 의회, 국무부보다도 더 워싱턴의 중심이라 해야 옳다"(the Willard Hotel more justly could be called the center of Washington than either the Capitol or the White House or the State Department.")

'워싱턴 외교가' 는 있었다

워싱턴은 바둑판처럼 설계돼 있다. 그래서 주소 찾기도 참 쉽다. 워싱턴은 방위에 따라 크게 4구역으로 나뉜다. NE(북동), NW(북서), SE(남동), SW(남서)가 그것이다. 또 동서로 가로지르는 '거리, 가'(街: Street)들은 알파벳으로 표시한다. 이 때 의사당이 기준점이 되는데, 의사당에서 2블록 떨어진 'A 가'에서부터 수십 블록 떨어진 'W 가'까지 간다.

남북을 가로 지르는 '거리, 가'(이 역시, Street)들은 숫자로 표시한다. 역시 기준점은 의사당인데, 의사당 가까운 곳부터 숫자로 표시된다. 그리고 한 블록에는 100개의 호수가 있다. 따라서 주소만 보면 위치도 알 수 있다. 예를 들어, KBS 지국이 들어있는 내셔널 프레스 빌딩의 주소 "529 14th St. N.W"는, "의사당 북서쪽 14번째 거리로 5블록에서 6블록 쪽으로 29번째 건물"이다.

또 동서를 가로지르는 거리의 경우 W 이후부터는 두 음절, 그 다음은 3음절의 단어로 이름 붙인다. 이밖에 '가, 거리'(Street)를 대각선으로 가로 질러

가는 애비뉴(Avenue)가 있고, 우리의 로터리형 교차로인 서클(Circle)이 있다. 이 서클에서 대각선으로 뻗어나가는 도로 이름에는 미국 50개 주의 이름을 붙였다.

이런 워싱턴 거리 가운데에는 거리 이름 자체가 특정 집단을 나타내는 아이콘인 경우가 있다. 예를 들어, 'K 가'(K Street)는 미국의 '로비가(街)'를 뜻한다. 영화나 소설에서나 언급되는 로비스트들이 실제 이곳에 몰려 있다. 그것도 세계적인 거물급 로비스트들이다. 굉장한 빌딩에 입주해 있다. 그래서 미국 언론들은 정계 로비스트를 지칭할 때, 그저 'K 가 소식통'(A Source in K Street), 'K가 관계자'(A Person from K Street) 같은 말을 즐겨 쓰곤 한다.

우리에게 아주 친숙한 거리도 있다. 우리 언론들이 흔히 쓰는 추상 명사 '워싱턴 정가'에 해당하는 곳이다. 바로 펜실베이니아 애비뉴(Pennsylvania Avenue)다. 의회에서부터 시작해 백악관과 국무부, 내무부 같은 미국 연방정부와 미국의 정관계 주요 기관들이 이 거리를 축으로 좌우에 포진하고 있다. '미국의 광화문' 또는 '미국판 육조(六曹)거리'라고도 할 수 있다.

'워싱턴 정가' 이상으로 우리에게 익숙한 추상 명사가 하나 더 있다. 이른바 '워싱턴 외교가(街)'라는 곳이다. 나는 워싱턴 특파원이 되기 전부터 과연 이런 거리가 있을까 생각하곤 했다. 그런데 진짜 있었다. 바로 매사추세츠 애비뉴(Massachusetts Avenue)다. 워싱턴에는 174개의 외국 대사관이 있는데, 이 가운데 3분의 1 이상인 59개가 이 매사추세츠 애비뉴에 몰려 있다. 이 거리의 또 다른 이름도 '대사관 단지'(Embassy Row)다.

멀리 미 의회 의사당이 보이는 펜실베이니아 애비뉴에서.

매사추세츠 애비뉴는 미국의 국운상승기에 생겨났다. 미국식 산업혁명을
거친 미국이 막 돈을 벌기 시작하고, 신흥 부자들이 생겨나던 1870년대였
다. 신흥 부자에겐 평소 자신이 콤플렉스를 갖고 있던 대상처럼 살아보려는
욕망이 강하다. 미국의 신흥부자들은 유럽의 귀족처럼 살기를 원했다. 그래
서 유럽식 저택 건설이 이 시기 붐을 이뤘다.

매사추세츠 애비뉴에는 앤 여왕풍(Queen Anne style), 프랑스식 성채형
(Chateau styles), 로마네스크 풍(Romanesque) 등 고풍스런 정통 유럽식
저택들이 들어섰다. 후기에는 보다 화려한 조지 왕조풍(Georgian)이나 '복
고풍' 조지왕조형(Georgian Revival) 등이 인기를 끌었다. 하나 같이 붉은

벽돌과 검은 석재를 사용한 호화 주택들이었다. 그래서 이 시기 매사추세츠 애비뉴는 '백만장자들의 주거지'(Millionaires' Row)로 불렸다.

매사추세츠 애비뉴가 '워싱턴 외교가'로 변신하게 된 계기는 그로부터 50여 년이 지난 후다. 1930년대 대공황(Great Depression) 때문이다. 대공황으로 이곳의 백만장자들 가운데는 파산하는 이들이 늘어났다. 2차대전까지 거치면서 매사추세츠 애비뉴의 옛 영화는 많이 쇠했다. 많은 토박이들이 집을 팔고 나갔고, 일부 저택들은 헐리기도 했다. 사무실 빌딩들로 개조하기 위해서였다.

그러나 고풍스런 유럽식 저택들이 결국 이 거리를 살려냈다. 각국의 외교관들이 이 품위 있는 저택들에 주목하기 시작했다. 2차대전 종전 이후는 세계질서가 재편되는 특별한 시기였다. 유엔이 창설되고, 세계적인 현안을 두고, 전승국을 중심으로 국력별 줄서기가 이뤄졌다. 때문에 국력을 과시하는 건 중요한 일이었다. 이는 외교 무대로 이어져 호화 대사관 구입 붐이 일어났다.

2차 대전 이후 급부상한 초강대국 미국. 그 수도 워싱턴은 이 같은 호화 공관붐이 경쟁적으로 일어난 대표적인 곳이었다. 역시 당대의 강대국 영국이 가장 먼저 매사추세츠 애비뉴에 진출했다. 워싱턴 외교가는 이렇게 생겨났다. 우리 주미 대사관과 워싱턴 총영사관도 워싱턴 외교가에 우뚝 서 있다.

조선 외교의 '워싱턴 외교가'
로건 서클

워싱턴에는 우리가 주목해야 할 숨겨진

옛 '외교가' 가 하나 더 있었다. 지금의 '워싱턴 외교가' 인 메사추세츠 애비뉴에서 멀지 않은 곳이다. "아이오와 서클(Iwoa Circle) 근처인 북서구역 13가(13th St. NW) 1500호." 워싱턴 시의 오래된 등기 문서에 적혀 있는 주소에는 그렇게 씌어 있었다.

13가(13th street)는 미국 백악관 쪽을 지난다. 백악관 쪽에서 출발해 이 13가를 따라 자동차로 10분 정도 올라가니, 서클(Circle), 즉, 로터리형 교차로가 하나 나온다. 로건 서클(Logan Circle)이다. 남북 전쟁 때 북군 장군 존 로건(John A. Logan)의 이름을 땄다. 로건은 남북 전쟁 후, 상, 하원 의원을 거쳐 부통령 물망까지 오른 거물 정치인이다. '미국의 현충일' 격인 '메모리얼 데이' (Memorial Day)를 주창한 사람이기도 하다. 그런 그의 공적에다, 실제 그가 이곳에 살며 여생을 보냈다는 점을 감안해 이렇게 이름 지었을 것이다. 서클 중앙에는 그의 동상이 있다.

2007년 어느 여름 낮, 나는 로건 서클을 몇 바퀴째 돌고 있었다. 우리나라처럼 편리한 대중교통이 없는 미국에서 자동차는 필수다. 문제는 워싱턴과 같은 곳에서는 주차할 곳이 별로 없다는 것이다. 특히, 이 로건 서클 근처처럼 오래된 집들이 많은 옛 동네는 더욱 그렇다. 다행히 모퉁이 한 곳에 차를 댔다. 동네는 대낮인데도, 정적이 느껴졌다.

로건 서클은 1930년에 바뀐 이름이었다. 그 이전 이름이 바로 아이오와 서클이었다. 주소도 바뀌었다. '워싱턴 북서구역 13가 1500호' 는 '워싱턴 북서구역, 로건 서클 15호' (15 Logan Circle, NW, Washington D.C.)였다.

주소를 들고 집을 찾다 보니, 이 동네 집 구경을 다 하게 됐다. 로건 서클 주변은, 매사추세츠 애비뉴와 닮은 데가 많았다. 유럽식 옛집들이 몰려 있는 것도 그랬다. 다만 다소 아담하다 할까? 주로 3-4층의 고급 타운 하우스 (Town House: 한국식으로는 빌라로 표현할 수 있는 전형적인 미국의 주거형태) 형이다. 매사추세츠 애비뉴의 저택들보다는 크기가 작았다. 그러나 집 하나하나의 특성을 살리면서도, 건축 재질과 규모들은 통일감과 균형을 이루도록 해 고급스러움을 더했다. 대표적인 재질은 빨간색 벽돌과 압축한 암갈색 석재 등이다. '작은 매사추세츠 애비뉴' 였다.

나중에 안 일이지만 이곳도 매사추세츠 애비뉴처럼 1870년대부터 본격 개발됐다. "유럽의 수도들처럼 넓은 도로와 잘 정리된 공원 공간을 가진 동네"로 만드는 게 당시 이곳에 대한 구상이었다. 그래서 이곳 집들은 당시 유럽의 유행이었던 화려한 빅토리아풍(Victorian Style)으로 지어졌다. 당시 세계는 "해가 지지 않는 나라 대영제국"을 만든 빅토리아 여왕의 시대였다. 세계를 제패한 영국은 건축 양식도 글로벌 기준이 됐다.

그래서 나온 게 빅토리아 풍이었다. 빅토리아 풍의 가장 큰 특징은 세계 각국의 문화양식을 혼합했다는 점이다. 당시 '글로벌 제국' 영국다운 컨셉이었다. 고딕식, 이탈리아 고전주의, 로마네스크식 등 전통적 양식에다, 일본이나 인도의 동양적 취향까지 건축에 반영한 것이다. 유리나 철 등 당시로선 신 소재 장식도 활용했다. 이 같은 새로운 기법과 신 기술을 복합적으로 결합시켜 전통적 양식과 절충했다.

빅토리아풍 건축물은 전통적 서양 건축이 보여주는 균형미에다 화려한 장식, 그리고 이국적인(동양적) 요소가 가미된 디자인 등으로 요약된다. 빅토리아 풍은 그 시대 영국 중산층의 보편적 유행이 됐다. 유럽을 흠모한 미국의 신흥 상류사회로선 놓칠 수 없는 유행이었고, 로건 서클의 고급 주택에까지 반영된 것이다.

그런 '빅토리아 풍' 들 가운데, 하나가 내 눈에 빨리듯 들어왔다. 어디서 많이 본 듯 반가운 느낌이 드는 건 왜일까? 그랬다. 그건 고등학교 국사책에서였다. 예비고사(1980년까지 대학 입시 제도는 예비고사와 본고사였다)에는 별로 반영률이 높지 않았던 구 한말 내한제국 역시 부분이었다. 대조선(大朝鮮) 주차(駐箚:주재) 화성돈(華盛頓·워싱턴) 공사관. 고교시절 국사책의 한 켠에 있는 듯 없는 듯 게재돼 있던 사진 한 장이, 내 눈 앞에 떡하니 실물로 나타나 버티고 서 있는 것이었다. 1891년 중국과 일본 러시아 사이에 끼어 신음하던 조선이 자주 외교를 위해 안간힘으로 확보한 유일한 공관이었다.

당시 이곳은 백만장자의 거주지라던 매사추세츠 애비뉴 못지 않게 선망의 지역이었다. 20세기 초까지도, 내로라하는 사업가들과 정치인, 외교관들이 살았다. 당시 워싱턴에 공관을 가진 나라는 50개를 넘지 않았다고 한다. 그러니까 세계적인 빈국 조선이 '워싱턴 외교가'에 공사관을 얻은 것이다. 게다가 이 공사관은 새집이었다. 바로 한 해 전 1890년에 지은 것이었다. 값은 무려 2만 5,000달러. 1890년대 당시 조선인 하인의 한 달 임금이 4~6달러였고, 1894년 정1품 총리대신의 월급이 300원(元), 즉, 300달러였다고 하니, 어느 정도인지 알 수 있다.

옛 조선공사관 건물의 지금 모습, 빅토리아풍인 당시 모습이 그대로다. 아치형 창틀과 창문 문양, 태극기가 휘날리던 옥상의 게양대도 그대로다.

1891년과 2007년 사이에는 116년의 차이가 있었지만, '국사책 속 공사관' 은 여전한 모습으로 그곳에 서 있었다. 적갈색 벽돌 외벽도 그대로였고, 아 치형으로 한껏 멋을 낸 창틀과 창문 문양까지 그대로였다. 태극기가 휘날리 던 옥상의 게양대도 시간을 멈춰 세운 채 서 있었다. 출입문 하단에는 '로 건 서클 15호'라는 주소가 선명했다.

어떻게 이렇게 고스란히 보존될 수 있었을까? 게다가 지난 116년 동안 로건 서클은 극적인 세월의 풍상을 겪었다. 잘 나가던 이 '옛 외교가'는 20세기 들어 몰락했다. 흑백 분리 차별(Segregation)때문이었다. 당시 워싱턴에서 는 로건 서클로부터 서쪽으로 여러 블록 떨어져 있는 16가(16th Street)를 흑백 간 주거지 경계로 삼았다. 로건 서클은 흑인 밀집 주거지로 분류됐다.

흑백 차별 반대 폭동이 워싱턴을 휩쓴 1968년쯤에는, 로건 서클에서 중산층을 찾기 힘들게 됐다. 흑백 차별은 결국 종언을 고했지만 이곳은 1990년대까지도 별로 인기가 없었다. 이웃했던 홍등가 등 우범지역 때문에 안전한 주거지역으로 인정받지 못한 것이다. 조선 공사관의 보존에는 어쩌면 이런 부정적 요소들도 도움이 됐을지 모른다.

미국 정부는 역사적 건축물에 대해서는 집착에 가까운 보호를 한다. 로건 서클 지역 가운데, 8블록 130여 채의 집들은 일찌감치 '국가 사적지 등록부'(National Register of Historic Places)에 등재됐다. 재개발은 언감생심, 수리나 관리까지 주인 맘대로 할 수가 없다. 이런 분위기가 이곳 전체에 영향을 미쳤을 것이다. 일부가 아파트로 개조되거나, 여관, 또는 월세방으로까지 변하긴 했다. 그러나 이곳의 대다수 빅토리아풍 주택들은 거의 훼손되지 않았다.

화성돈(華盛頓) 공사관

구한말 워싱턴 공사관 건물이 옛 모습을 잃지 않았다는 건, 현 등기부를 봐도 나타난다. 워싱턴 시가 관리하고 있는 등기부에는 건물 리모델링 연도를 표시하는 난이 있는데, 공란으로 비어 있다. 1891년 이후 대대적인 건물 구조 변경을 한 적이 없다는 얘기다.

지하 1층, 지상 3층으로 된 공관에는 천장이 넓고 널찍한 방들이 9개가

1903년 경의 조선 공사관 건물. (윤기원 한국역사보존협회 이사장 제공)

있었던 것으로 전해진다. 1층은 공식 업무용이었고, 공관 직원과 그 가족들이 2, 3층에 기거했다는 것이다. 물론 이건 확인된 건 아니다. 현재의 등기부를 보면 방수는 7개다. 이와 별도로 부엌이 하나의 방으로 따로 잡혀있다. 그동안의 세월을 감안하면, 내부 구조도 크게 변하지 않았다. 이밖에 이 집에는 탕이 있는 목욕탕이 4개, 세수를 할 수 있는 작은 목욕탕도 2개가 있다. 이 집의 대지는 230㎡ 내외, 국민주택 규모 아파트 2채 반 정도 넓이다. 지하와 3층까지 연건평은 대지의 약 3배다. 아담하지만 세련미가 넘치는 건물이다.

조선 공사가 부임한 건 1888년이었다. 47살의 박정양(朴定陽)이 워싱턴 특명 전권공사로 임명돼 미국 군함 오마하 호와 영국 여객선을 갈아타며 워싱턴으로 왔다. 조선이 워싱턴에 공사관을 개설한 건 청나라의 압박에서 벗어나기 위해서였다. 미국은 조선 땅을 넘보지 않으며 대한제국의 내정에 간섭하지 않는다는 게 조선의 판단이었다. 미국과 외교력을 강화해 청나라를 견제하고, 자주 외교를 펼치려 한 것이다.

그해 1월 17일 미국 클리블랜드(Grover Cleveland) 대통령에게 신임장을 제정했지만 박정양 초대 공사에게는 막상 공관이 없었다. 처음엔 며칠 호텔에 머물나 남의 집을 빌려 업무를 시작했다. 주소는 "워싱턴 북서구 15가 1513호"(1513 15St. NW, Washington D.C.) 집 주인 이름을 따 피셔(Fisher) 옥(屋)이라고도 했다. 연간 임대료가 780달러였고, 춘하추동 네 차례로 나눠 195달러씩 내기로 계약했지만 집세가 밀리기도 했단다. 그 건물은 지금 없어지고 주차장이 되었다.

박정양 초대 공사는 자주 외교를 견제하던 청나라의 압력으로 사실상 소환된다. 이후 서리 공사로 조선 공사관 수장의 격이 낮아지면서 박정양 공사의 서기관으로 함께 왔던 이하영(李夏榮)과 참찬관(부공사격)으로 왔던 이완용(李完用) 등이 잇달아 서리 공사를 맡았다. 이때까지도 조선 공사관은 셋집 신세였다.

로건 서클의 조선 공사관 건물을 사게 된 건 이완용의 후임으로 서리 공사 직무를 수행하게 된 이채연(李采淵) 때였다. 워싱턴 문서보관소와 워싱턴 등기소엔 조선 공사관의 매매 계약서가 있다. 등기일은 1891년 12월 1일 오후 1시2분. '조선의 현 국왕 전하(His Majesty the present King of

(좌) 1903년 경 조선 공사관 내부. 1층 접견실 입구에 태극기가 장식처럼 드리워져 있다. (우) 접견실에는 태극 문양 쿠션과 소파가 있다. (윤기원 한국역사보존협회 이사장 제공)

Chosun Ye)' 가 세브론 A 브라운(Sevellon A Brown)으로부터 2만 5,000 달러에 건물을 구입한 것으로 기록돼 있다. 이채연 서리 공사는 추가로 5,000달러를 들여 수리를 하고 조선 공사관으로서 이 건물을 운영하기 시작한 것으로 전해진다. 당시 공관 벽에는 고종의 어진(御眞:임금의 초상화 또는 사진)과 황태자였던 순종의 예진(睿眞:세자의 초상화 또는 사진)이 걸려 있었던 것으로 전해진다. 매달 초하루와 보름엔 전 직원이 망배(望拜)의 예를 행했다. 일부에선 명성황후의 초상화도 함께 있었다는 말도 있다. 이후 건물 옥상엔 태극기가 휘날렸다. 이와 관련해 윤기원 한국역사보존협회 이사장은 고종 어진 등 4개의 사진이 아직 집안에 보관되고 있는 것으로 안다고 말했다.

재미 동포로, 민간 차원에서 조선 공사관 건물 반환 노력을 하고 있는 윤기원 한국역사보존협회 이사장이 워싱턴 역사 협회(the Historical Society of Washington DC)에 있던 귀한 사진을 입수했다. 1903년 경 워싱턴 공사관의 내부로 여겨지는 이 사진에서, 1층 접견실로 보이는 홀 입구 벽면에 커다란 태극기가 쳐져 있는 게 인상적이다. 그 안에 들어가니 태극 문양의 쿠션과 우아한 소파 등이 눈길을 끈다. 주목되는 건 워싱턴 조선 공사관 건물 바로 옆집이다. 이 집 또한 빅토리아식 건물이고, 크기와 층수가 비슷하다. 처음에는 그저 그렇거니 하고 넘어 갔다. 그러나 내게 조선 공사관 건물을 설명해주던 윤기원 이사장이 이 집의 처마 부분을 지목했다. 이 집의 처마에는 문양 하나가 크고 뚜렷하게 양각 돼 있었다. 얼핏 봐서 꽃잎 무늬

(좌) 조선 공사관 옆 크기가 비슷한 건물. (우) 처마에는 일본 왕가의 국화 문장이 양각돼 있다. 옛 일본 공사관이었는지 여부가 주목되는 건물이다.

였다. 그런데 자세히 보니 어디서 많이 본 문양이다. 그건 그냥 문양이 아니었다. 일본 천황가의 국화 문장(紋章)이었다. 일본에는 국장(國章)이 없기 때문에, 왕가의 문장을 관공서나 국가 문서 등에 사용한다. 일본 여권 표지에도 노란색 국화 문장이 찍혀 있다. 그렇다면, 이 건물은 일본의 해외 공관이었을 것이라는 얘기다. 지금은 작은 아파트, 한국식으로 말하자면, 원룸형 주택과 사무실 복합 형태로 개조돼 있었다.

그렇다면 과거 일본의 공관, 즉, 일본 공사관이었을 가능성이 있다. 실제로 일부 국내 글에서도 이 건물을 일본 공사관으로 볼 만한 표현이 나온다.("이승만 그 거대한 생애 6편-루스벨트 만났지만", 이한우, 1995년 1월 24일) 만약 이 건물이 실제로 일본 공사관이었다면, 참 아이러니가 아닐 수 없다. 조선 자주 외교의 상징인 조선 공사관과 후일 조선의 자주를 박탈해 가는 일본 공사관이 나란히 바로 옆에 있었다는 것이니까. 한 가지 덧붙인다면, 이 건물은 조선 공사관 건물보다 좋아 보이지 않는다. 세련미에 있어서는 오히려 조선 공사관이 더 나아 보이기까지 한다. 크기도 조선 공사관과 비교해 엇비슷하다. 만약 이 건물이 일본 공사관 건물이었다면, 조선은 워싱턴 공사관 건물에서 만큼은 당시 세계적 강국 일본과 어깨를 나란히 했다는 말이 된다. 자주 외교를 향한 고종의 소망이 어느 정도였는지를 보여주는 단면이기도 하다.

단돈 5달러? 늑탈된 공사관

조선의 '워싱턴 외교가'는 1905년 을사조약 체결로 조종(弔鐘)을 울렸다. 대한제국의 외교권이 일본으로 넘어가면서 '화성돈 공사관'도 운명을 다했다. '조선 자주외교의 심볼'은 일본 공사관에 넘겨져 방치된 '외교적 흉가'로 전락했다.

기가 막힌 일은 5년 후에 일어났다. 경술국치(庚戌國恥) 사흘 후였다. 이날 화성돈 공사관은 일본에게 공식적으로 늑탈 당했다. 단돈 5달러를 조선에 주고, 일본이 샀다는 것이다. 워싱턴 문서 보관서의 소유권 이전 등기 문서를 보자.

"1910년 9월 1일 정오...이상 필지와 건물은 그동안 한국(대한제국) 대사관과 관저로 사용돼 왔다. 그러나 이제 상기 부동산의 목적이 종료됐으므로, 팔거나 처분해야 할 것으로 사료되는 바..."(..to be used as a residence for, and for the business of the Korean Embassy; AND WHEREAS, the purpose for which said land and premises were taken have ceased, and it is deemed to be advisable to sell and dispose of the same,)로 시작된다. 부동산 등기 문서에 마저, 대한제국의 외교권 박탈을 명기하고 있는 셈이다. 이 문서는, 매도자를 "현 조선 이왕(李王) 전하, 전 한국(대한제국) 황제(우리식으로 표현하면 太皇帝)"(HIS MAJESTY, lately KING OF CHOSUN, YE, otherwise designated as the Ex emperor of Korea)로 표현하고 있다. 역시 조선의 망국이 그대로 반영된 표현이 구구절절이다. 매수자는 "남작, 우치다 야스야(內田康哉) 주미 일본 공사"(Baron Yasuya Uchida, Ambassador of Japan in United States of America)였다. 황제와 일개 대사가 매매 상대라는 것이다. 격부터가 맞지 않다.

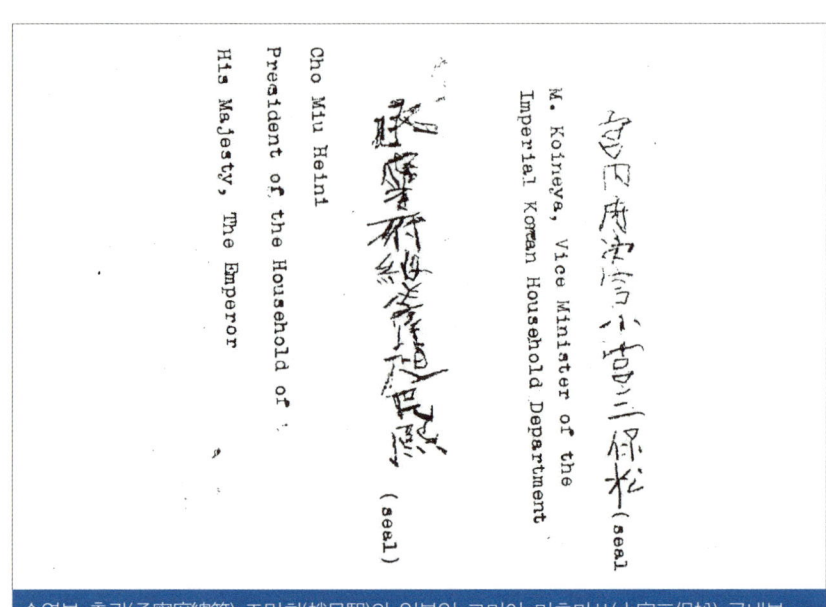

승영부 총관(承寧府總管) 조민희(趙民熙)와 일본인 고미야 미호마쓰(小宮三保松) 궁내부 차관의 서명. 고미야의 서명은 자연스럽다.(우) 그러나 조민희의 서명은 알아보기 힘들 정도로 여러 번 덧칠을 한 것부터가 이상하다.(좌)

결정적인 엉터리는 그 다음 부분이다. "매도자는 매수자로부터 5달러를 받고, 해당 부동산을 인계한다."는 것이다. 그리고 이 거래의 근거로, 이미 작성된 별도의 양도 문서를 지목했다. 해당 문서는 한일 합방 두 달 전인 1910년 6월 28일 서울서 작성된 것이었다. 서울 주재 미 대사관 부총영사 오즈로 굴드(Ozro C. Gould)가 작성한 일종의 공증 증서 형식이었다. 이 문서 역시 고종의 명의로 돼 있었다.(당시 고종은 순종에게 양위한 태황제 신분이었다.) 표현은 더욱 무례했다. "한국의 태황제폐하, 이형(His Majesty, Ye Hiung, Ex Emperor of Korea)'으로 돼 있다. 비록 '폐하(His Majesty)'라는 존칭은 남아 있지만, 감히 부를 수 없는 황제의 실명

'이형'(Ye Hiung)이 그대로 쓰인 것이다.

이 양도 문서야 말로 엉터리 중의 엉터리였다. 우선 이 문서의 증인 서명이 서투르기 짝이 없다. 증인은 둘이었다. 궁내부 차관으로 돼 있는 일본인 고미야 미호마쓰(小宮三保松)가 그 한사람이었다. 궁내부는 현직 황제였던 순종의 궁내 살림을 도맡아 하는 부서였다. 합방 후에는 이른바 이왕직(李王職)으로 강등되는데 고미야는 이후에도 이왕직 차관으로 근무했다. 구한말 일본은 조선 황실의 궁내부에 일본인들을 심었는데, 고미야도 궁내부 대신 민병석(閔丙奭) 아래 사관으로 일했다.

또 다른 증인 하나는 덕수궁을 주로 관리하며, 퇴위한 고종을 돌보던 승영부 총관(承寧府總管) 조민희(趙民熙)였다. 일본인인 고미야의 서명은 자연스럽다. 그러나 조민희의 서명은 아무리 봐도 부자연스럽다. 한국식 서명이나 수결(手決)도 아니고 그저 이름을 썼다. 글씨를 알아보기 힘들 정도로 여러 번 덧칠을 한 것부터가 이상하다. 위조의 냄새가 강하다. 더욱 엉터리 서명은 이 문서를 고종 대신 작성한 것으로 나오는 민병석(閔丙奭) 대신의 서명이다. 영문 이름을 서명으로 하고 옆 괄호 속에 한자 이름을 써 넣는 형식인데, 영문과 한자 이름 모두가 거의 그림 수준이다. 한자 이름은 무슨 암호문에 가깝게 그려놓았다.

고종의 서명도 마찬가지다. '한국태황제폐하 이형'이라고 되어 있었는데, '한국'의 '한'(韓)자를 약자체로 쓴 것부터 눈에 거슬린다. 이 글씨 또한 여러 번 덧칠 되어 있고, 글씨체가 부자연스럽긴 마찬가지다. 윤기원 이사장은 서명이 위조됐을 가능성을 강하게 제기했다. 의친왕의 딸로 고종의 손녀인

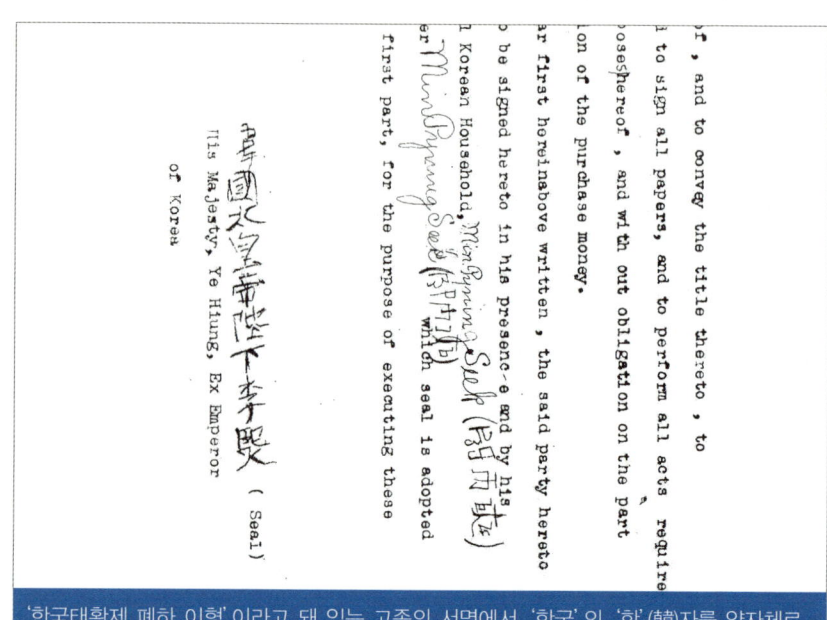

'한국태황제 폐하 이형'이라고 돼 있는 고종의 서명에서 '한국'의 '한'(韓)자를 약자체로 쓴 것부터 눈에 거슬린다. 이 글씨 또한 여러 번 덧칠돼 있고, 글씨체가 부자연스럽다.(좌) 민병석(閔丙奭) 궁내부 대신의 영문 이름 서명과 괄호 속 한자 이름. 영문과 한자 이름 모두 어색하다. 한자 이름은 암호문처럼 그려 놓았다.(우)

이해경 여사를 통해 확보한 고종과 민병석(閔丙奭) 대신의 평소 서명과는 확연히 다르다는 것이다. 또 조민희 총관의 후손을 통해 조 총관의 평소 서명도 확보했는데, 역시 계약서의 서명과는 뚜렷이 다르다는 것이다.

이렇게 소유권 이전 등기를 마친 공사관은 이전 등기 1분 만에 또 다시 매각된 것으로 나타나 있다. 우치다 야스야(內田康哉) 주미 일본공사가 미국인 호러스 풀턴(Horace K. Fulton)에게 판 것으로 돼 있는데, 가격이 또 기가 찬다. 단돈 10달러다. 2만 5,000달러와 5달러, 그리고 10달러. 망국 조선의 치욕을 보여주는 이 보다 더 강력한 상징이 어디 있을까?

그렇다면 실제 거래 내역은 어땠을까? 2만 5,000달러짜리 건물을 5달러에 매입해 10달러에 매도했다는 등기가 가능했던 건, 실거래가를 밝히지 않는 당시 워싱턴의 부동산 매매 관행 덕분이었다. 일본 외무성 자료에 따르면, 우치다는 고종에게 단돈 1달러도 준 적이 없었고, 풀턴에게 실제로 받은 돈은 만 달러였던 것으로 알려졌다. 공사관 건물 자체는 대한제국이 독립성을 상징하는 아이콘이었다. 일본 공사관으로서는 맘이 급했지만, 당시 워싱턴의 부동산 경기가 나빴다. 10달러는커녕, 만 달러도 당시로서는 형편 없는 가격이었다는 것이다. ("단돈 5달러에 강탈 당한 주미 공사관 건물", 전봉관 KAIST 교수 2010.2.18 조선일보 기고)

30억 원으로도 못사는
'10달러짜리' 공사관

2007년 10월 워싱턴 주미 대사관에 국회 국정 감사가 열렸다. 좁은 대사관 회의실에 앉아, 오랜 시간 국정 감사를 지켜보는 일은 상당한 인내를 필요로 한다. 그런데 그날은 초반 업무보고에서 귀가 번쩍 뜨이는 말이 나왔다.

당시 이태식 주미대사가, "우리 민족의 뿌리 찾기와 역사의식 고양을 위해 정부 차원에서 조선 공사관 건물을 매입해 활용하는 방안을 적극 검토하고 있다"고 말했다. 이 대사는 "구한말 주미 공사관을 확보하게 되면 한국문화 전시실, 한국자료 도서실, 이민사 전시실로 활용할 수 있을 것"이라고 덧붙였다.

부임한 지 갓 1년이 됐던 나로서는, 조선 공사관 건물이 워싱턴에 있다는 게 새삼스런 느낌으로 와 닿았다. '화성돈 조선 공사관'이란 단어. 학창시절 국사책 속 사진 만큼이나 낡고 흐릿한 것이었다. 이날 국정 감사는 공사관 건물에 관심을 갖게 된 개인적 계기가 됐다. 일제 36년과 한국 전쟁 등을 거치며 우리 기억에서 흐려진 이 공사관 건물이 새로이 알려진 건 1980년 대였다. 이 공사관 건물을 되찾자는 운동은 민간에서부터 시작됐다. 대표적인 게 지난 2003년 모금 운동이었다. 미주 한인 100주년 기념 사업회가 이민 100주년 기념 사업으로 했던 것이다.

당시 건물 시세는 약 100만 달러. 마침 150만 달러를 내놓겠다는 사람이 나타났다고 한다. 일시불도 가능한 액수였다. 그런데 집 주인이 400만 달러를 요구해 매입을 포기했다는 것이다. 매입 움직임을 보고 집주인이 턱없이 가격을 올린다는 얘기가 나왔다. 2007년 주미 대사관의 업무 보고는 그런 상황에서 공식화된 정부의 매입 의지였다. 당시 주미 대사관측은 200만 달러면 가능할 것으로 본 것 같다. 정부는 2009년 예산안에 이를 반영했다. 책정된 예산은 30억 원. 그러나 결과적으로 이 예산은 쓰지 못했다. 집주인과의 교섭이 여의치 않아서다. 노회한 변호사인 집주인이 시세보다 월등히 높은 가격을 요구해 교섭이 중지됐다는 것이다.

액수는 밝힐 수 없지만 30억 원의 예산으로는 감당할 수 없는 수준으로 알려졌다. 집주인은 집 내부를 공개하지도 않고 전화도 받지 않아, 교섭을 맡은 워싱턴 총영사관 측에서는 e-메일을 통해 겨우 약속을 잡을 정도였다고 한다.

정부가 30억 원 예산을 책정한 건 다 근거가 있었다. 지난 2007년 교민들과 집주인 간의 접촉 내용을 참조했다는 것이다. 당시 집주인은 워싱턴 시내 80여 평 규모의 특정 아파트 한 채를 거론하며, 관리비 · 양도세 등 추가 조건을 제시했다는 것이다. 환산하면 220만 달러 정도. 그래서 구입비 20억 원에 수리비 10억 원을 더해 30억 원을 예산으로 잡았다는 얘기다.

이후 집주인이 지목했던 아파트는 팔린 것으로 알려졌다. 게다가 환율까지 급박하게 올랐다. 집주인이 새로 두 가지 아파트를 제시했지만 훨씬 비싼 것이었다. 또 세금 등 추가 요구까지 합하면, 한 채는 620여만 달러, 한 채는 약 390만 달러로 45~70여억 원이다. 공사관 선물의 2009년 공시 지기는 173만여 달러. 시세는 공시 지가보다 10% 정도 높다고 봐도 계산이 안 나오는 가격이다.

조선 공사관 건물이 있는 로건 서클이 최근 각광을 받고 있는 건 사실이다. 1990년대 이후, 젊은 백인층 인구가 들어오기 시작했다. 반면 저소득 흑인층의 비율은 줄기 시작했다. 이 지역 한 부동산 업체의 웹사이트를 보니, 2008년 현재 56%가 백인 인구로 표시돼 있다. 또 평균 소득도 연 3만 3,000달러를 넘는 것으로 돼 있다. 2000년대 들어서는 리모델링과 재단장이 시작됐다. 이 지역 집 값도 오르기 시작했다. 공사관 건물의 공시 가격도, 2003년에는 33만 달러가 조금 넘는 수준이었다. 다음 해에는 42만 달러를 훨씬 넘어서더니, 2005년에는 121만 달러를 훌쩍 뛰어넘었다.

그동안 공사관 건물의 주인은 2-3차례 바뀐 것으로 보인다. 현재 집주인인 미국인 변호사는 지난 1977년 조선 공사관 건물을 구입했다. 놀라운 건, 공문서상의 구입 가격이다. 10달러였다. 조선 공사관 건물의 서류상

거래가는 줄곧 10달러였다는 얘기다. 물론, 이 가격을 실거래가로 보기는 어렵다. 그러나 명목상 10달러짜리인 이 공관이 30억 원으로도 살 수 없는 현실은 또 다른 역사의 아이러니다.

비운의 공사관, 매국으로 간 주역들

1888년 박정양과 함께 워싱턴 공사관 창설 멤버로 왔던 주요 인물들은 부공사격인 참찬관 이완용, 2등 서기관 이하영, 번역관 이채연 등이다. 이후 이들 세 명은 모두 한 번씩 워싱턴 공사관을 책임지는 사람들이 된다.

이완용은 누구나 다 아는 대표적 친일파다. 그러나 미국으로 올 때만 해도 그는 조선에서 몇 안 되는 영어 구사자로 '친미파'였다. 30살 나이에 참찬관이라는 높은 자리에 오른 것도 그의 영어 실력 덕이었다. 그런데 알고 보면 그의 영어라는 게, 오늘날의 기준으로 보면 그리 대단한 게 못된다. 미국 오기 불과 2년 전에 겨우 몇 달 배운 정도였다. 배운 곳은 헐버트 등 미국인이 세운 고위관리 자제 교육기관 육영공원이었다. 그렇지만 당시 조선에서는 그 정도만으로도 가장 잘하는 영어였던 모양이다.

때문에 조선 공사관의 초기 외교 업무는 실제로 알렌이 전담하다시피 했다 한다. 은행구좌도 알렌의 이름으로 열 정도였다는데, 공관 경비는 고종이 비자금인 금을 하사해, 달러로 환전했다는 설이 있다. '친미파' 이완용도 부임한 지 7개월을 못 버텼다. 약한 영어에다, 맞지 않는 음식 탓인지는 몰라도 병이 난 것으로 돼 있다. 그러나 귀국한 지 얼마 안 되어, 그는 다시 워싱턴에 돌아온다. 공사관을 책임지는 서리 공사였다.

이완용의 영어 실력은 이때 이후 많이 는 것으로 보인다. 조선 공사관의 외국인 참찬관이었던 알렌의 후임으로 온 브라운이라는 이가 그의 영어 선생이었다. 그와 함께 1년을 근무하면서 이완용의 영어 실력은 윤치호, 유길준 등 대표적인 조선의 '영어파' 들과 어깨를 나란히 할 정도가 됐다는 것이다. 또 이 같은 영어 실력을 바탕으로 귀국 후 친미 친서방파인, '정동파' 의 리더가 됐다.

그는 결국 친일로 돌아서, 매국의 길로 들어섰다. 아이러니는 친일파인 그가 일본어를 할 줄 몰랐다는 것이다. 그의 입은 비서인 이인직(李人稙)이 대신했다. 이인직은 '혈(血)의 누(淚)' 로 유명한 그 이인직이다. 1900년 일본에 유학해 1903년 도쿄정치학교(東京政治學校)를 졸업했는데, 그의 스승은 고마츠 미도리(小松綠)였다. 고마츠는 3년 후 조선 통감부의 외사 국장이 돼, 한일 합방의 실무자로 나선다. 이완용은 이인직을 고용했고, 그를 거간으로 해서 한일 합방을 성사시킨다.

이완용 직전 서리공사는 이하영이었다. 이하영은 지금은 부산이 된, 동래 출신으로 어려서부터 찹쌀떡 행상을 했을 정도로 어려운 집에서 자랐다. 끼니를 위해 동자승으로 잠시 들어갔을 정도였다 한다. 정규 교육은 받은 바가 없는 사람이다. 그는 당시 선교 활동을 하기 위해 조선으로 들어오던 미국인 의사 알렌과 우연한 기회에 인연을 맺게 된다. 공교롭게도 알렌과 이하영은 1858년 생으로 동갑이었다. 그는 알렌의 요리사가 돼, 영어를 익혔다. 그의 운명이 바뀌게 된 결정적 계기였다.

알렌은 고종의 어의가 됐고, 그는 알렌의 통역으로 따라 다녔다. 고종을 알현할 때는 관복을 입어야 했기 때문에, 그는 일약 외아문 주사(外務衙門主事)로 발령받는다. 신분이 바뀐 것이다. 그가 조선 공사관에 서기관으로 가게 된 건, 그로부터 불과 1년 남짓 후였다. 초고속 승진이었다.

그는 배운 건 없었지만, 타고난 적극성과 머리가 있었던 것으로 보인다. 그의 활약은 조선 공사관 개설 멤버로서 초기부터 눈에 띈다. 1888년초 박정양 초대 공사 일행이 어렵게 미국에 도착했지만, 국서 봉정(國書奉呈: 신임장 제정)은 계속 연기되고 있었다. 10여일이 금세 지나갔다. 초조해진 건, 조선 공사관 멤버들이었다. 주권국가로서 단독으로 신임장 제정을 받아야 하는데, 청나라 몰래 해야 했다. 따라서 하루가 급했다.

이때 이하영이 나섰다. 이하영은 "배짱 좋은 내가.."라고 스스로를 표현했다. 그는 다짜고짜 미 국무 차관의 집을 찾아갔다. 상황을 체크해 보니, 미국은 고민 중이었다. 조선은 청나라의 속령(屬領:식민지)으로 알았는데, 새삼스레 공사가 새로 온다니 내막을 알아봐야겠다는 것이었다. 자칫하다간 청나라와 국제적 외교 마찰이 걱정된다는 입장이었다.

"최선의 변(辯)을 다하여, 흉금(胸襟)을 피력(披瀝)하야 동정(同情)을 구(求)하여 겨우 수긍지락(首肯之諾)을 득하고.."("한미국교와 해아사건", 이하영, 신민, 1926) 이하영은 특유의 친화력과 적극성으로 정면 돌파를 했다. 결국 1888년 1월 17일 어렵사리 단독 신임장 제정에 성공했다. 그는 매사에 이같은 적극성으로 워싱턴 외교가에서 나름의 인기를 끌었고, 영어 실력도 일취월장했던 것으로 알려졌다.

그러나 이 단독 신임장 제정은 화근이 됐다. 노발대발한 청나라의 압력으로 초대 공사 박정양이 소환되고 말았다. 이하영은 이 와중에 일약 서리공사에 발탁된다. 이 역시 그의 능력 덕분으로 해석된다. 정규 교육 배경도 없는 그가 관복을 입었고, 그로부터 2년 만에 요즘의 주미 대사를 했다는 건, 아무리 구한말 상황을 감안해도 그의 특출함 없이는 불가능한 일이었다.

그는 이후 귀국해서도 출세 가도를 달렸다. 그러나 그도 결국은 망국과 매국의 과정에 함께 한다. 1904년 외부 대신으로 충청도·황해도·평안도의 어로권을 일본에 부여하고 제1차 한일 협약 등 이권을 일본에 넘서줬나. 또 을사조약에도 처음에는 반대해, 이른바, 을사오적(乙巳五賊)은 면했지만, 결국 찬성했다. 그 공으로 한일 합병 후에는 일본으로부터 자작(子爵) 작위를 받고 조선 총독부 중추원 고문을 지냈다.

이하영과 이완용도 동갑이다. 영어로 출세의 기반을 닦았다는 점도 비슷하다. 두 사람 다 실무 능력이 뛰어났다. 그리고 형세 판단이 빨랐다. 조선의 앞날을 책임질 신세대 관료로 파격적으로 중용됐다. 고종에겐 회심의 외교적 역작이었던 조선 공사관의 주인을 둘 다 거친 것만 봐도 이들이 얼마나 기대를 한 몸에 받았는지 알 수 있다. 또 그들은 그런 기대에 맞게 한 때 열심히 일하기도 했다. 이완용은 독립협회 초대위원장을 맡기도 했고, 독립문 현판을 당대 명필인 그가 썼다는 설도 있을 정도다.

그러나 그들은 매국의 길로 떠났다. 어쩌면 그들의 뛰어난 능력과 형세 판단력이 그 길로 재촉했을 지도 모른다. 파선된 배와 같은 조선, 절망의 바다 같은 세계 정세 속에 그들은 일신의 안위라도 찾아야겠다는 생각을 했을 것이다. 역설적이지만, 만약 조선이 조금이라도 힘이 있었고, 그들에게 희망을 줄 수 있었다면 어떻게 됐을까 하는 생각을 해 본다.

을사조약으로 폐쇄되는 1905년까지 17년 간, 워싱턴 조선 공사관에는 5명의 공사와 8명의 서리공사가 거쳐 갔다. 그들 중 상당수가 이완용, 이하영의 길에 합류했다.

비운의 공사관도, 매국으로 돌아선 조선 엘리트 관료들의 변절도 결국 이유는 하나 아니었을까? 변화에 무지하고, 능력을 갖추지 못한 희망 없는 국가. 제 2, 제 3의 조선 공사관과, 매국 엘리트 들을 양산할 조건은 시대를 막론하고 같을 것이다. 글로벌화가 무섭게 진행되는 요즘, 조선 공사관 건물은 많은 것을 침묵으로 말하고 있다.

조선의 기밀 계획, 미군 20만 청병?

조선 공사관이 문을 닫은 지 16년이 지난 1926년, 전임 조선 공사관 서리공사 이하영이 놀라운 비사(秘史) 하나를 털어놓았다. 1925년 5월 창간해 1932년까지 계속 발간해 온 '신민'(新民)이라는 당시 월간 종합 잡지 기고문에서였다. 제목은 "한미 국교와 해아(海牙)사건"(여기서 '해아' 란 헤이그)으로 6페이지 분량이다.

이 글에서 이하영은 조선이 청나라의 집요한 방해에도 불구하고, 워싱턴 공사관을 개설했던 데는 이유가 있었다고 주장했다. 일종의 기밀 계획이 있었다는 얘기다. 당시 청나라가 위안스카이(袁世凱)를 보내, 조선의 정치를 농단하고 있었다. 조선 조정은 자칫 청나라에 국권을 빼앗길 수 있다는 위기를 느끼고 있었고, 청나라를 물리치는 게 초미의 현안이었다. "도저히 자력으로는 배호(排胡:오랑캐, 즉 청나라를 물리침)를 능히 할 수 없을 줄 각오(覺悟:깨달음)하고, 일본이 아닌 어느 나라에 의뢰하지 않을 수 없었다." 이하영이 밝힌 당시 조선 조정의 정세 판단이다.

그래서 이른바, '후원국 물색'에 나섰는데, 조정의 상하가 모두 동의한 나라가 '북미 합중국'(北米合衆國), 즉, 미국이었다. 미국을 '후원 후보국'으로 한 건 3가지 이유에서였다. "조선과 거리가 멀어 내국 침입이 그다지 심하지 않을 것이요, 황금의 부국이니, 물질적으로 덕을 볼 것이요, 종교 지상주의의 국가이니 도덕을 존중할 터이라 모욕(侮辱)과 야심이 적을 것이라." 참 순진하다 싶지만, 조선 조정이 세계 정세를 봤던 시각이었다.

조선 조정의 기밀 계획도 이 대목에서 세워졌다는 것이다. "...일반 각료(一般閣僚:모든 각료)는 미국의 원조를 받아서 호폐(胡弊: 오랑캐, 즉, 청나라의 폐단)를 일소하려는 암중 비약을 개시하게 되었다. 그 방침으로는 미국에 사절을 보내, 국교를 독실(篤實)히 함에 있다하여, 일착(一着)으로 공사(公使)를 주재(駐在)케 하였다." 그러니까 미국을 이용해 청나라를 물리치는 게 기밀 계획의 총론이고, 그러려면 미국과 외교 관계를 강화해야 하므로 가장 먼저 공사관 개설을 하게 됐다는 것이다.

고종이 그토록 '화성돈 공사관'에 집착했던 이유가 보다 분명하게 설명되는 주장이다. 이하영은 또, 화성돈 공사관 설립 멤버들이 이미 이 같은 기밀계획에 대해 구체적 각론까지 갖고 바다를 건넜다고 말하고 있다. "그 때 우리 사절의 흉중에 비장한 건곤일척의 대계도(大計圖: 큰 계획)는..."이라는 다소 거창한 표현으로 말을 꺼낸다.

기밀 계획은 미국에서 2백만 달러라는 어마어마한 돈을 빌리는 것으로 시작한다. 담보로는, 부산과 인천, 원산 3대항의 관세를 건다. 그 돈으로 미군 20만 명을 얻어 조선으로 데려온다(請來)는 것이다. 이 20만 미군을 동원해, 조선 땅에서 청나라 세력을 몰아내고, 중원까지 밀고 올라간다.

참 황당하기 짝이 없는 계획이지만, 조선의 엘리트 관료들과 조정은 가능성이 있다고 본 모양이다. "형편에 따라서는 중원(中原)까지 무보(武步)를 진(進)하여, 천하 대세를 움직이자는 것이다." 이 계획이 실행되면, 고종은 평양까지 일단 올라가고, 심양강(審陽江:중국발음 쉰양강〈尋陽江:심양강〉의 오기인 듯, 쉰양강은 중국 중원의 강을 상징하는 말), 즉, 중국 본토 일부까지 통치하기 편하도록 천도까지 할 생각이었다는 것이다.

이 기밀 계획 이행을 위해, 이하영은 '대조선 해륙군 대도원수(大朝鮮海陸軍大都元帥)'라는 교첩까지 받았다고 말한다. 그것도 공사관 출발을 위한 "여장도 정돈하기 전"이었다. 이를 두고 이하영은 "지금 생각하여도 요절(腰折)할 일"이라며, 백일몽 같은 계획의 엉성함을 스스로 시인한다.

그런데 이 황당한 계획을 이하영은 그대로 실천했다. 그리고 거의 결실을 볼 뻔했다고 밝히고 있다. 초대공사 박정양과 부공사격인 참찬관 이완용이 중도에 귀국하고 사실상 혼자 남아 서리공사 직무를 수행하던 때였다. 뉴욕은행(紐育銀行:국책은행인 현재의 뉴욕 FRB〈연방준비은행〉인 듯)으로부터

200만 달러의 차관을 통보 받았다고 쓰고 있다. 그리고 그 절반인 100만 달러를 실제 인출했다는 것이다.

그는 이 돈을 갖고 2단계 로비에 들어갔다. 그가 잘하는 워싱턴 사교계 활동이었다. 낮에는 워싱턴 관료들을 초청하고, 밤에는 미 상하원 의원 등 정치인들과 기자들을 초대했다. 급기야 "20만 미군 조선 파병" 안건이 상하원 표결에까지 갔다는 게 이하영의 말이다. 그러나 상원에서 이 의안은 안타깝게도 부결됐다는 것이다.

이렇게 되자, 이하영은 수세에 몰렸다. 얻은 차관 가운데, 로비 자금으로 16만 달러라는 거금을 이미 써 버린 것이다. 이 때 미 국무 장관이 관저로 이하영을 급히 불렀다. 관저에는 채권자인 뉴욕은행장 등 관련 인물들이 모두 모여 있었다. 미국은 놀랍게도, 쓴 돈은 미국 정부가 갚을 터이니, 남은 돈이나 상환하라고 말했다.

또, 미군의 조선 파병안이 무산된 데 대해서도, 당시 미국의 외교 정책이었던 '먼로주의'를 들며 유감을 표시하며 달랬다. "미국의 관대한 태도에 감복하는 동시에 미국이라는 나라는 존경할지언정, 의뢰(依賴:믿고 따름)할 나라는 못 되는 줄 각오(覺悟:깨달음)하게 되었다." 이하영의 말이다.

사람이란 언제나 자신의 한 일에 대해서는 미화하고 과장해서 말하는 경향이 있긴 하다. 특히 이하영 같은 성정의 사람이면 더욱 그럴 수 있을 것이다. 그러나 만약 이것이 사실이라면, 우리 구한말 외교사의 새로운 페이지를 장식하게 될 것이었다. 워싱턴 특파원으로서 나는 강한 호기심을 갖게 됐다. 미 의회 도서관과 국립 문서 보관소(National Archives & Records Administration) 등의 문서를 뒤지면 뭔가 나올 수도 있는 일이었다.

'20만 청병'의 흔적을 찾다가
발굴한 조선공사관 외교 문건

그래서 시작한 게 이하영에 관한 고문서 뒤지기였다. 물론 미국의 모든 뉴스를 다 처리해야 하는 업무 부담 때문에, 실무는 고문서 전문가에게 의뢰했다.

비록 후일 매국의 길로 들어서긴 했지만, 이하영 서리공사는 상당히 경쟁력 있었던 인물 같았다. 그는 기본적으로 열린 눈과 생각을 갖고 있었던 것 모양이다. 당시로서는 전혀 다른 세계인 워싱턴의 사교계에서 그는 물 만난 고기처럼 적응해 갔던 것으로 전해진다. 그는 특히, 4분의 3박자 풍의 보스턴 왈츠(Boston Waltz)라는 느린 춤을 잘 춘 것으로 알려졌다. 그는 이 같은 타고난 사교력을 바탕으로 워싱턴 외교가에서 역할을 했던 것으로 보인다.

이하영의 영문 이름은 'Ye Ha Yung'이다. 미 국립 문서 보관소(National Archives & Records Administration)에서 찾아낸 것이다. 문서를 추적한 전문가는, "미 국립 문서 보관소에서 이하영과 관련된 문서를 의뢰했더니 여러 박스가 나왔다."며 고개를 도리질 했다. 그것도 국무부와 오간 문서만 그렇다는 얘기다. 그의 재임 기간은 1년 반 남짓이었다. 또 서리공사라 해도 박정양과 이완용이 중간에 귀국해 사실상 혼자서 공사관 업무를 했다. 이런 점을 감안하면 그는 매우 부지런히 일을 했던 것으로 보인다.

그 가운데 매우 흥미로운 조선 공사관의 외교 문건 하나를 발굴했다. 미국 국무부가 조선 공사관 앞으로 보낸 것이었다. 1889년 6월 13일자다. 1889년 6월이면 이하영이 조선으로 귀국하는 달이었다. 그러니까 이하영은 조선으로 귀국 해야하는 시점까지도 일하고 있었다. 발신인도 중량급이었다. 당시 국무 장관 제임스 블레인(James G. Blain)이었다.

제임스 블레인은 그냥 국무 장관이 아니었다. 그는 기본적으로 정치인이었다. 남북전쟁 이후 공화당의 가장 강력한 정치 지도자였다. 1884년, 그러니까, 이 문서가 작성되기 불과 5년 전에는 공화당 후보로 대통령 선서에 출마하기도 했다. 재미있는 건, 그의 대선 러닝메이트가 조선 공사관 건물이 있는 로건 서클의 아이콘, 존 로건 이었다.

그는 또 당시 정관계를 통틀어서도 거물이었다. 경력부터가 기록적이다. 그는 상하 양원 의원을 모두 지냈고, 6년 동안이나 하원 의장을 했다. 국무 장관은 두 차례나 했다. 각기 다른 정권에서, 연임의 형태가 아니라, 별도로 두 차례 국무 장관을 한 이는 그 이후 아직 없다. 이 문서를 보낼 당시 그는 두 번째 국무 장관직을 수행 중이었다. 조선 공사관 건물을 매입한 후, 당시 이채연 서리공사가 이 사실을 통보한 미 국무 장관도 블레인이었다.

따라서 여러 모로 이 서한은 의미 있어 보인다. 형식도 블레인 국무장관이 이하영 서리공사 앞으로 쓴 것이다. "조선이 미국에 요구한 미군의 제복과 군 장비 샘플을 미국 정부가 조선에게 주는 선물로 곧 보내주겠다."는 내용이다. 얼핏 별 것 아닌 것처럼 보인다. 그러나 이하영의 "20만 미군 청병 기밀 계획"을 염두에 두면 결코 무시할 수 없는 내용이다. 귀국을 앞둔 마지막 순간까지 이하영 공사가 몰두한 일이었다는 점도 주목됐다. 그 정도로 조선에게는 중요한 일이었을 수 있다. 우선, 조선이 왜 미국의 군복과 장비를 원했느냐 하는 것이다.

특히 '특정 장비'(a certain accoutrements)라는 단어가 눈길을 끈다. 'accoutrements'란 단어는 보통 무기를 제외한 개념이긴 하지만, 그래도 군장비다. 어떤 종류의 군장비에 대해 조선이 관심을 가졌던 것인지 궁금하다. 비록 와해되긴 했지만, 당시로부터 불과 7년 전 조선은 신식 군대인 별기군(別技軍)을 조직했던 경험이 있었다. 게다가 1889년이면, 조선이 한창 외세의 압박을 받을 때였다. 20만 미군 청병을 생각했던 고종이라면, 미국의 군사 제도와 장비 도입에 관심을 가졌을 가능성을 배제할 수는 없는 일이다.

물론, 고종의 지시가 아닌, 이하영 본인의 개인적 관심에서 비롯 됐을 수도 있다. 이하영은 귀국하면서 미국의 철도 모형을 가져온 사람이다. 궁중에 관람시키면서 철도 건설 필요성을 역설했다. 그는 그처럼 선진 문물에 관심이 많았다. 따라서 미국의 군장비 등에 눈을 뜨고 이를 조선의 상황에 적용하고자 자발적으로 업무를 추진했을 수도 있다. 시기적으로 봐도, 이 문건은 이른바, '20만 미군 청병' 시도 이후의 일이다. 고종의 밀명을 제대로 받들지 못한 부담감에서 그는 미국과의 군사 협력 여지를 계속 살폈을 수도 있다.

블레어 장관은 서한에서 이 같은 샘플에 대해 조선이 열망(desire)하고 있다고 표현하고 있다. "귀하께서 지난 달 18일(1889년 5월 18일) 귀국 정부를 위해 군복과 특정 군장비를 얻기를 열망한다며 보내신 문서는 잘 받았습니다."(Sir, I have the honor to acknowledge the receipt of your note of the 18th ultimo, expressing a desire to receive for your Government a number of samples of military uniforms and certain accoutrements.) 또 이 같은 요청에 대해, 미국 정부가 어떤 경로로 일을 처리하고 있는지도 상세하게 말하고 있다. 미 국방부의 전신인 전쟁부(Department of War)가 개입해, 미 군수 총참모장과 병참총장에 지시했으며, 구하는 대로 전쟁부가 직접 챙기겠다는 것이다.(According to a letter from the Secretary of War of the 8th instant, it appear that instructions have been given to the Chief of Ordnance and Quartermaster General to prepare the articles asked for and forward them to the War Department.)

조금만 더 노력하면, 뭔가가 나올 것 같다는 의욕은 더욱 강해졌다. 그러나 워싱턴 특파원으로서 내 임기는 1년이 채 남지 않았다. 국무부 문건만 여러 박스인 방대한 자료를 추적하기에는 역부족이었다. 또 전문가들의 부단한 추적과 인내 어린 연구가 병행돼야 하는 일일 것이다. "20만 미군 청병" 관련 문건은 후임 특파원들의 숙제로 남겨졌다. 이하영이 주장한 "20만 미군 청병" 에피소드는 '야사(野史)'가 아닌 정사(正史)로 언젠가는 증명될 수 있을 것이라고 생각한다. 물론, 이하영의 주장과 다소 차이가 날 수도 있을 것이다. 그러나 사실로 일부라도 증명된다면, 조선 공사관과 함께, 미국 속에 숨겨진 조선의 역사로서 그 가치는 새로이 평가될 것이다.

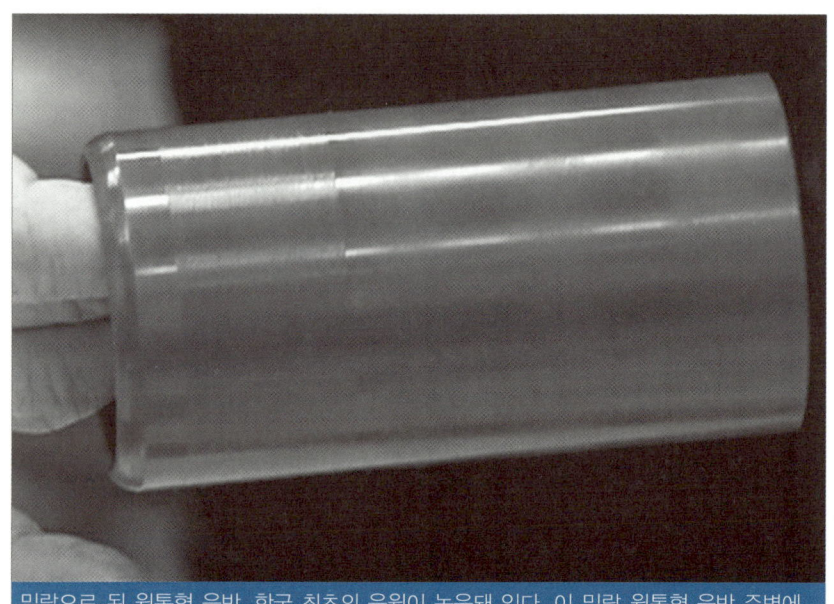

밀랍으로 된 원통형 음반. 한국 최초의 음원이 녹음돼 있다. 이 밀랍 원통형 음반 주변에 패인 홈이 녹음된 소리다. 길이는 어른 손바닥만 하다.

워싱턴에 숨겨진 조선 최초의 녹음

미 의회 도서관의 수장고(守藏庫)는 미로중의 미로였다. 도둑들이 들어오더라도 나갈 길을 찾기가 힘들 텐데 싶을 정도였다. 엘리베이터를 벌써 2개나 갈아탔다. 말이 수장고지 수장 건물이다. 엘리베이터의 층수도 6층까지 있다. 몇 개의 문을 열고, 미 의회 도서관 수장고 중에서도 깊숙한 지하 3층까지 왔다.

후덕한 몸매의 백인 여성 사서가 민첩하게 해당 서가를 찾아낸다. 서랍을 여니, 성당 같은 곳에서 씀직한 두꺼운 양초 같은 밀랍덩어리가 6개 나란히 들어있다. "이게 그래도 19세기말에는 최첨단이었죠. 에디슨 축음기용 원통형 음반입니다. 에디슨 축음기를 가진 사람은 워싱턴 시내에서도 몇 손가락에 들 정도였습니다."

조심스레 이동 수레에 '밀랍 덩어리', 아니, 원통형 음반을 모시고 다시, 오던 미로로 향했다. 미 의회 도서관 자료실에 와서 이들 원통들을 가지런히 놓았다. 촬영은 하되 라이트는 켜지 말라고 할 정도로 도서관 관계자들은 조심스럽다. 실물이 언론에 공개된 건 처음이란다. 밀랍으로 만들어진 것이어서, 조그마한 자극에도 변질이 올 수 있다는 것이다.

미 의회 도서관 수장 관리관이 내게 조용히 손짓하며, 와 보라는 시늉을 한다. 원통형 음반의 바깥쪽을 보라는 것이다. 자세히 보니 정말 미세한 홈들이 표면에 정밀하게 새겨져 있다. 축음기의 바늘이 이 원통형 음반의 홈을 따라 소리를 재생하는 것이다. 소리는 이미 CD로 녹음해둔 것이 있었다.

"달아 달아, 밝은 달아..." 서글픈 듯 구성진 한국 남자의 목소리가 흘러나오기 시작했다. 이후, '아리랑', '제비가', '매화타령' 등의 제목을 가진 조선말 민요와 동요가 이어졌다. 6개의 원통에는 모두 11곡이 수록돼 있었다. 우리나라 최초의 음원(音源:sound source), 즉, 녹음이었다.

이 음원의 존재는 미국인인 프로바인(Robert Provine) 메릴랜드 주립대 교수가 처음으로 밝혀, 지난 1998년에 발표했다. 또 2007년에는 국내에서 CD가 출반되기도 했다. 그러나 밀랍 원통형 원반인 이 음원의 실물은 빛마저도 차단된 지하 수장고에 꽁꽁 숨겨져 공개되지 않았다. 녹음된 건 구한말 1896년. 취재하던 때가 2009년 겨울이었으니 113년만에 처음으로 실물이 공개된 것이다.

113년전 미 대학 파티에서 불린
조선 노래

음원 속 11곡을 하나하나 다시 들어 봤
다. 혼자서 부르기도 하고 둘이서 함께 부르기도 했다. 모두가 남자였다. 이
남자들의 나이는 알 수 없었지만, 그리 많은 것 같진 않았었다. 애조 띤 목
소리에 구성진 느낌, 그래도 전문 소리꾼이라 보긴 어려웠다. 기교나 창법
같은 걸 느낄 여지가 없는 평범한 목소리였다. 심하게 말하면 어릴 적 시골
의 할아버지들이 흥얼거리던 수준 정도. 그러다 보니 11곡 모두가 거의 엇
비슷하게 들릴 정도였다. 이들은 과연 누구일까?

프로바인 교수는 메릴랜드 음악학 교수다. 그는 내게 재미있는 기사를 하나
보여주겠다고 했다. "미국 유학을 위해 망명한 7명의 한국인 학생 하워드 대
로"(Seven Koreans At Howard: Ran Away from Home to Be
Educated in United States)가 제목이었다. 1896년 5월 8일자 워싱턴 포
스트지였다. 기사를 보니, 이들은 양반가의 자제들(sons of noble families)
이었다. 그러나 영어를 한 마디도 할 줄 몰랐다. 어느 정도냐 하면 팬터마임
같은 보디랭귀지에 의존했고(they now depend on pantomime), "아는 영
어라곤 이곳에 오는 동안 배운 몇 마디가 고작"인 정도였다. 그런데 눈에 띄
는 말이 있다. 이들을 조선 공사관의 통역(interpreter from the legation)
이 데리고, 학교로 왔다는 것이다. 물론 이들이 학교에 안착하는 걸 보고 이
통역은 돌아갔다고 씌어 있다.

결정적인 건, 이들을 조선 공사관의 공사가 개인적으로 경비를 대서 이곳에 왔다는 것이다. 특히 이들은 일본에서 유학하던 이들인데, 미국으로 무작정 가기로 하고, 캐나다 밴쿠버까지 왔으며, 그 곳에서 워싱턴 조선 공사관의 공사에게 전보로 도움을 청했다고 상술하고 있다. 이들의 정확한 연고지는 조선 공사만이 알 것이라면서, 이들의 사연은 상당히 거칠면서도 낭만적 (The history of these youths is somewhat wild and romantic)이라고 평가하고 있다.

1896년 5월이면 조선 공사관의 공사는 서광범(徐光範)이다. 그 해 2월에 갓 공사 자리에 부임했던 상황이었다. 이들 유학생들은 서광범 공사가 거뒀다는 얘기다. 서광범 공사는 일찌감치 갑신정변의 주모자였다. 3일 천하였던 정변이 실패한 후, 일본으로 도망갔다가, 다시 미국으로 망명해 미국 시민권까지 받았던 사람이다. 1896년이면 그의 미국 망명 11년 되던 해고, 시민권을 받은 지도 4년이 지난 시점이었다.

이들 학생들은 1895년 고종의 교육 조칙에 따라 선발된 국비유학생 등으로 일본 게이오 의숙(慶應義塾)으로 갔던 이들로 알려졌다. 물론 이들이 전부 국비 유학생이었는지에 대해서는 의견이 다르다. 그러나 이들은 일본 유학을 급히 접고, 다음 해인 1896년 2월 말 캐나다행 배를 탔다. 목적지는 미국이었다. 1896년 4월 밴쿠버에 도착한 이들은 당시 주미 공사 서광범의 도움으로 미국으로 와 하워드 대학에 입학했다는 것이다.

이들의 급거 도미는 아관파천으로 개화파가 몰락했기 때문이라는 분석이 적지 않다. 신변에 불안을 느꼈고, 미국행을 택했을 것이라는 추정이다.

또 이들과 비슷한 과정을 겪은 서광범 공사가 이들을 거둔 건 어쩌면 자연 스러운 일이라는 것이다.

하워드 대학은 1867년 워싱턴에 세워졌다. 당시로서는 29년 정도 된 신설 학교로 약학과 인문학이 주력이었다. 특히 이 학교는 흑인들의 명문대로 부를 수 있을 정도로 많은 흑인 지도자들을 양성해 온 전통을 갖고 있다. 그만 큼 유색 인종에 대해 열린 학교라고 볼 수 있다. 이 학교가 조선 유학생들을 위해 모금까지 해줘가며 받아준 것도 바로 이 같은 배경 덕분이 아닌가 하는 생각도 해 본다. 방학 기간 중에는 조선 유학생들을 교수들이 집에 각자 데려가 기거하게 하고, 영어 교습까지 해줬다.

워싱턴 포스트지는 이들과 관련해 주목되는 얘기를 계속 풀어나가고 있다. 이들이 도착한 날 밤, 학생들 사교 모임(social gathering)이 있었다는 것 이다. 망명 조선 유학생들도 이 파티에 참석했다. 조선 학생들은 근엄하고 차분한(solemn, sedate) 자세로 관찰만 하고(observing) 있는 듯했다.

그런데 호기심 많은 여학생들이 조선 학생들을 그냥 두지 않았다. 12명이 나 되는 애교만점 여학생들은 이들을 둘러쌌다.(they were surrounded by a dozen of persuasive damsels) 노래를 불러달라는 것이었다. 조선 남학생은 영어로 노래할 줄을 모른다며 뺐다. 그래도 괜찮다고 했더니 '스 와니 강'을 비롯해 노래를 부르기 시작했다.

나중에는 '진짜 한국 가락들'(real Korean melody)까지 나왔다. "하워드대 학은 전통적으로 다양한 국적의 학생들을 매년 받아들이고 있지만, 이날은 특별한 경우였다. 이 날은 한국(조선) 사람과의 첫 조우였던 것이다." 이 신문은 이렇게 결론을 맺고 있다.

한국인과의 첫 조우. 그 자리에서 불린 조선의 노래. 바로 이것이 조선 최초의 음원이 탄생한 계기가 된 것이다.

양반 유학생들, 미국 여성 인류학자 집에 가다

그로부터 석 달이 다 되어가던 1896년 7월 24일. 이들 조선 유학생들 중 3명이 특별한 초대를 받았다. 워싱턴 시내 의회의사당 근처 한 미국 여성의 집이었다. 이름은 앨리스 플레처(Alice C. Fletcher), 그녀는 미국의 유명한 인류학자다. 그의 전공은 인디언 연구였다.

그렇다고 그녀가 조선 총각들을 인류학적으로 연구하기 위해 부른 건 아니었다. 친구 안나 스미스(Anna Tolman Smith)의 청을 들어 주기 위해서였다. 플레처에게는 워싱턴에서도 당시 몇 대 없었다는 최첨단 녹음기기, 에디슨식 축음기가 있었다. 안나 스미스의 관심은 이들 조선 유학생들의 조선 노래들이었다. 그리고 이를 녹음하기를 원했다. 근엄한 조선 양반가 자제들이, 미혼 미국 여성학자의 집에서 음반 취입을 하게 된 셈이다. 물론 이때, 앨리스 플래처의 나이는 48살로, 20대 조선 총각들과는 낯가림을 할 상대는 아니었다. 어쨌든 조선 최초, 아니, 한국 최초의 음원은 이렇게 해서 녹음됐다. 이런 특별한 사연을 가진 음원은, 프로바인 교수가 발굴하기까지 100년 넘게 미 의회 도서관 지하 수장고에 잠들어 있었다. 미혼이었던 플레처가 죽으면서 미 의회 도서관에 기증했지만, 어느 누구도 관심을 갖지 않았기 때문이다. 공교로운 건, 플레처의 집은 지금 현재 의회 도서관 별관 건물 아래에 묻혀 있다. 여러 차례의 도시 계획과 증축으로 그렇게 됐다는 게 의회 도서관 측의 설명이다. 조선의 목소리를 담은 한국 최초의 음원도 플레처의 집처럼 그렇게 묻힐 뻔 했던 것이다. 녹음 내용은 6개의 원통형 음반(실린더)에 담겼는데, 1개는 기증할 때 이미 파손됐다. 이후 1개가 또 파손됐다. 실린더들에 담긴 조선 노래들은 1980년에 릴 테이프로 재녹음됐다. 요즘은 수수료를 약간 내면, CD음반으로 만들어 주기도 한다.

실린더의 녹음된 곡들을 보면, 단가(短歌인듯, Introductory Song for Dan-ga〈Korean Play〉), 매화타령(Blooming Plum Tree Song), 애국가 1,2,3(Patriotic Song), 간주-손장단(Interlude-clapping of hands), 사랑노래-아라랑 1,2,3(Love Song:Ar-ra-rang), 전설노래-제비잡기 (Myth Song, "Catching the Swallows"), 동요-달아 달아(Child's Song, "About the Moon"), 마일맨의 노래 (Mile Man Song)등이다.

여기서 눈에 띄는 건, '아라랑' (Ar-ra-rang)이란 표현이다. 오기인지, 아니면, 아리랑의 당시 발음인지는 알 수 없다. 그러나 그 옆에 사랑노래 (Love Song)라고 주석처럼 달아 놓은 것도 흥미롭다. 노래 중에 애국가가 있는데, 프로바인 교수는 조선말 국가로 불렸던 노래들 가운데 하나라고 봤다. 그러나 '마일 맨의 노래'는 해석하기가 어려웠다. 각자 1분 내외 길이의 이 곡들은 그 당시의 대중가요이며 유행가였다.

프로바인 교수는, "다들 교육 수준이 높았고, 엄격한 유교 사상의 영향 아래

376

안정식

이희철

1896년 미국 하워드대학 한국인 유학생 7명. 뒷줄 왼쪽 끝이 안정식, 오른쪽 끝이 이희철이다. 미국 교회 매체인 'Congregationalist' 1896년 10월 1일자에 실린 사진이다.

성장한 양반집 자제들이 미혼 여성의 집에 찾아가서 노래를 불렀다는 건 상상하기 힘든 일입니다. 더구나 생전 처음 보는 기계에 대고, 애들 노래까지 불렀다는 건 있을 수 없는 일이었죠."라며 매우 놀라워했다.

그렇다면 목소리의 주인공들은 누구였을까? 6개의 실린더마다 당시에 플레처가 적은 메모가 남아 있다. 문제는 플레처의 글씨가 워낙 악필이라는 것. 미 의회 도서관에서 옮겨 적으면서 실수를 한 것 같다. 목록의 이름은 우리나라 이름으로 보기에는 너무 아니다 싶었다. 'Jong Lik Ahu', 'Son. Long', 'Hechel-ye' and 'He-chel-ge'로 적고 있는데, 2007년까지만 해도 '안종식', '양손', '이희철' 정도로 추정됐다.

그러나 이후의 연구를 통해 이 목소리 주인공 3명의 면면이 밝혀지고 있다. 특히 두 명은 거의 분명한 것으로 알려지고 있다. 한 명은 안정식(安禎植), 다른 한 명은 이희철(李喜轍)이란 것이다. 안정식은 당시 27살로 지금의 경기도 광주 출신, 이희철은 26살로 서울 출신으로 전해진다.

안정식과 이희철은 앞서 말했듯이 고종의 국비 유학생이었고, 이희철은 안정식보다 한 달 늦게 미국행 배에 올랐다. 나머지 한 명, 'Son Long'으로 영문 표기된 사람은 아직 분명하지 않은 것 같다. 그러나 일부에서는 '송영택'으로 추정한다. 송영택은 녹음자 3명이 다녔던 미국 하워드 대학의 1898~9년 대학 편람에 사범과 학생으로 기재됐다는 것이다.

이들 조선 유학생들은 도착당시에는 영어를 통 몰랐지만, 가을 학기에는 정규과목을 택할 수 있을 정도로 향상됐다는 설도 있다. 그러나 이들의 이후 행적은 확인된 것이 없다. 이들이 미국에 정착했을 가능성에 대해서는 대체로 회의적이다. 일부 학자는, 1910년 7월 대한매일신보의 판권을 인수한 이승룡 밑에서 총무를 지낸 사람 이름이 안정식이라며 관심을 보였다.

녹음된 조선 노래, 서양 악보에 옮겨지다

조선 노래는 그저 한번 녹음만으로 그친 게 아니었다. 바로 이듬 해 미국 학술지에 실렸다. 1897년 판, '미국 민속학보'(Journal of American Folk-Lore) 7-9월호다. 논문 제목은 '한국의 어떤 자장가'(Some Nursery Rhymes of Korea). 안나 스미스의 작품이었다. 그녀는 이 논문 서두에서, 이 노래를 부른 조선 유학생들의 감수를

서양 악보로 옮겨진 '달아, 달아'(Moon Song)

받았음을 밝혔다. "이 논문의 목적은, 동양에서도 가장 신비로운 나라의 가정에서 만날 수 있는, 그들의 정서와 생각을 최대한 정확하게 옮기는 것"이라고 그녀는 말했다.

논문 제목 옆에는 각주가 하나 있다. "같은 해 워싱턴에서 열린 여성 인류학회에서 발표한 것"이라는 내용이다. 이 학술지에 게재하기 전에 이미 한 차례 미국의 학술회의에서 발표한 바 있었다는 얘기다. 발표 자리가 '여성 인류학회'(Woman's Anthropological Society)라는 것도 이채롭다. 뒤에 나오지만, 녹음을 해 준, 인류학자 친구 앨리스 플레처가 이 연구에 관여했던 것이다.

숨겨진
미국

이 논문은 자장가를 소개하면서, 한글 가사를 최대한 알파벳으로 정확하게 표현하려 애썼다. '개야 개야 짖지 마라(Ka ya, Ka ya, chit cha ma ra) / 금동아기 잘도 잔다(kum d-ong ag-e chol do jan da)/ 은동 아기 잘도 잔다(Un dong ag-e Chol do jan da)' 라는 식이다. 안나 스미스는 조선 부모들의 정서가 밴 가사의 뜻도 충실히 전했다. 예를 들어 "금자동아, 은 자동아"(The baby of Unja! the baby of Gunja!)는 아이가 고위 관리로 출세하기를 기원하는 것이라는 것이라고 풀이했다.

특히, "미국 어머니들은 아기의 물질적 축복을 생각할 때, 그저 부자가 되고 건강하기를 기원하면 다라고 생각할 것이지만, 조선 어머니들은 좀 다르다"며, 조선과 미국 사회의 차이점도 설명한다. 미국은 부와 건강은 모든 물질적 축복의 충분조건으로 보지만, 조선에서는 관리가 되는 게 모든 이의 열망이라는 점을 정확하게 짚었다. "좀 과장하면 이곳 워싱턴과 같다"며 정치 도시 워싱턴과 비교하기도 했다.

이 논문에는 '달아 달아'(Moon Song)도 실려 있는데, 놀랍게도 그 멜로디를 서양식 악보로 옮겨 놓았다. 이 악보는 인류학자 친구 앨리스 플레처의 작품이었다. 안나 스미스는 논문 각주에서 "이들 (조선)노래들은 축음기로 녹음됐으며, 이를 악보로 옮겨 적었는데, 앨리스 플레처가 했다."고 밝혔다. "이는 한국(조선)의 음악을 알아보게 만든 미국 최초의 작업이었다."고 자평했다.

그렇다면 안나 스미스라는 미국 여성은 어떻게 해서 조선 유학생들의 노래를 알게 됐을까? 어쩌면 하워드 대학에서 열린 그날 밤 파티 자리에 있었을 수도 있다. 아니면, 그 자리에 있던 사람에게 얘기를 들었을 수도 있다. 또 워싱턴 포스트의 기사를 보고 알게 됐을지도 모르겠다.

그러나 그의 직업을 알고 당시의 상황을 생각해 보면 유추는 가능하다. 1917년 8월 29일 데세렛 뉴스(The Deseret News)라는 신문에 워싱턴 발 부고가 하나 떴다. "지난 40년 간 연방 교육국(Federal Bureau of Education)에 근무하면서, 교육 관계자들에게는 외국 교육 제도 전문가로 인정받아 온 안나 스미스 양이 별세했다."는 것이다.

여기서 알 수 있는 건, 그녀가 연방 정부 교육국 소속 관리라는 것이다. 교육국은 현 미 연방 교육부의 전신이다. 그런데 신문에 부고가 날 정도면 상당히 비중이 있는 인물이라는 얘기다. 특히 '데세렛 뉴스' 란 신문은 지방지다. 1850년 창간 돼 아직도 발간되고 있는 이 신문은 유타 주 솔트레이크 시티의 유력지다. 수도 워싱턴과 유타주 주도 솔트레이크 시티는 극과 극이다. 부고 기사가 수천리 밖의 지역 신문에까지 난 것이다. 안나 스미스란 인물이 보통 인물이 아니라는 얘기가 된다.

두 번째 사실은 그녀가 외국 교육 제도 분야에 관한 한 교육계에서 전문가로 통했다는 것이다. 실제로 그녀가 쓴 관련 저서만 5권이다. "외국의 고등 기술 교육"(Higher technical education in foreign countries), "캐나다의 교육"(Education in Canada) 등 그녀가 쓴 저서는 중남미와 인도, 영국, 잉글랜드와 웨일스 등을 넘나들며 교육을 다루고 있다. 1896년 4월에는 뉴욕 타임스지에 그녀가 참석해 활약했던 세미나 얘기가 나올 정도다. 안나 스미스는 특히 동요에 관심이 많았던 것으로 알려졌다

그녀가 조선 유학생들의 노래에 주목한 이유를 추정할 수 있는 대목이다. 그녀는 외국의 교육 제도에 대한 전문가로서, 외국의 동요에 관심이 많았고, 조선 유학생들이 부른 조선의 동요가 그녀의 관심을 끌었다고 볼 수 있을 것이다.

유추할 수 있는 또 다른 부분은 당시 조선 워싱턴 공사 서광범과의 관계다. 그는 조선 공사관 공사로 중용되기 전, 망명 시절을 미국 동부지역에서 보냈다. 그의 망명 생활은 상당히 안정적이었다. 1892년에는 미국 시민권까지 획득했다. 이처럼 안정적 망명 생활의 바탕은 그가 미국에서 취업을 했다는 것이다. 그 취업 장소가 눈길을 끈다. 미연방정부의 교육국이었다. 그러니까, 안나 톨만 스미스와 같은 부서였던 것이다. 서광범은 이곳에서 번역관으로 일했다. 또 미국 정부기관지와 일반 잡지에 '조선교육론'(Education in Korea)과 '조선민담'(Korean Stories)을 게재하기도 했다.

결론적으로 안나 톨만 스미스는 서광범과의 잘 아는 사이였다고 봐야 한다. 조선 유학생들과의 연결도, 지인 서광범이 채널이 됐을 것이다. 근엄한 양반가 자제들이 미혼 여성 혼자 사는 집을 방문한 것도, '괴상한 기계 상자'에다 대고 어린이 노래까지 부르는 파격적 일을 수락한 것도, '은인' 서광범이 중간에서 역할을 했기 때문이었을 것이다.

유리장 속 수자기(帥字旗), 문간 옆 불랑기 포(佛狼機砲)

미국 해군 사관학교(US Naval Academy)의 프레블 홀(Preble Hall) 지하 연구실에서는 한창 모종의

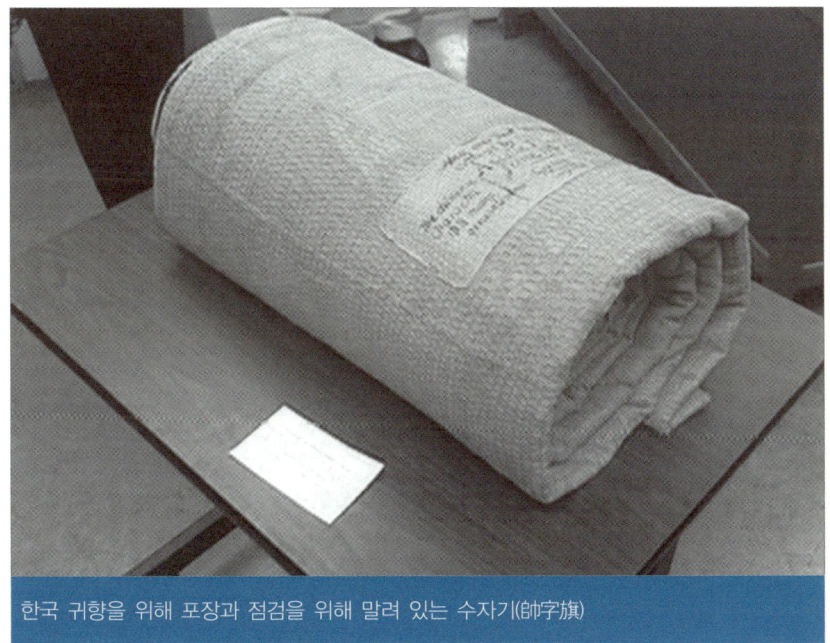
한국 귀향을 위해 포장과 점검을 위해 말려 있는 수자기(帥字旗)

작업이 진행되고 있었다. KBS 취재진의 눈앞에 펼쳐져 있는 건, 얼핏 빛바랜 누런 양탄자 같은 거대한 직물이었다. 전문가들은 이 '양탄자' 같은 직물을 두고 세심하게 점검을 하고 있던 중이었다.

프레블 홀은 미 해군 사관학교의 박물관이다. 18세기말 미 해군 제독의 이름(Edward Preble)을 딴 건물이다. 프레블 홀에는 수많은 해전에서 미군이 차지한 군기(軍旗)와 노획물들이 가득하다. 2007년 10월 KBS 취재진 앞에 펼쳐져 있던 건 조선의 군기였다. 수(帥)자기. 누런 '양탄자' 같은 거대한 직물은, 조선말 강화도에서 미 해군이 빼앗아 갔던 바로 그 수자기(帥字旗)였다.

수자기는 우여곡절과 천신만고 끝에 그 해 우리나라에 돌아올 예정이었다. 조선의 하늘에서 위엄 있게 날리던 수자기. 이국의 박물관 유리 케이스에 둘둘 말려 보관된 지 무려 136년만의 일이었다. 136년만의 귀환을 앞두고, 수자기는 마지막 점검 중이었던 것이다. 해군 사관학교의 박물관 관계자는 수자기의 보관 상태가 매우 좋다고 평가했다.

수자기의 후면에는 직물이 덧대져 있었다. 보호를 위해서였고, 그 덕에 이렇게 보관이 잘 됐다는 설명이다. 보호용 직물은 두터웠는데, '양탄자'로 보였던 것도 이 때문이었다. 이 보호용 직물에는 '한국(조선)의 매키 요새' (Flag over Fort McKee, Corea)에서 1871년 6월 11일 노획한 것이라는 정보를 써 뒀다.

'매키 요새'란 어재연(魚在淵)장군 등 조선 군사 600명이 순국한 강화도의 광성보(廣城堡)를 일컬음이다. 매키는 이 전투에서 전사한 3명의 미군 가운데 장교로, 그의 이름을 따 이렇게 부른 것이다. 실제로 수자기에 덧댄 보호 직물에는 매키 중위와 나머지 두 사람의 미군 전사자 이름도 기록해 뒀다.

당시 미군들에게도 수자기의 용도가 궁금했던 모양이다. 장수, 수(帥)자를 거꾸로 써 놓은 듯. 마치 알파벳 'TB' 모양으로 그려놓고는, "이는 한자인데, 대장군(generalissimo)라는 뜻"이라고 주석을 달기도 했다. 가로 4.15m, 세로 4.35m, 삼베로 된 조선의 장수기. 136년 만에 한국의 언론이 촬영하고 있는 것이었다. 조선군 거의 전멸에, 미군은 단 3명 사망. 대등한 전쟁이라 하기보다, 일방적 학살에 가까웠던 136년 전 참극이었다. 이런 착잡한 맘에 젖어 있을 때, 해군 사관학교 본부 관계자가 찾아왔다. 공보 담당

미 해군사관학교 본관 현관 옆의 불랑기포. 겉면을 다 벗겨내 얼핏 조선 포 같지가 않다.

중령이었다. 실물 취재는 한 번도 허용된 적이 없으니 일단 이 곳을 나오라는 것이었다. 건너편 사관학교 본관 사무실에서 1시간 가까이 얘기했지만, 더 이상 취재는 어려웠다. 이미 웬만한 촬영과 인터뷰까지 마친 터여서 나로서는 별 아쉬울 게 없었다. 그러나 한 가지 의문이 강하게 들었다. 대여형식이긴 하지만 어차피 한국에 돌아가는 게 확정된 상황에서 미 해군 사관학교측이 이렇게 예민하게 반응하는 건 왜일까 하는 것이었다.

'중령'과 악수를 나누고 사무실을 나오는 내내, 이 의문은 떠나지 않았다. 사무실 문을 나서는데, 마치 카메라 렌즈가 클로즈업 하듯 내 시야에 들어오는 그 무엇이 있었다. 사무실을 나오면, 바로 본관 현관문인데, 그 현관문

안쪽에 있었다. 두 문의 대포였다. 그런데 어디선가 많이 본 듯했다. 서양의 포와는 크기부터 달랐다. 디자인도 왠지 투박해 보였다. 그렇다면 혹시 조선 대포? 거친 녹이 코팅돼 있는 듯한 조선 대포와 달리, 포신이 매끈한 게 좀 맘에 걸렸다.

그래도 그건 '조선의 포'였다. 정확하게는 불랑기(佛郞機)포였다.

'불랑기'는 포르투갈을 뜻한다. 마카오에 온 포르투갈 인들이 중국 명나라에 전수했고, 우리나라는 이를 도입해 개선시켰다. 일종의 서양식 박격포다. 그 이전 재래식 조선 화포는 포에 직접 화약을 다져 넣고 진흙을 넣어 평평하게 한 뒤, 탄환을 장전해 쏘는 방식이었다. 한 번 쏘는 데 시간이 많이 걸리고 느렸다. 그러나 불랑기 포는 포신인 모포(母砲)에, 탄창격인 자포(子砲)를 넣어 쏘게 돼 있다. 미리 여러 개의 자포를 장전해 뒀다가, 갈아 끼워 쏠 수 있다. 연속 발사가 가능해진 것이다. 도입 당시로서는 신무기였다. 해군 사관학교의 이 포는 그럼 어디서 가져온 것일까? 예상대로 1871년 신미양요(辛未洋擾) 현장의 조선군 것이었다. 포신에는 영어로, '1871년 한국(조선)에서 노획했음'이란 음각이 새겨져 있었다. 조선군으로서는 승자가 파 놓은 치욕의 문신이었다. 그리고 왜 그랬는지는 모르지만 포신에서 조선 포 특유의 '녹 코팅'을 제거해 서양 대포처럼 매끈하게 만들어 놨다. 포신을 좀 더 자세히 살펴보니, 제작연대와 모델명이라 할 호수(號數), 제작 부대와, 제작자는 물론 감독자의 이름까지 정보가 상세히 음각돼 있었다. 조선의 제작 능력이 어느 정도였는지를 보여주는 증거였다.

제작 연대는 청나라 강희(康熙) 4년으로 돼 있었다. 서기로는 1665년이니,

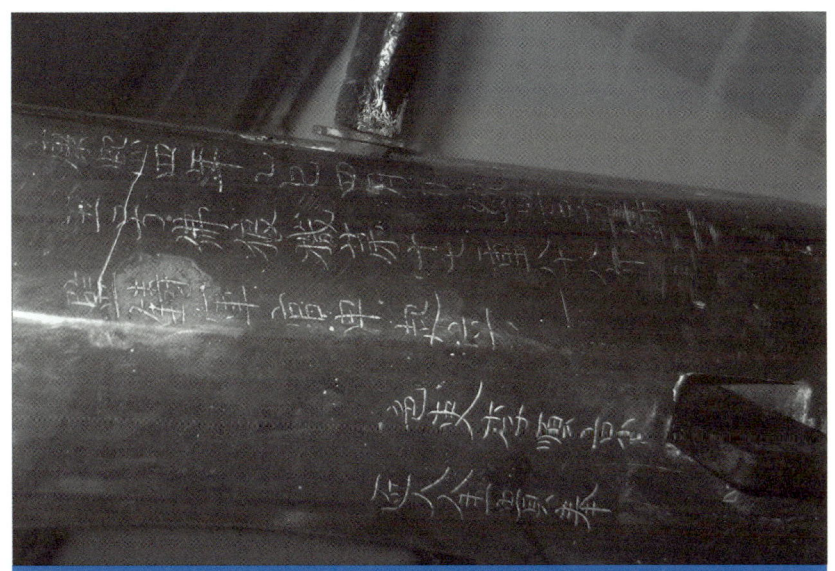

불랑기포 겉면에는 제조 정보가 음각돼 있다. '강희 4년' 즉, 조선 현종(顯宗) 임금 때 제작 됐고, 제작지는 통영, 제작자는 김귀봉(金貴奉)이다. 감독자(監鑄)는 군관(軍官) 신기립(申起立) 무게는 88근, 즉 52.8kg 이다.

조선 제18대 현종(顯宗) 임금 때 제작된 것이다. 제작자는 김귀봉(金貴奉)이라는 장인이 만들었다고 돼 있다. 그러니까, 신미양요 당시로부터 역산해도, 2백년이 훨씬 지난 골동품 무기를 들고 조선군은 싸웠던 것이다. 당시 첨단 대포와 기관총으로 무장한 미군과는 애초부터 게임이 될 수 없었던 것이다. 왜 '전쟁'이 아닌 '학살' 같은 전과가 났는지도 자명해졌다.

미 해군 사관학교에는 수자기 외에도 이처럼 신미양요 때 노획한 조선 전리품이 또 있었던 것이다. 본관 건물 현관에 이렇게 아무렇게나 놔 둘 정도이니, 그 수는 또 얼마나 될까? 미 해군 사관학교측이 왜 그렇게 취재에 민감해했는지에 대한 의문은 저절로 풀렸다. 나중에 안 일이지만, 수자기 인수를

캔터키 트랜실베이니아 대학에 있는 신미양요 당시 불랑기 포 실물 사진
(트랜실베이니아 대 제공)

위해 방미한 우리 정부팀은 이미 이 불랑기 포들도 대여 형식으로 가져가게
해 달라고 사관학교 측에 요청해 둔 상태였다.

숨겨진 미국 속 조선들

미 해군 사관학교는 수도 워싱턴에서
그리 멀지 않은 곳에 있다. 50km 정도. 메릴랜드 주의 주도인 애너폴리스
(Annapolis)에 있다. 해군 사관학교가 애너폴리스에 있다기 보다는 애너
폴리스가 해군 사관학교에 있다고 하는 게 더 어울릴 정도다. 그만큼 미 해
군 사관학교는 애너폴리스의 중심이다. 오죽하면, 이 도시의 별명이 세계의
항해 수도(Sailing Capital of the World)일까?

조선군의 창에 찔려 전사한 매키(Hugh W. McKee) 중위도 이곳 해군 사관
학교 출신이다. 전사할 당시 나이는 27살, 사관학교 졸업한 지 5년, 중위
진급 1년 만이었다. 미 해군은 점령한 광성보의 이름을 '매키 요새'로 명명
한 것만으로도 모자라, 무려 3척의 군함에 매키 중위의 이름을 붙일 정도
로 그를 애도했다. 1898년 건조돼 1920년까지 활약한 어뢰함과 1918년에

캔터키 트랜실베이니아 대학에 있는 신미양요 당시 군졸의 방한투구 (트랜실베이니아 대 제공)

건조된 구축함, 1943년에 지어져 지난 1974년까지 취역한 또 다른 구축함 등을 매키 호(USS McKee)로 명명했다.

또 매키의 시신은 고향인 캔터키주 렉싱턴(Lexington)으로 정중히 보내져 장사됐다. 이 때 조선 전장에서 노획한 물건들, 우리에겐 소중한 문화유산들 이 함께 매키의 집으로 갔다. 매키의 어머니 제인 매키(Jane McKee)에게 전달된 것이다. 매키의 어머니는 이를 훗날 고향의 대학인 트랜실베이니아 대학(Transylvania University)에 기증했다. 트랜실베이니아 대학에 기증된

숨겨진
미국

우리 문화유산들은, 조선군이 쓰던 화승총, 방한 투구, 깃발, 그리고, 불랑기포 1문 등이다. 이들 유물들은 지난 1950년까지만 해도 건재했다. 지방지인 렉싱턴 모닝 뉴스(Lexington Morning News)에 사진으로 소개됐을 정도다. 그런데 지금은 정확하게 알 수가 없다. 2007년 11월 트랜실베이니아 대학에 취재를 요청하자 대학 측은 정중히 거절했다. 대신 조선 유물들의 사진이라며 단 2장만 보내줬다. 불랑기포 1문과 방한투구였다.

신미양요 한 사건에서만 조선군의 군기(軍旗) 50여 개, 대포와 소총만 480문 등이 미국으로 건너간 것으로 알려졌다. 한국 역사를 연구하는 한 미국 교수를 만났을 때 새로운 얘기를 들었다. 미국이 자랑하는 세계적 박물관 스미소니언 박물관 지하 수장고에도 조선의 유물들이 많다는 것이다.

자신이 일일이 목록을 찾아 찍었다며, 그 사진들도 보여줬다. 과문해선지 도저히 이름을 알 수 없는 조선의 각종 악기와 공예품들이었다.

2007년 10월 수자기 인수를 위해 미국에 온 문화재청은 트랜실베이니아 대학에 있는 이 조선 유물들도 대여 형식 등으로 반환을 추진하고 있다고 밝혔다. 또 미 해군 사관학교에 있는 불랑기포도 역시 교섭 대상이라고 말했다. 이렇듯 잊혀진 조선의 숨결은 숨겨진 미국 속 역사의 뒤안길에 고스란히 남아 있다. '백마 타고 오는' 발굴의 손길을 기다리며...

참고 도서 · 문헌 · 자료

※ 편의상 일반 문헌 표기법을 따르지 않고, 도서 · 문헌 · 자료의 종류에 관계없이 제목-글쓴이-매체명-관련단체-출판 · 작성 일자(웹문서의 경우 검색일자)의 순으로 표기

Aerotech News and Review, vol 21, issue 27, August 4, 2006

About NRA-PVF Mission Statement, NRA-PVF home page

A Brief History of NRA, NRA home page

Air Force Factsheet

America's Doomsday Project, US News & World Report, August 7, 1989

AMERICA NEEDS A PLAN TO PROVIDE FOR CONTINUITY OF GOVERNMENT,
Congressional Record: August 2, 2007

Analysis: What is the NRA?, BBC, March 1 2000

Around the clock with the E-4B, Staff Sgt. John B. Dendy IV,
USAF Airman magazine, May 2000.

Atomic Audit: The Cost and Consequences of US Nuclear Weapons Since 1940,
Stephen Schwarts ed., Brookings Institution

Avoid the transition slowdown: Empowering employees is critical to sustaining
government gains, a Cisco executive says,
Mary Mosquera, Federal Computer Week, Jul 17, 2008

A-10 History , GlobalSecurity.Org

Back to the Bunker, The Washington Post. June 6, 2006.

Boeing 747-200 Technical Specifications, Boeing

Boeing Aircraft since 1916.,Peter M. Bowers, London: Putnam, 1989.

Career execs lead during administrative transitions,
Michael Hardy, Federal Computer Week, May 16, 2008

Change.Gov The Office Of The President Elect Website

Chris W. Cox Biography, NRA-ILA, Jan. 1 2005

Civilian in Peace, Soldier in War-The Army National Guard:1636-2000,
Michael D Dobbler, University Press of Kansas, 2003

Congressional Fallout, Bruce Kennedy, CNN

Department of Homeland Security Announces Pinnacle Exercise to Test Continuity of Operations (COOP) Plans,

Homeland Security Press Room. 검색일 June 6, 2006.

Deputy chiefs key to transition, Richard W. Walker,

Federal Computer Week, Jun 06, 2008

Doomsday 747s: The National Airborne Operations Center, Rene J Francillon, Air International, December 2008. Key Publishing, Syamford, Lincs, UK.

E-4 product page and E-4 history page on Boeing.com

E-4 page GlobalSecurity.org

E-4 page on TheAviationZone.com

E-4B fact sheet, USAF, October 2007

Emergency Command Posts and Continuity of Government, Brookings Institution, 검색일:Dec. 20,2009

Facts & Figures: Plum Book, US Office of Personnel Management

Fact Sheet: Forward Challenge 04, Homeland Security Press Room. 검색일: June 6, 2006.

Fact Sheet ? Exercise VIGILANT SHIELD 2008

Federal Executive Branch Continuity of Operations (COOP)

- Federal Preparedness Circular 65, July 26, 1999

FEDERAL PREPAREDNESS CIRCULAR 65, June 15, 2004 (from FEMA site)

Field Guide to Aircraft Boneyards, John Weeks

GSA: Transition team offices are equipped and ready to go

Mary Mosquera, Federal Computer Week, Nov 04, 2008

GSA Turns Over Transition HQ to New Administration, GSA, Nov 5 2008

Gimme Shelter, Marialisa Calta, New York Times, Jul. 14, 1996

Grab That Leonardo!, Ted Gup, Time. Aug. 10 1992

Gun Control and the Constitution, Robert Cottrell, ed., 1994

Gun Contrl: Threat to Liberty or Defense Against Anarchy?, Wilbert Edel, 1995

Gun Control vs. Gun Rights, OpenSecrets.org

Guns, Southernness, and Gun Control, Brennan, Pauline Gasdow, Alan J. Lizotte, and

David McDowall, Journal of Quantitative Criminology 9, no. 3 (1993)

Homefront: Site R is secure, but it's not undisclosed,

Post-Gazett.Com, Dec. 16, 2001

How To: Visit a Secret Nuclear Bunker, Sharon Weinberger, June 11, 2008

Interviewwith Paul Fritz Bugas, PBS

Is this Bush's secret bunker?,Tom Vanderbilt, The Guardian Aug 28 2006

Management in transition, Mary Mosquera, Federal Computer Week, Sep 17, 2008

Mount Weather, Globalsecurity.ORG, April 27 2005

Mr. Smith Goes Underground: The strangest of all Cold War Relics

also offers a clue to why we won it, Thomas Mallon, AmericanHeritage.com, Sept. 2000

My Life: The Presidential Years, Bill Clinton, Vintage Books, 2005

Mystery 9/11 aircraft. The Raw Story, 13 September 2007.

Near Washington, Preparing for the Worst, Stephen Schwartz, Aug. 9 2006

Northrop Grumman Press Release, June 13, 2005/ Feb 21, 2006/ June 5, 2006/ Jul.

12 2006/ Aug. 25, 2006/ March 27, 2007/ July 27, 2007

Northrop Grumman Facts

NRA "About Us" webpage, 검색일: Sept. 9, 2008

NRA aims big-budget blitz at Obama, WorldNetDaily, Jul. 1, 2008

NRA Institute for Legislative Action News Release, 검색일: March 15, 2009

NRA mourns Loss of Former President Ronald Reagan, NRA, 검색일: Feb. 2010

NRA campaign against Obama carries $10 million price tag, Eunice Moscoso,

Palm Beach Post, October 21, 2008

Obama moves to appoint transition team,

Mary Mosquera, Federal Computer Week, Nov 07, 2008

Obama Teams Are Scrutinizing Federal Agencies,

Shailagh Murray nad Carl D. Leonnig, Washington Post, Dec. 3 2008

Obama Team Moves In: New road barriers go up, Adam Tuss, WTOP, Nov. 7 2008

Obama's Transition Team Gets To Work In D.C.,

Ari Shapiro, NPR, Dec. 6, 2008

Office Open for Obama Transition Team: US GSA is providing space,

US News & World Report, Nov. 5, 2008

OMB to help agencies prepare for transition,

Mary Mosquera, Federal Computer Week, Sep 11, 2008

On the Second Amendment, Don't Believe Obama!, NRA-ILA, June 6, 2008

President George W. Bush Speaks On the Record, NRA-ILA, Oct. 18, 2004

Presidential Transitions, CRS Report for Congress, Feb. 11 2008

Presidential Transitions in the United States:

From George Washington to Barack Obama, David Shestokas, Nov.11, 2008

Presidential Transition of Barrack Obama, Wikipedia

Price of Global Hawk Surveillance Program Rises,

Washington Post, December 7, 2004

QF-4 Drone, Fact Sheet, Dept. of US Airforce

Raytheon product page on the Global Hawk Integrated Sensor Suite

RQ-4 Block 10 Global Hawk, Northrp Gruman Home page

RQ-4A Global Hawk (Tier II+ HAE UAV)", Federation of American Scientists

Rumsfeld Uses 'Flying Pentagon' To Communicate During Trips, Gerry J. Gilmore, US
Department of Defense, 1 August 2005.

Seven Koreans At Howard: Ran Away From Home to Be Educated in United States,
Washington Post, May 8, 1896

Shadow Government in the Case of a "Second 9/11":Back to the Bunker,
William Arkin, Global Reaserch, June 4 2006

Some Nursery Rhymes of Korea, Anna Tolman Smith,
The Journal of American Folklore, Vol. 10, Jul.-Sep. 1897

Spy agencies prepare for administration change,
Ben Bain, Federal Computer Week, Sep 05, 2008

The Absurdity of Gun Lobby, Juling Hu, Gun Law Forum, posted May 7 2009

The Gun Lobby's Loss, New York Times, Dec. 2 2008

The Right to Bear Arms:Rights And Liberties Under the Law, Robert J Spitzer, 2001

The Rise Of National Guard: The Evolution of American Militia 1865-1920,
Jerry Cooper, University Press of Nebraska, 1997

The Role of NRA in House Elections:

Endorsements, Members, and Turnout, Christopher Kenny, David Bordua, Eric Jeener,

Michael McBurnett, April 2004

The Shadow Government News To Congress, Francie Grace,

CBS News, March 2, 2002

The Ultimate Congressional Hidwaway, Ted Gup, Washington Post, May 31, 1992

Under the Greenbrier Hotel The Bunker that Protected Our Congress,

Paul "Fritz"Bugas, AAFM Vol. 5 No. 4, Dec. 1997

USAF E-4 fact sheet

What Is The Gun Lobby?, NRA-ILA, Jan. 18 2005

Whose Right to Bear Arms Did the Second Amendment Protect?,

Saul Cornell, ed., 2000

309 AMARG Tour Script, AMARG, Sept. 1 2007

9/11: The mystery plane. CNN, 12 September 2007.

미 국무부외교서한, 1889. 6.13(영문)

미래 전에 대비한 군사력 건설 방향, 홍성표, 국방개혁 2020재평가 주제발표, 2008.10.31

사랑받는 대통령의 조건, 리처드 뉴스타트, 중앙북스, 2008.1 발간

살아 숨 쉬는 미국 역사, 박보균, 랜덤하우스 중앙, 2005. 2 발간

우리 역사 속의 외교관, 권태면, 초록낙타, 2009. 1 발간

이명박 인수위 vs. 오바마 인수위, 신동아, 홍규덕, 2009년 1월호

전시 작전 통제권 환수 바로알자 1,2,3 합동참모본부 공보실, 2006.8.31

전작권 환수 후 한국 주도의 한반도 방위 가능, 국정 브리핑, 2006.8.11

조선공사관 건물 소유권 이전 등기 문서, 워싱턴 문서 보관소(영문) 등 2건

조선공사관 건물 등기부(Deed) 사본, 워싱턴 시(영문)등 3건

한미 국교와 해아사건, 이하영, 신민, 1926